창조로 나타난 그리스도

- 성경을 알자 -

| 서문 |

성경은 모세가 기록하고 바울이 해석한 책입니다. 바울은 성경의 모든 말씀은 오직 그리스도 한 분만을 증거하는 것이요, 그 모든 초점은 그리스도를 향해 있다고 설명하고 있습니다.

특별히 창세기 1장의 천지창조는 단순한 자연 만물의 생성이 아닙니다. 이것은 창세 전 하늘나라에서 이미 완성된 '예수 그리스도'라는 거대한 설계도를 이 땅에 펼쳐 보이신 장엄한 시공 사건입니다. 하나님께서는 만물을 창조하실 때, 이미 그 속에 그리스도의 구속사와 우리 영혼이 살아날 생명의 법을 완벽하게 심어 놓으셨습니다.

이 창조의 과정은 곧 우리 신앙의 여정이요, 성도가 걸어가야 할 절대적인 이정표입니다. 첫째 날의 빛으로 우리 심령에 그리스도가 탄생하는 순간부터, 자아가 깨어지고 부활의 생명을 입어, 마침내 하나님의 형상으로 세상을 다스리는 왕 같은 권세를 회복하기까지의 모든 과정이 창세기 1장에 고스란히 담겨 있습니다. 이 원리를 깨달아야 비로소 종교의 껍데기를 벗어던지고, 그리스도와 연합된 능력의 삶을 살게 되는 것입니다.

오늘날 우리 사회와 교회가 겪는 모든 혼돈과 공허, 흑암의 문제는 오직 그리스도의 빛이 임할 때만 해결됩니다. 성경이 열려야 국가가 살고, 가정이 살며, 우리 영혼이 비로소 '정상의 삶'을 누릴 수 있습니다.

이 말씀을 대하는 모든 분에게 성령의 강권적인 역사가 임하여 눈의 비늘이 벗겨지고, 창조 속에 감추어진 그리스도의 보화가 통째로 발견되기를 축원합니다. 그리하여 우리 모두가 '예수 한국 복음 통일'의 사명을 완수하는 이 시대의 주인공들이 되기를 간절히 소망합니다.

할렐루야!

2026년 1월 10일
전광훈 목사

할렐루야! 전광훈 목사님 네 번째 설교집『창조로 나타난 그리스도』가 드디어 출간되었습니다. 전광훈 목사님의 설교 시리즈는 대한민국과 세계를 향한 하나님의 놀라운 축복입니다. '모세가 쓰고 바울이 해석한 성경'이 성경 기록 이후 2천 년 동안 닫혀 있다가 전 목사님을 통해 그 원색적 의미가 드디어 열렸습니다. 전 목사님께 성경을 열어주신 주 하나님을 찬양합니다. 그리고 목사님의 설교집을 읽는 모든 분에게 성경이 활짝 열리기를 축원합니다.

이번에 출간된 전광훈 목사님의 설교집『창조로 나타난 그리스도』는 '성경을 알자'라는 설교로 시작됩니다. 그리고 이 설교는 이후 8주 내내 거듭거듭 반복됩니다. 그만큼 성경의 원리를 아는 것이 중요합니다. 성경은 모세가 쓰고 바울이 해석한 것입니다. 두 사람 다 사람의 능력으로 쓴 게 아닙니다. 모세는 시내 산에서 바울은 셋째 하늘에서 하늘의 설계도를 본 것입니다. 이 설계도의 주제는 바로 예수 그리스도입니다. 모세는 이를 보고 내려와 모세오경을 썼고 성막을 지었으며 바울은 모세가 본 설계도를 똑같이 보고 내려와 바울 서신 13권을 쓰고 무형의 교회를 지었습니다.

그리고 이 하늘의 설계도가 땅에 임한 첫 사건이 바로 천지 창조입니다. 그러므로 천지 창조의 주제 역시 예수입니다. 만물은 그리스도에 의하여 그리스도를 위하여 그리스도의 것으로 창조되었습니다(골로새서 1:16).

첫째 날 "빛이 있으라"는 창조주 하나님이 사람으로 이 땅에 오신다는 것입니다. 둘째 날 "물과 물로 나뉘게 하라"는 예수가 십자가에 죽으신다는 것입니다. 셋째 날 "뭍이 드러나라"는 예수가 부활하신다는 것입니다. 넷째 날 "주관하라"는 예수가 승천하셔서 하늘 보좌 우편에 앉으심을 말합니다. 다섯째 날 "번성하라"는 예수가 성령세례를 부어주시는 오순절 확대의 역사를 말합니다. 여섯째 날 "다스리라"는 예수가 이 땅에 재림하셔서 천년왕국을 이루심을 말합니다. 일곱째 날 "안식하라"는 예수가 새 예루살렘의 영원한 안식으로 우리를 이끄심을 말합니다.

창세기 1장의 〈창조로 나타난 그리스도〉는 성경 전체의 목차와 같습니다. 〈창조로 나타난 그리스도〉가 말씀하는 복음의 7대 단추를 붙들고 우리가 마침내 최후 승리를 거둘 새 예루살렘을 향하여 날마다 나아가는 신앙의 용사들이 되시기를 주님의 이름으로 축원합니다.

국부 이승만 대통령을 통하여 자유대한민국을 건국하신 우리 주님께서 동방의 이스라엘인 우리 한국인에게 맡기신 사명은 특별합니다. 예수 한국 복음 통일 이루어 선교 한국의 길로 나아가야 합니다. 주님 재림 전 이방인의 대대적 회개가 일어날 때 우리 자유대한민국이 제사장 국가로서 사명을 감당해야 합니다. 그 사명 감당의 한 통로가 이 『창조로 나타난 그리스도』 설교집과 이후 계속될 '전광훈 목사 설교 시리즈'가 되기를 주님의 이름으로 축원합니다. 할렐루야.

2026년 1월 8일
전광훈 목사 설교 시리즈 4 『창조로 나타난 그리스도』
구성·편집인 류금주

차례

02 빛이 있으라 - 첫째 날, 탄생 79

題目: 성경의 원리를 알자 (창 1:1~31)

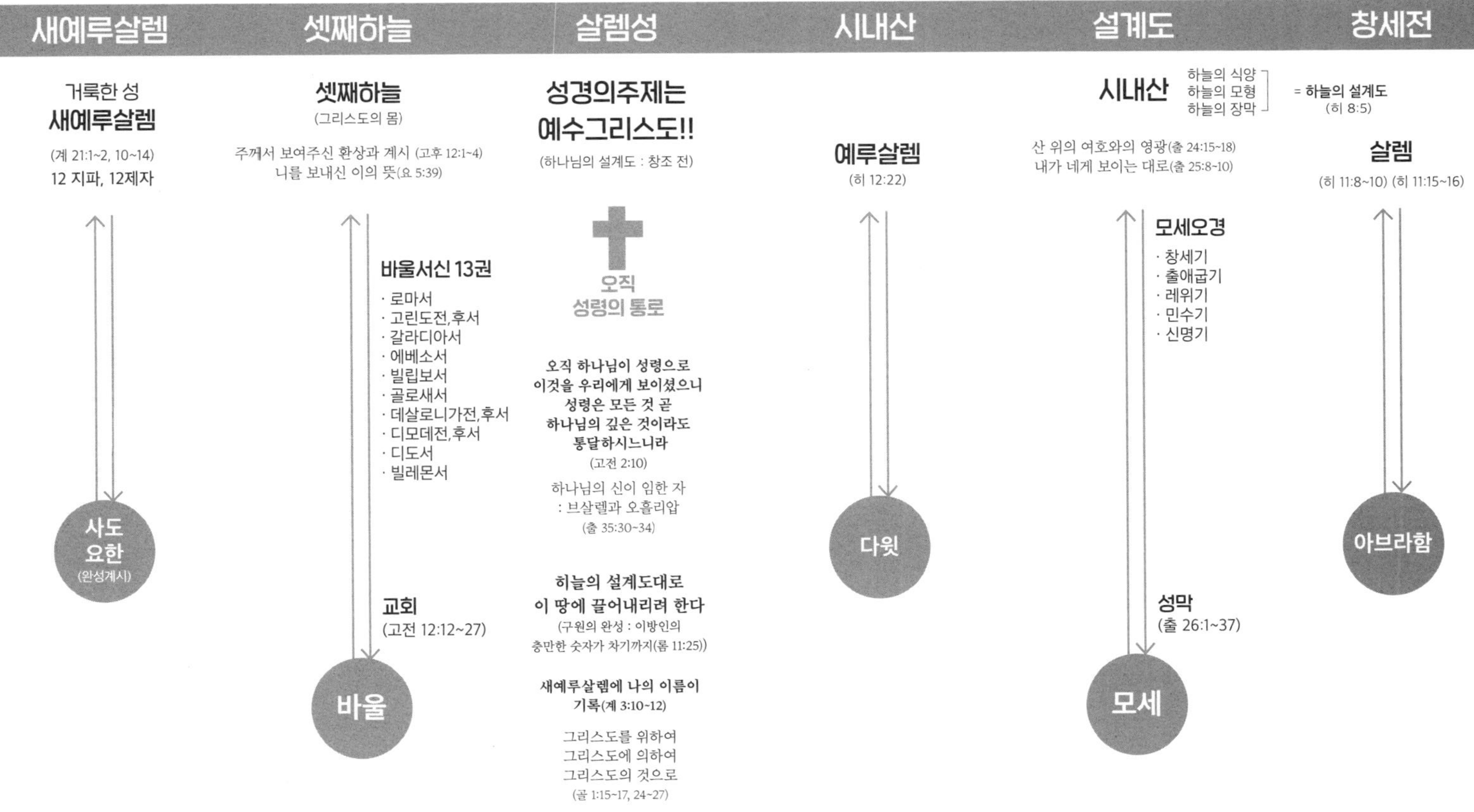

1

성경을 알자

설교 일시 2022년 1월 9일(주일) 오전 11시

대　　상 사랑제일교회 주일 3부 예배

성　　경 고린도후서 12:1-2

1 무익하나마 내가 부득불 자랑하노니 주의 환상과 계시를 말하리라

2 내가 그리스도 안에 있는 한 사람을 아노니 십사 년 전에 그가 셋
째 하늘에 이끌려 간 자라 (그가 몸 안에 있었는지 몸 밖에 있었는지
나는 모르거니와 하나님은 아시느니라)

Ⅰ.
새로운 주제
: 성경을 알자

1. 예수님과 채널 맞추기

할렐루야! 주먹 인사하겠습니다. 우리 옆에 좌우 다 같이. 우리는 이겼습니다. 앞뒤로 다시 하겠습니다. 우리는 이겼습니다. 할렐루야. 오늘도 전 세계에서 이 예배에 들어오신 성도들을 축복합니다. 오늘은 이제 새해가 된 지 두 번째 주일 예배를 맞이했습니다. 오늘도 예배에 대박 나기를 바랍니다. 예배를 통하여 촛대 사이로 다니시는 예수님을 꼭 만나시고 촛대의 4대 능력이 꼭 임하기를 바랍니다. 병든 자가 다 고쳐지고, 눌린 자 자유함을 얻고, 무거운 짐 다 해결 받고, 기적을 체험하고, 그런 일이 예배를 통하여 일어나기를 주의 이름으로 축원합니다. 그렇게 되기 위하여 두 손을 높이 한번 드시고 '주여' 삼창하고 "주님, 나도 이 예배를 통하여 촛대 사이로 다니는 예수님을 만져보게 하여 주세요. 주님, 성령으로 강타하여 주세요." '주여' 삼창하며 기도하겠습니다. 〈축복하소서〉입니다.

<축복하소서>

축복하소서 축복하소서 예수님 오늘 축복하소서
고쳐주소서 고쳐주소서 예수님 오늘 고쳐주소서
만져주소서 만져주소서 예수님 오늘 만져주소서
나타나소서 나타나소서 예수님 오늘 나타나소서

기도하겠습니다. "주여, 성령으로 나타나 주시옵소서. 촛대 사이로 다니시는 우리 예수님, 병든 자 싹 고쳐주세요. 이 시간도 실감 나는 예배 되게 하여 주시고 2천 년 전에 주님이 육신으로 이 땅에 계실 때와 똑같은 일이 오늘 이 시간도 일어나기를 원합니다. 한 사람도 그냥 돌려보내지 마시고 고칠 자를 고쳐주시고 문제를 해결하여 주시고 주님이 우리와 함께 계심이 만끽 되고 실감 나고 기뻐 뛰며 주를 볼 수 있도록 성령으로 역사하여 주세요. 예수님 이름으로 기도드리옵나이다." 아멘. 우리 옆에 좌우에 다 같이. 주님 이 자리에 함께 계십니다. 앞뒤로 다시요. 이것은 분명한 사실입니다. 확실해요? 분명해요? "두세 사람이 내 이름으로 모인 곳에 나도 너희들 중에 있으리라." 주님은 이 약속을 어길 리가 없어요. "두고 보아라. 내가 세상 끝날까지 항상 너희와 함께 있으리라." 그 말씀은 여기에 이루어졌습니다. 우리는 사도 요한을 통하여 기록된 환상을 통해서 우리는 확인할 수가 있습니다. 동의하십니까? 그러므로 예배에는 역사가 일어나게 돼 있어요. 할렐루야!

오늘도 전 세계 성도들을 축복합니다. 세계에서 예배 들어오신 성도들이여, 이 시간을 기다리셨나요? 안 기다리셨으면 내가 섭섭합니다. 눈이 빠지도록 기다리셨습니까? 그런 분들에게는 반드시 하나님 역사가 일어날 것입니다. 찬송을 한 장 부르시고 하나님 말씀을 상고하겠습니다. 1월 연초니까 우리 예배 찬송을 한번 불러보겠습니다. 46장 <찬양하라 복되신 구세주>입니다. 46장 예배 찬송을 한번 불러보겠습니다.

찬송가 46장
<찬양하라 복되신 구세주 예수>

1. 찬양하라 복되신 구세주 예수
백성들아 사랑을 전하세
경배하라 하늘의 천군과 천사
주님 앞에 영광을 돌리세
목자같이 우리를 지키시고
종일품에 늘 안아주시니

(후렴) 찬양하라 높으신 권세를 찬양
찬양 찬양 영원히 부르세

2. 찬양하라 복되신 구세주 예수
우리 대신 죽음을 당했네
구주 예수 영원한 구원의 소망
경배하며 겸손히 절하세
찬양하라 우리 죄 지신 예수
그의 사랑 한없이 크셔라

3. 찬양하라 복되신 구세주 예수
천사들아 즐겁게 찬양해
구주 예수 영원히 다스리시니
면류관을 주 앞에 드리세
구주 예수 세상을 이기시고
영광중에 또다시 오시네

아멘. 은혜스럽죠? 은혜스러워요? 불러보면 옛날 찬송이 무게가 있어요. 내가 이제 복음성가를 많이 부르니까 많은 사람들이 내가 복음성가만 잘하는 줄 착각해요. 그것도 옛날에 흘러간 일제시대 찬송, 〈깨어라 성도여〉 막 박살 내는 걸 부르니까요. 나는 예배 찬송도 잘해요. 예배 찬송에도 내가 일인자예요.

2. 새로운 주제 <성경을 알자>

1) "성경을 알자" : 성경의 기초에 대한 설교

자, 우리가 이제 새해 두 번째 예배를 맞이했습니다. 저도 가만히 생각을 해봤습니다. 내가 앞으로 살날이 아무리 길게 살아도 10년밖에 못 사는데 10년 살아 있을 동안 설교를 해도 1년에 52주니까 520번밖에 설교를 못 하는 거예요. 내가 생각해 보니까 끔찍스럽더라고요. 520번 설교하면 나는 이 땅에 존재하지 않는다는 거예요. 그러니까 내가 한 주일 한 주일 설교하는 것은 이것은 나에게는 굉장히 중요한 것입니다. 더 이상의 기회는 없으니까요. 520번 중에 이제 벌써 올해 두 주간 설교했으니까, 오늘이 두 번째 주일이니까 내가 설교를 대충 할 수가 없어요. 하늘나라 가서도 '내가 설교 하나는 잘했다. 정말로 주님 마음에 쏙 들게 했다,' 나는 그러한 성적표를 가지고 하늘나라 가야지, 주님 앞에 섰을 때 설교를 개판으로 해서 "네가 설교를 개판으로 해서 이 지구촌 교회가 다 망했어. 이놈아. 너, 천국 들어오지 마라. 너, 어두운 데 캄캄한 데 기어 내려가." 이러면 나는 신세 망하는 거거든요. 그래서 저는 여러분이 은혜를 받기 위해서도 설교하지만 나는 내 개인을 위해서도 목숨 걸고 설교해요. 520번을 설교해야 할 텐데 혹시 모르죠. 나를 또 하나님이 아브라함처럼 120살까지 살려주시려는지. 그럼 몇천 번 설교를 더 할 수 있는데, 뭐, 그렇게 될 가능성은 거의 없고 내가 아무리 설교를 해봤자 10년이에요. "우리 며느리 메리 간사님, 내가 10년 설교할 것 같으냐, 못할 것 같으냐?" "더 하실 것 같습니다." "아이고, 이쁘다. 우리 며느리 이쁘다." 나는 이럴 줄 알았어. "빨리 물러가요." 젊은 에녹이나 메리나 또 여기 있는 내가 한 120명을 내가 양자로 영입해서 다 내가 에녹이, 메리처럼 키우려고 그래요. 젊은 애들이 나처럼 설교하는 사람을 120명, 20대 애들을 스카우트(scout)해서 아주 호적도 전 씨로 이전시켜서요.

2) 내 사역의 모든 힘은 성경에서 나온다

자, 그래서 저는 할 일이 너무 많아요. 세계기독청도 지어야지요? 예수 한국 복음 통일도 해야지요? 그런데 문제는 이 설교입니다. 설교를 성경식으로 설교를 하는 거, 감히 제가 여러분의 용서를 구하고 말씀드리면, 이게 지구촌의 제일로 떠올랐어요. 아멘. 그래서 여러 가지 제가 기도하고 생각하다가 또 어젯밤에 내가 꿈을 꾼 것도 있고 그래서 내가 다시 성경의 아주 기초부터 설교할 텐데요. 자, 오늘의 제목은 "성경을 알자" 입니다. 다시 할 테니까 그동안에 이 설교에 못 들어오신 분들은 잘 들으세요. 찬스(chance)가 항상 있는 게 아닙니다. 지구촌에 있는 모든 성도여, 여러분들을 위해서 내가 이렇게 영어로 통역까지 해 주잖아요? 사실 통역으로 하면 한국 성도들은 은혜가 덜 돼요. 한국말로 나 혼자 설교하는 게 훨씬 은혜로운데 미국을 비롯한 전 세계에 있는 교포 2세들은 한국말을 못 알아들어요. 교포 2세들, 장로님 심지어 목사님 아들들까지도 못 알아들어요. 그래서 자기 자식들을 이걸 듣게 해야 하니까 꼭 통역으로 해달라고 해요. 그래서 내가 희생을 감수 해가면서 통역으로 설교하는 겁니다. 한국에 있는 일천이백만 성도들이여, 다 우리 교회를 나오라고는 내가 말하지 않겠습니다만 이 설교 하나만큼은 꼭 들어 주시길 바랍니다.

왜냐하면 이제는 검증된 사건입니다. 이제 전광훈 목사 설교를 안 들으면 몇 가지 분명한 손해를 보는 게 있어요. 죽을 때까지 성경이 뭔지를 모르고 죽어요. 이거는 분명한 사실입니다. 이거는 내가 스스로 하는 말이 아니고 위대한 신학자들이 다 그렇게 말하고 있습니다. 할렐루야. 아멘. 미국에 있는 한국 신학자들이 나한테 전화가 많이 와요. 자기가 일생 미국 코넬 대학(Cornell University)에서, 신학대학에서 가르쳤대요. 코넬 대학 유명한 보수주의 신학이 있습니다. 웨스트민스터(Westminster Theological Seminary)도 있고, 칼빈(Calvin Theological Seminary)도 있고, 시카고(Chicago)에는 트리니티(Trinity Evangelical Divinity School)도 있고, 거기에 있는 한국인 교수들이 수도 없이 전화 와요. 또 덴버(Denver)에 있는 덴버 신학교(Denver Seminary)도 있고요. 그분들이 한결같이 충격을 받는다는 거예요. 그러니까 한국에 있는 1,200만 성도들이여, 절대로 이 설교를 가볍게 들으면 안 돼요. 이제 제2의 종교개혁은 이루어지고 있어요. 할렐루야. 아멘. 주님이 도와주고 계십니다. 그러기 위해서는 이 모든 힘은 성경으로부터 나옵니다. 전광훈 목사가 이렇게 초월하는 일을 할 수 있는 것은 성경으로부터 나와요. 목회하는 일도 있고요? 목사님들 훈련하는 청교도영성원도 있고요? 또 정치도 있고요? 또 국민혁명당도 있고요? 광화문 운동도 있고요? 수도 없지요. 이 초월하는 일을 해낼 수 있는 유일한 근거가 성경입니다. 성경.

3) 모든 분야의 정상에 선 사람들의 공통점 : 성경에 능통

이것은 저뿐이 아니고 인류 역사 2천 년 동안에 한 분야의 정점을 찍은 사람들이 있습니다. 모든 분야입니다. 언론이 말하는 분야를 나누어보면 첫째, 정치 쪽입니다. 정치에 정점을 찍은 사람들이 있습니다. 이게 전부 성경과 특별 관계를 맺은 사람들입니다. 아브라함 링컨(Abraham Lincoln)이라고 들어 보셨나요? 바이 더 피플(by the people) 들어봤나요? 폴 더 피플(for the people) 들어봤나요? 오브 더 피플(of the people) 들어봤나요? 이게 전부 성경입니다. 성경. 그리고 콘스탄틴(Constantinus) 황제 들어봤나요? 그 2천 년 역사의 정치에 정점을 찍은 사람은 일단 성경에 대해서 능통하다는 것입니다. 아멘. 그렇다면 여러분도 마찬가지입니다. 여러분이 하는 모든 일에 한 번밖에 살 수 없는 이 세상에서, 어차피 우리는 시간의 흐름을 따라서 한세상을 살게 되는데, 여러분이 모든 일에 정점을 한번 찍어보고 싶어요? 성경과의 만남을 분명하게 하라는 것입니다. 아멘. 하나님께 크게 쓰임 받기를 원해요? 하나님은 성경 모르는 사람은 사용하지 않습니다.

그다음 경제 볼까요? 자, 록펠러(Rockefeller)가 누굽니까? 카네기(Carnegie)가 누굽니까? 이 사람들은 그래도 드러난 사람이고 실제 이 세상에 돈을 다 가지고 있는 사람은 따로 있어요. 전부 성경입니다. 성경. 할렐루야! 모든 분야가 다 그렇습니다. 정치, 경제, 사회, 다요. 사회학자 페스탈로치(Pestalozzi)에 대해서 들어 봤나요? 말할 필요도 없어요. 군사는 더글러스 맥아더(Douglas MacArthur), 아이젠하워(Eisenhower) 들어보셨나요? 1, 2차 세계대전의 영웅 들어보셨나요? 이 사람들이 전부 성경의 도사입니다. 심지어 한국과는 특별한 관계가 있는 더글러스 맥아더는 그 아버지의 유언 때문에요? 맥아더는 록펠러가 엄마에게 받은 비슷한 유언을 자기 아버지로부터 받았습니다. “너는 아무리 바쁘더라도 아침에 일어나서 성경을 한 장씩 읽어라.” 미국 사람들은 그렇게 유언하고 죽은 사람이 많이 있어요. 록펠러의 엄마도 그랬어요. 더글러스 맥아더의 아버지도 그랬어요. 아버지의 유언이기 때문에요? 그러니까 아버지 유언을 실천하려고 빗발치는 1, 2차 세계대전, 한국전쟁 이 모든 걸 총 지휘하면서도 성경을 펴놓고 있었다 그러지 않습니까? 심지어 에피소드(episode) 하나는 파이프(pipe) 담배를 입에 물고도 성경은 읽었다 그러잖아요? 군대에 있는 전선이 어려울 때 성경부터 펴놓고 읽었습니다.

모든 분야가 다 그렇습니다. 정치 경제 사회 군사 그 외에 문화 예술입니다. 말할 것 없습니다. 자, 문화 예술 볼까요? 음악을 한번 볼까요? 베토벤(Beethoven)이 누굽니까? 바하(Bach)가 누굽니까? 그다음에 또 모차르트(Mozart)가 누굽니까? 전부 성경입니다. 특별히 바하 같은 사람은 모든 작곡하는 게 다 성경입니다. 여러분, 헨델(Handel)의 메시아를 들어봤지요? 이따가 한 번 불러보겠습니다만 '할렐루야 할렐루야" 그게 뭡니까? 전부 성경입니다. 성경. 할렐루야! 레오나르도 다빈치(Leonardo da Vinci)라고 들어봤습니까? 전부 성경입니다. 성경. 미켈란젤로(Michelangelo)라고 들어봤습니까? 전부 성경입니다. 그럼, 과학 분야를 한번 볼까요? 에디슨(Edison)이 누굽니까? 성경입니다. 성경. 아멘. 이 세계의 한 인류를, 단원을 전진시킨 자연과학자들도 전부 성경으로부터 나오는 겁니다. 시간이 부족합니다. 이와 같은 말을 하기에는 시간이 부족합니다. 그럼, 우리에게는 딱 정해졌습니다. 성경에 능통하면 정상에서 만날 수 있고 성경에 어두우면 그냥 쓰레기같이 살다 끝나는 것입니다. 성경에 능통하면 이 세상과 다가오는 다음 세상에서 주인공이 될 수 있다는 것입니다. 여러분, 성경에 뻥 뚫리기를 바랍니다.

Ⅱ.
성경이란 무엇인가?

1. 책을 만드는 책, 성경

그러나 이 성경이 만만치 않아요. 성경 기록된 지가 2천 년 됐어요. 얼마나 많이 성경을 읽었습니까? 연구했습니까? 주석가들이 성경 해설집을 얼마나 많이 썼습니까? 이 땅에 여러 가지 종교들이 있고 종교마다 경전들이 다 있어요. 예를 들어 사서삼경도 있고 명심보감도 있고 또 주역도 있고 다 있죠? 불교에 팔만대장경도 있고 다 있죠? 그러나 성경 하나 때문에 성경을 해석하거나 관계된 책이 얼마나 많은지 여러분이 저 터미널 앞에 있는 요단출판사나 생명의말씀사에 가서 현재 전시된 책만 한번 보십시오. 성경 하나 때문에 수만 권의 책들이 전시돼 있습니다. 현재 팔리는 책이 수만 권입니다. 과거에 2천 년 동안에 성경 하나 때문에 생긴 책이 얼마나 많은가요? 이건 이춘근 박사한테 물어보세요. 더 이상 말하지 않습니다. 그러나 팔만대장경 때문에 일어난 책들이 몇 권인가요? 동국대학에서 가르친 책이 몇 권 되나요? 그만큼 가치가 없다는 것이죠. 이해되십니까? 무슨 책이기에 도대체 책이 책을 만드냐고요? 이것이 바로 성경입니다. 그렇게 들고 파고 2천 년 동안 그렇게 성경 해설집이 많은데도 이 말을 잘 들어야 합니다. 이건 아예, 시간 관계상 바로 지르고 들어가자면 전광훈 목사를 만나지 않고는 성경이 뭔지를 몰라요. 저 뒤에 지금, 뒤에 집사님 하나가 입이 삐쭉했어요. 마스크 끼고 삐쭉 하는 거 다 보여요. 아마 가까이 있는 사람은 소리까지 들었을지도 모르지요. “흥! 흥!” 그리고 삐쭉한 사람은요 반드시 이 시간이 끝나기 전에 하나님 앞에 회개할 것입니다. 이것도 내 말이 아닙니다. 이건 이 지구촌 신학자들이 이미 공증한 거예요. 컨펌(confirm) 한 것입니다. 그러니까 오늘도 이 예배에 들어온 여러분은 감사하시길 바랍니다. 아주 잘 오셨습니다. 할렐루야! 지구촌에 있는 모든 30억의 성도들이 영어로 통역까지 해 주니까 이 말씀을 잘 들으시고 최소한 성경 하나는 알고 사시기를 바랍니다. 아시길 원하시면 아멘. 두 손 들고 아멘. 성경을 아실래요? 진짜요? 그러면 내가 이제 성경을 지금부터 잘 가르쳐드릴 테니까 잘 들으시고 절대 놓치지 마십시오. 이것은요, 진리 중의 진리요, 지식 중의 지식이요, 능력 중의 능력입니다. 자, 다시 한번 여러분, 김칫국을 한 그릇 또 드려야 되니까 주먹 다 쥐시고 너, 오늘 잘 왔다. 잘 온 거 맞아요? 확실해요? 히쭈구리 하면 안 돼요. '아이참, 안 갈라 그러는데 마누라가 자꾸 가자 그래서 왔더니 역시 전광훈 저 인간이 또 욕하기 시작하고. 정말 내가!' 인상 풀어요. 여러분들은 지금 지구촌에서 가장 복된 자리에 와 있는 것이에요. 왜? 성경이 열리는 자리에 와 있는 거니까요. 아멘.

2. 대한민국에 성경이 열릴지어다!

그러면 성경은 어떻게 만들어졌는가? 이 성경의 원리를 알면 간단해요. 뭐든지 원리를 알면 간단합니다. 원리가 열리기 전에는 사람들이 복잡해요. 예를 들어서, 뭐 아인슈타인의 상대성 원리, 질량이 뭔지 뭐가 뭔지 핵무기가 뭔지 복잡해요. 그런데 원리 $E=mc^2$ 딱 알면 오히려 간단한 거예요. $E=mc^2$이라고요. 내가 하루에 한 시간씩 메리하고 에녹을 불러서 교육해요. 아침에 하루에 한 시간씩 9시부터 10시까지 딱 앉혀놓고 내가 지금 전수하려고 해요. 성경만 가르치는 게 아니에요. 정치 경제 사회 군사 외교 문화 교육 전체를 다 가르치는 거예요. 속히 속히 가르쳐서 나의 복제품을 만들어 내려고요. 할렐루야! 그래서 내가 며칠 전에 물어봤어요. 이 아인슈타인의 원리를 아냐니까 모른대요. 이 똑똑한 며느리가 그거를 모른대요. "핸드폰(hand phone)에 검색해 봐. 빨리 들어가 봐. 아인슈타인의 상대성 이론 $E=mc^2$ 한번 검색해 봐라. 그래 그게 뭔 뜻인지 한번 해석해 봐라." 그런데 영어를 잘하니까 또 금방 알아듣는 거예요. 이와 같이 원리를 알면 모든 것이 뻥 뚫려요. 성경도 그와 같은 것이에요. 이 세상의 원리 중의 원리요, 지식 중의 지식이요, 진리 중의 진리입니다. 모든 지식의 최고봉인 성경에 대하여 뻥 뚫릴지어다.

이 성경은 최초로 구약성경은 모세가 썼어요. 모세가 썼습니다. 모세가 쓴 성경이 다섯 권입니다. 그걸 모세오경이라고 합니다. 모세가 성경을 구성했고 모세오경을 기초로 하여 그 뒤에 이제 역사서 사사기 룻기 사무엘상 열왕기상 역대하 성경이 계속 구성돼 가는 겁니다. 그 모든 기초 돌은 모세오경입니다. 그다음에 이제 선지서가 나오죠. 또 이사야 예레미야 에스겔 다니엘 그다음에 소선지서 또 나오지요? 호세아 요엘 아모스 학개 스가랴 말라기 다 나옵니다. 그런데 여러분들은 이런 성경을 복잡하게 알 필요도 없어요. 내가 원리를 가르쳐 드리면 전체가 뻥 뚫립니다. 아멘. 할렐루야! 두 손 들고 아멘. 참 좋다 참 좋아 참 좋아. 아이고! 내가 어젯밤에 꿈을 꿨는데 말이에요? 내가 뭔 꿈을 꿨는지 궁금해요? 내 어깨에 날개가 붙었더라고요. 천사처럼요. 날개 가지고 이렇게 하니까 아니 새처럼 독수리처럼 나는 거예요. 새의 날개가 붙어서 날면서 전 세계를 다니며 설교하는 거예요. 어젯밤에 이야! 신기한 꿈을 다 꿨어요. 여러분도 오늘 어깨에 날개 한 개씩 다 붙이시고 전 세계를 한번 강타해 보자. 복음 좀 전해보자고요. 백 투 예루살렘(Back to Jerusalem) 올 때까지. '선교 한국' 한 번 불러봐요.

<영원한 주님의 십자가 사랑>

영원한 주님의 십자가 사랑 우릴 재촉하시네
복음 들고 예루살렘 향해 일어나
너 거침없이 나아가라
모진 고난 핍박이 와도 우리 믿음 더욱 견고해
선포하리 하나님 나라 주님의 교회 승리하리라
주님의 명령 따라 한국교회 일어나리라
죽음 앞에서라도 돌아서지 않으리
부흥의 불길 따라 선교 한국 일어나리라
우리 주님 다시 오실 때까지

신난다. 신난다. 할렐루야! 여러분, 어깨 다 날개가 붙어서 백 투 예루살렘 올 때까지 한 번 복음을 전해보자. 내가 다시 말씀드리는데 예수 한국 복음 통일되길 원해요? 일단 1차 목표가 1,200만 성도들이 전광훈 목사 설교 들으면 돼요. 30만 목회자들이 이 말씀 앞에 거꾸러지면 됩니다. 왜 목사님들과 장로님들이 헛된 헛발질을 하느냐? 목사가 돼서 왜 주사파한테 줄을 서느냐? 전부 성경을 몰라서 그래요. 장로가 돼서 전라도 태어났다고, 전라도 태어났다고 무조건 주사파한테 줄 서면 돼요? 안 돼요? 왜 그러냐 하면 성경을 몰라서 그래요. 성경을 알면 전라도 할아버지 태어나도 안 그래요. 전라도에 있는 장로님 중에서도요 나를요 예수님 다음으로 좋아하는 사람 많아요. 예를 들어서 우리 양메리 간사님의 큰아버지가 장로님이잖아요? 예수님 다음으로 날 좋아해요. 완전히 광주의 핵심이에요. 전라도 광주예요. 전라도라고 다 빨갱이 아니라니까요. 전광훈 목사 설교를 들으면 전라도고 나발이고 필요 없어요. 김대중이고 나발이고 필요 없어요. 전광훈 목사 설교에 귀만 열리면 다 돌아오게 돼 있어요. 아멘. 할렐루야! 그래서 여러분, 이 설교, 이 주일설교 전파 운동을 계속하시길 바랍니다. 하루에 10명 이상에게 계속 쏘란 말이에요. 광화문 운동에 대해서 전혀 몰랐던 사람이 자기 친구가 그것도 한 번이 아니고 열 번 이상 똑같은 걸 계속 유튜브(youtube) 링크를 보내서 처음에는 막 욕을 했대요. "야! 너 그렇게 하면, 나, 친구 관계 끊어버려! 왜 이 전광훈, 이 빤스 목사 영상을 왜 자꾸 보내고 난리야?" 그런데도 '동남풍아 불어라'예요. 계속 보냈대요. 그래서 귀찮아서 한 번 들어봤다는 거예요. 성령이 딱 낚아채서 펑펑 울었다는 거예요. 펑펑 울면서 "하나님, 잘못 했습니다. 전광훈 목사 빤스 목사 아닙니다. 주여, 아버지, 내가 씹은 거 용서해 주세요." 이런 사람이 한두 명이 아니에요. 한두 명이 아닙니다. 그리고 그런 사람이 꼭 회개에 또 합당한 열매를 가져와요. 자기는 광화문도 몰랐대요. 친구 때문에 나를 알게 됐다는 거예요. 그래서 세상에! 또 어떤 분은 돈 5,000만 원을 가지고 왔어요. 세계기독청 꼭 지어야 한다고요. 그러니까 말씀이 들어가면 뒤집어진단 말이에요. 사단이 계속 가리게 하려고 작업을 했지만 절대 사단은 성공 못 하고 주님이 이길 것입니다. 대한민국에 성경이 열릴지어다!

3. 이승만, "성경을 아는 것이 건국의 지름길"

이승만 대통령 얘기를 한번 하자면 1910년도에 이승만 대통령이 참 한국 최초로 프린스턴(Princeton University)에서 박사학위를 받았어요. 그 당시 한국 국민의 80 프로(procent)가 한글도 못 읽는 때입니다. 1 프로밖에 안 되는 아주 귀족들만 천자문을 알고 있었어요. '하늘 천 따 지' 아는 거예요. 그걸 가지고 나머지 국민 80 프로를 전부 다 종으로 부려 먹는다고요. 그런 시대인데, 그 시대의 이승만이 아이비리그(Ivy League) 박사였어요. 박사. 박사학위를 받고 금의환향하여 한국으로 돌아왔어요. 국민들이 이승만이 왔다고 해서 막 환영 잔치에 나갔어요. 요즘은 박사들이 우습지만 그때는 박사라 그러면 대단한 겁니다. 대단한 거예요. 그래서 "최초의 박사는 도대체 어떻게 연설하는지 우리 박사님의 연설 좀 들어보자!" 광화문 광장에 꽉 차게 모여 버렸어요. 그런데 시간이 다 됐는데도 나타나지 않아요. 찾아 나섰어요. 도대체 이승만 박사가 어디 갔냐고. 얼굴이라도 한번 보자고. 요즘 우파 국민들이 전광훈 보고 싶어 하는 것하고 똑같아요. 막 보려고 달려들었어요. 없어요. 찾아 나섰더니 종로2가에 있는 YMCA 거기에서서 부녀자들을 앉혀놓고 성경을 설교하고 있었어요. "박사님, 뭐 하십니까? 도대체가. 치마 입은 거 이것들 가르쳐봤자 다 헛방인데 말이요. 이런 여자들 데리고 말이야, 이 아까운 시간에 말이야, 뭐 하십니까?" 이승만 박사가 이렇게 말했어요. "성경을 아는 것이 곧 독립의 지름길이요 성경을 아는 것이 곧 건국의 지름길이다." 이승만 박사는 성경에 도가 텄어요. 할렐루야. 오늘 여러분도 성경이 활짝 열리세요. 따라서 합니다. 주여, 열어주세요. 열리실래요? 오늘 말씀 잘 들으면 성경이 열린단 말입니다. 아멘. '열려라. 에바다'에요. 손뼉 준비. 성경을 활짝 열어주세요. 주여, 아버지.

<어두워진 세상 길을>

1. 어두워진 세상 길을 주님 없이 걸어가다
나의 영혼 어두워졌네
어느 것이 길인지 어느 것이 진리인지
아무것도 알 수 없었네
주님 없이 살아가는 모든 삶 실패와 좌절뿐이네
사랑하는 나의 주님 내 영혼 눈을 뜨게 하소서

(후렴) 열려라 에바다 열려라 눈을 뜨게 하소서
죄악으로 어두워진 나의 영혼을
나의 눈을 뜨게 하소서.

2. 아무것도 알 수 없고 아무것도 볼 수 없고
아무것도 들을 수 없네
세상에서 방황하며 이리저리 헤매일 때
사랑하는 주님 만났네
어두웠던 나의 눈이 열리고 막혔던 귀가 열리네
답답했던 나의 마음 열리고 나의 영혼 살리네

4. 영의 눈을 여는 특효약, 성경

아멘. 활짝 열릴지어다. 사람에게는 세 가지의 눈이 있다 그랬죠? 첫 번째 눈이 육신의 눈입니다. 육신의 눈. 1.5, 2.0 이게 다 육신의 시력입니다. 여러분, 다 눈 두 개를 가지고 있죠? 물론 육신의 눈도 실명된 사람이 있지요. 여기 자매님 한 분도 지금 아주 실력도 있고 영어도 잘하고 스페인어도 잘하고 이 외국어대학 나온 자매님이 엊그저께 와서 그래요. "눈이 지금 점점 시력이 무너져서 병원에서 소경 된다고 그럽니다." 걱정하지 마요. 주님이 고쳐주실 거요. 나는 부흥회 하면서 소경의 눈을 뜨게 한 것도 몇 번 있습니다. 하나님이 반드시 고쳐주실 것입니다. 육신의 눈도 어두우면 이게 굉장히 살기 힘들어요. 이 땅에서 보면 제일로 시각장애인들이 불쌍해요. 아니 눈은 뜨고 있는데 보지는 못하지요. 지팡이 가지고 더듬으며 가잖아요? 얼마나 불쌍해요? 길 가다 그런 분들 만나면 잘 안내해 주시기를 바랍니다. 아, 사실 뭐, 잘 듣지 못하는 청각 장애인은 그래도 괜찮아요. 글을 가지고 이렇게 하면 되니까. 정말 시각장애인은 힘들어요. 그런데 또 하나는 뭐냐 하면 혼적인 눈이 있어요. 정신의 눈이 있지요. 이거는요 공부를 안 하면 눈이 소경입니다. 까만 것은 글이요 하얀 것은 종이로다. 돌아가신 우리 어머니가 완전히 그래요. 아무 글도 못 봐요. 못 봐. 왜냐하면 눈이 어두우니까요. 공부를 안 했으니까. 일제시대에 태어나서요. 그런데 이 눈보다 더 중요한 눈이 있어요. 영의 눈이 있습니다. 영의 눈. 그래서 육신의 눈이 1.5가 되고 2.0이 되고, 또 이 정신의 눈이 공부를 많이 해서 빠꼼이처럼 잘 알고 막 미국 가서 박사 열 개 따와도요? 이게요? 소경이 있어요. 지식이 많다고, 여러분, 눈이 열리는 게 아닙니다. 깡통이요. 깡통. 그런데 제일 중요한 눈은요? 영의 눈이에요. 영의 눈이 열리면 다른 눈까지도 열려요. 여러분, 영의 눈이 열릴지어다! 이 영의 눈을 열어주는 거에 특효약이 뭐냐? 성경이에요. 성경. 성경을 알자! 성경을 알면 영의 눈이 열려요. 아멘. 오늘 영의 눈이 활짝 열려야 해요. 따라 해봐요. 주여, 열어주세요.

Ⅲ.
성경의 원리를 알자

1. 모세오경 - 성경의 기둥

그러면 성경은 어떻게 구성됐는가? 제일 먼저 모세오경으로 되어 있어요. 모세가 성경 다섯 권을 썼지요? 창세기 출애굽기 레위기 민수기 신명기, 이렇게 다섯 권입니다. 이것을 모세오경이라고 합니다. 이것이 바로 성경의 기둥입니다. 나머지 뒤의 성경은 모세오경에 대하여 해설하는 해설집입니다. 이것은 내가 한 말이 아니고 유대인 랍비 학교에 가면,

구약 시대 유대인들 학교에 가면, 성경은 나섯 권이고 나머지 성경은 해설집이다, 이렇게 되어 있어요. 내가 이걸 설교시간에 한번, 유대인 랍비 학교의 말을 한번 했더니 이걸 가지고 합동 측에서 나를 이단이라고 하는 거예요. 전광훈은 다른 성경은 성경이 아니라고 했다는 거예요. 나는 성경 아니란 소리를 한 것이 아니고 유대인 랍비 학교에서 그렇게 말했다는 것이에요. 이 랍비 학교도 나머지는 성경 아니라는 소리는 안 해요. 성경의 기둥이 다섯 권이고 나머지는 다 보조 성경이다, 이렇게 말한단 말이에요. 오해가 없기를 바랍니다. 사람들이 뭔 말을 못 해요. 뭔 말을 못 해. 그런 게 또 잘 이해가 안 되면 나한테 물어봐야 할 거 아니에요? 물어보고 뭐 전광훈을 이단 하든지 오단 하든지 해야지? 이 자들이 말이야. 각 교단의 이단 대책위원회 이자들은 사건과 관계없이 속으로 이미 전광훈을 이단 만들려고 계속 찾아 나서다가 내 설교 분석을 다 하다가 이런 게 하나 걸리면 그걸 이단 삼단 해요. 야! 이 쓰레기 같은 자들아. 성경도 모르는 것들이 떠들고 난리야. 그래서 성경은요? 전체 모체가 모세오경이라 그래요. 예수님도 이걸 분리해서 말했어요. '모세의 글과 선지자의 글에.' 성경은 크게 나눠서 두 개로 나뉜다. 모세오경 그리고 나머지는 선지자의 글. 누가복음 24장에서 예수님이 그렇게 정돈했습니다. 그러니까 이 성경의 모세오경 이것을 알면요? 모든 성경이 풀어지는 열쇠가 되는 거예요. 열쇠.

2. 시내산에서 받은 모세오경

그럼, 모세오경은 어떻게 생겼는가? 모세가 시내산에 올라갔어요. 자, 모세가 시내산에 올라가서 40일 있었어요. 여기에서 하나님께로부터 받은 거예요. 두 가지를 받아서 내려왔어요. 첫째는 모세오경이고 두 번째는 성막입니다. 성막. 성막을 짓는 방법, 성막의 설계도, 모세오경, 이것을 모세가 시내산에서 하나님께 받아서 내려온 거예요. 모세의 힘으로 쓴 것이 아니고 시내산에서 하나님이 모세한테 가르쳐 준 거예요. 그러니까 이 모세오경 안에는 모세 전에, 벌써 1500년 전에 있었던 모든 얘기, 그것을 모세가 에덴동산에서 살아본 것처럼 성경을 쓴 거예요. 인간의 힘으로 쓸 수가 없죠. 시내산에서 보니까 인류가 지나간 1500년 전 천지창조 얘기부터 다 본 거예요. 모세가 그걸 시내산에서 봤다 이거예요. 보고 와서 창세기부터 쓴 것입니다. 심지어 나중에는 자기가 죽은 후에 일어날 일, 그것까지도 하나님이 다 보여주셨어요. 모세가 죽은 후에 일어날 일 있잖아요? 그것도 하나님이 먼저 보여주신 거예요. 그래서 모세 장례식 얘기, 모세가 죽은 뒤의 얘기도 다 쓰여 있는 것이죠. 이해됐나요? 이해됐어요? 아멘. 이해됐으면 아멘 해 봐요. 깨달아졌어요? 그럼 '아' 해 봐요. '아' 할 때는 고개를 끼떡끼떡하면서 감정을 넣어서 해 봐요. '아 그랬구나. 그래서 모세가 자기 장례식 얘기도 써놨구나. 모세 힘으로 쓴 것이 아니고, 시내산에서 하나님이 먼저 보여주셨구나.' 아멘. 그래서 모세가 산에서 내려왔어요. 그래서 하나님의 성령의 감동의 능력으로 시내산에서 보여준 그대로 모세오경을 써나가기 시작했어요. 그것이 바로 창세기 출애굽기 레위기 민수기 신명기 모세가 쓴 다섯 권의 성경이라고요. 아멘. 조금 전에 내가 한 말을 다시 잘 들어야 해요. 모세가 모세 성경 5권을 쓸 때에 그때 얘기만 쓴 게 아니고 시내산에서 지나간 과거에 대해서 썼어요. 모세가 성경 쓸 때가 한 1,500년 지났단 말이에요. 에덴동산의 천지창조, 이 모든 것을 모세는 그때 천지창조한 것을 본 적이 없어요. 시내산에서 하나님이 다 보여주신 겁니다. 그래서 지나간 아브라함이라든지 이삭 야곱 다 쓸 수 있었던 것입니다. 이해됐어요? 여러분들도 기도하다가 환상을 보신 분들은 이해가 더 빠를 줄로 압니다. 나도 환상을 많이 봤는데 지금도 가끔 보고 있지만 환상을 봐서 영에게 딱 찍혀버리면요? 절대로 안 잊어먹어요. 환상 속에서 주어진 지식은요? 이거는요? 절대로 잊어먹는 것도 없고 세월이 20년 30년 50년 돼도 생생하게 알아요. 모세가 시내산에서 하나님께서 모세 속에 딱 찍어준 것은, 이거는 땅에 내려와서도 바뀌지 않는 거예요. 다시 쓰라고 해도 다시 써요. 전광훈 목사가 설교를 할 때에 50년 전에 설교한 것을 내가 다시 할 때가 있어요. 한 자도, 숨소리도 안 틀리고 해요. 이것도 초자연적인 능력이에요. 많은 사람이 놀라요. 목사님이 어떻게 50년 전에 설교한 거를 원고 하나도 없이 어떻게 그거를 재현하냐고 그래요. 이게 영 속에 부은 바 된 지식은요? 50년 100년 지나도 그대로 알아요. 그대로. 이해가 되십니까? 여러분도 성령의 불을 받으면 그렇게 된다, 이거에요. 할렐루야. 두 손 들고 아멘. 그래서 모세가 시내산에서 내려와서 이제 모세오경을 썼어요. 이것이 바로 성경책이 되었어요.

그런데 모세가 쓴 성경책이 사실 내용이 그대로 쓰여 있는데도 뜻은 모르는 거예요. 이게 도대체 뭔 뜻이냐? 왜 성경이 창세기에서 천지창조를 할 때 하나님이 왜 6일 동안 창조하시고 하루에 쉬었는지? 한꺼번에 하루 만에 다 만들어 버리지 왜 이렇게 나누어서 만들었는지? 아담과 하와도 따로 따로 만들지요? 아담 따로 만들고 하와 따로 만들고요? 그런데 왜 아담을 먼저 만들어서 그다음에 또 깊이 잠을 재워서 갈비뼈를 빼가고 또 왜 여자를 만들었을까? 왜 그렇게 되었을까? 그 이유를 우리는 몰라요.

그래서 이 모세가 쓴 성경을 읽고도 그냥 규례와 도덕과

윤리밖에 모르는 거예요. '하라. 하지 마라.' 그거 외에는 모르는 거예요.

3. 바울, 셋째 하늘에서 모세오경을 보다

그러다가 드디어 신약 시대가 왔습니다. 바울 시대가 왔습니다. 자, 바울에 의하여 드디어 모세오경이 열리기 시작했습니다. 할렐루야! 그러면 성경이라고 하는 것은 모세가 기록한 성경을 바울이 해석한 거예요. 이게 성경이라는 겁니다. 성경. 이해됐으면 아멘. 모세 혼자만 가지고도 성경을 몰라요. 모세오경에는 반드시 바울이 붙어야 해요. 이것이 붙어야 성경의 원래 뜻이 알려지는 거예요.

그러면 사도바울은 어떻게 성경을 알게 됐느냐? 모세하고 똑같아요. 바울의 실력으로 안 게 아니라 어디에 올라갔어요? 어디 올라갔냐? 셋째 하늘에 갔어요. 모세가 시내산에 간 것처럼 바울이 바로 셋째 하늘에 올라갔어요. 고린도후서 12장에 보면 바울이 사람이 죽어서 가는 바로 거기로 올라갔다 그래요. 말할 수 없는 환상을 보게 됐어요. '무익하나 마 내가 부득불 자랑하노니 주의 환상과 계시를 말하리라.' 자, 고린도후서 12장 1절을 한목소리로 한번 읽어보겠습니다. 시작!

(고린도후서 12:1-2)

1. 무익하나마 내가 부득불 자랑하노니 주의 환상과 계시를 말하리라
2. 내가 그리스도 안에 있는 한 사람을 아노니 십사 년 전에 그가 셋째 하늘에 이끌려 간 자라 (그가 몸 안에 있었는지 몸 밖에 있었는지 나는 모르거니와 하나님은 아시느니라)

이게 바로 바울입니다. 바울이 하도 겸손해서 자기가 죽어서 가는 거기를 갔다 왔으면서도 자기가 갔다 왔다고 하지 않고 '내가 어떤 한 사람을 아는데 그 사람이 셋째 하늘에 올라갔다.'고 말해요. 얘기를 들어보니까 그 사람이 누구예요? 바울 자신이에요. 바울이 이렇게 겸손한 사람이에요. 만약에 내가 직접 봤으면 "내가 봤다!" 난 계속 떠들어 버려요. 바울과 전광훈 목사는 차이가 많이 나요.

그래서 또 올라가서 뭘 봤다는 얘기냐? 아하! 따라서 합니다. 아하! 뭐가 '아하'예요? 모세가 시내산에 올라가서 본 것을 똑같이 본 거예요. '그래서 이렇게 기록됐구나. 그래서 창세기가 기록됐구나. 출애굽기가 됐구나. 레위기가 됐구나. 민수기가 됐구나.' 할렐루야! 그래서 이 사도바울이 셋째 하늘에 올라가서 이 모세오경, 모세가 쓴 성경을 거기서 한눈에 보게 된 거예요. 그리고 땅으로 내려왔어요. 내려와서 바

울 서신 13권을 썼어요. 로마서부터 히브리서까지. 로마서부터 히브리서까지 내용은, 이건 모세오경을 설명하기 위해서 나타난 거예요. 그래서 바울 서신 13권을 읽어봐야 모세오경이 뭔 뜻인지 알아요.

예를 들면, 여인의 후손, 창세기 3장 15절, 이게 뭔 말인지 우리는 몰라요. 그래서 바울 서신을 읽어봐야 해요. 그래야 이 여인의 후손이 예수라는 것을 알게 돼요. 또 아담이 누군지 우리는 몰라요. 바울 서신을 읽어봐야 해요. 로마서 5장을 봐야 알아요. 아담은 오실 자의 표상, 예수 그리스도를 말하는 거예요. 아멘. 그다음에 마지막 아담입니다. 사도바울은 예수를 마지막 아담이라고 했어요. 사도바울은 예수 그리스도를 왜 마지막 아담이라고 할까? 그리스도의 이름을 왜 아담이라고 불렀을까? 그 이유를 알게 되는 것입니다. 할렐루야.

4. 성경 – 모세가 쓰고 바울이 해석한 것

성경은 전체 다 합치면 모세오경 더하기 나머지 구약성경 더하기 그다음에 또 신약 성경 더하기, 이게 합해져서 성경이라고 해요. 전체 말을 정돈하자면 모세가 기록한 것을 바울이 해석하는 것입니다. 이것을 바로 성경이라고 하는 것입니다. 이해했어요? 이것이 바로 원리예요. 원리. 아인슈타인의 $E=mc^2$보다 비교할 수 없는 원리예요. 이 공식을 여러분은 외우고 있어야 해요. 아멘.

그런데 이거를 원리적으로 이렇게 정돈 안 하면 신학교 천 개 나와도 너무 복잡해요. 아니, 한 시간이면 끝날 거를 신학교 7년 배워도 원리를 못 만들어요. 원리를요. $E=mc^2$을 못 만든다고요.

여러분, 아인슈타인이 $E=mc^2$이라는 상대성 원리를 만들 때 그 원리가 이미 벌써 물리학에 존재했을까요, 안 했을까요? 존재하고 있었죠? 이미 존재하고 있었다고요. 그거 발견하기 전에 우라늄이 먼저 있었을까요, 없었을까요? 천지 창조될 때도 벌써 우라늄이 있었던 거예요. 그런데 모르는 거예요. 원리를 모르니까.

마찬가지예요. 성경이 수도 없이 오랫동안 기록이 되었고 존재했어요. 성경 기록이 마친 지가 2천 년 됐어요. 2천 년. 몇 년 됐다고요? 그런데 성경 모르는 거예요. 성도들만 모르는 게 아니에요. 목회자들도 성경을 모르는 거예요. 조금 아는 사람들이 너무 헤매는 거예요. 너무 복잡해요.

그래서 나는 가만히 목사님들 설교하는 걸 보면요? '이렇게 간단한 원리를 저렇게 어렵게 설명하는 것도 능력이구나. 이야! 참나! 능력 대단하다.' 나는요 이 간단한 원리를 저렇게 복잡하게 설명할 능력이 없어요. 나에게는 너무 쉬워요. 여러분도 뻥 뚫릴지어다. 아멘 할렐루야! 오늘 영의 눈이 열려서 성경이 열릴지어다. '실로암' 한번 불러보겠습니다. 주님, 활짝 열어주세요.

<어두운 밤에 캄캄한 밤에>

어두운 밤에 캄캄한 밤에 새벽을 찾아 떠난다
종이 울리고 닭이 울어도 내 눈에는 오직 밤이었소
우리가 처음 만난 그때는 차가운 새벽이었소
당신 눈 속에 여명 있음을 나는 느낄 수가 있었소
오 주여 당신께 감사하리라 실로암 내게 주심을
나에게 영원한 이 꿈속에서 깨이지 않게 하소서

할렐루야. 성경을 알지어다. 이야! 오늘은 실시간 예배가 완전히 폭발했다. 만 명이 넘었다. 너알아TV 한 개만 만 명을 넘었다. 전부 다 합치면 2만 명 가겠다. 그렇지요? 그렇지요? 이렇게 되면 나라가 살아요. 1,200만이 이 설교를 다 들어야 해요. 일단 성경 하나는 열려야 된다니까요. 성경 안 열리고 동해물과 백두산이 마르고 닳도록 살아보세요. 힘만 들어요. 힘만. 그러니까 더 지름길이 뭐냐? 성경이에요. 성경 열리면 다 열려요. 여러분 사업도 열려요. 축복도 열려요. 다 열려요. 성경이 열릴지어다.

성경이 이렇게 원리를 알면 간단해요. 성경은 모세가 기록하였고 바울이 해석한 책이에요. 모세는 어떻게 성경을 알게 되었는가? 이게 아이비리그(Ivy League) 대학을 졸업해서 안 게 아니에요. 시내산에 올라갔어요. 사람으로서 갈 수 없는 곳을 갔어요. 시내산에서 하나님을 직접 만났어요. 그래서 성경을 받은 것이에요. 성막을 받은 것이에요. 그래서 모세가 하늘나라에서 시내산에서 받은 이 설계도를요? 성경의 모든 설계도는 사람은 알 수 없고 이걸 최초로 알아낸 사람이 바울 사도예요. 바울 사도. 그래서 바울 서신을 잘 알아야 하는 겁니다. 내가 이 두 원리를 잘 설명할 테니까요. 내가 몇 번 설명할지 모르지만, 여러분이 알 때까지 매번 주일마다 설명할 테니까요. 여러분이 모르면 예수님 재림할 때까지 내가 설명할 테니까 반드시 아시기를 바랍니다.

첫 시간에 여러분, 원리에 대해서 감을 잡아야 합니다. 다시 한번 물어보겠습니다. 성경은 누가 썼다고요? 해석은 누가 했다고요? 할렐루야! 이 원리부터 잡기를 바랍니다. 그래야 성경에 들어가는 문고리를 딱 잡는 거예요. 오늘 여러분,

다 문이 열릴지어다. 아멘. 할렐루야! 뭐든지 알고 보면 쉬운 거예요. 여기 딱 들으니까 알고 보니까 쉽죠? 성경 별거 아니네. 모세가 썼고 바울이 해석한 거네. 할렐루야!

그런데 이걸 2천 년 동안 모른 거예요. 2천 년 동안. 얼마나 신학자들이 많았습니까? 얼마나 성경 연구가들이 많았습니까? 2천 년 인류 역사에 성경 하나를 가지고 목숨을 걸고 심지어 성경을 다 외운 사람도 수도 없이 많고요? 성경을요? 히브리어 헬라어 그다음에 라틴어까지 통달한 사람들이 수도 없이 많고요? 총신대 교수님 중 하나는 언어를 17개를 하는 교수님이 있어요. 그런데도 성령이 안 열리는 거예요. 이래도 안 열리는 성경이 오늘 여러분들에게 이 자리에서 열린다면 한턱내야 해요, 안 내야 해요? 안 내요? 안내기만 해봐라. 아멘. 한턱내란 소리 안 해도 성경이 열리면요? 여러분 다 주님을 사랑하게 돼요. 믿습니까? 성경이 열려야 주님을 사랑하지! 아멘. <주님 한 분 밖에는> 불러 봐요.

<주님 한 분 밖에는>

1. 주님 한 분 밖에는 아는 사람 없어요
가슴 깊이 숨어있는 주를 사랑하는 맘
주님 한 분 밖에는 기억하지 못해요
처음 주를 만난 그날 울며 고백하던 말

(후렴) 나는 행복해요 죄사함 받았으니
아버지 품 안에서 떠나 살기 싫어요
나는 행복해요 사랑이 샘솟으니
이 세상 무엇이든 채우고도 남아요

2. 주님 한 분 밖에는 사랑할 이 없어요
작은 가슴 뜨거웁게 주님 피가 흘러요
주님 한 분 밖에는 약속한 이 없어요
나를 믿고 따르는 자 반석 위에 서리라

아멘 할렐루야! 이런 찬송은 성경이 열려야 그 찬송의 바닥을 칠 수 있어요. 안 그러면 이 찬송도요? 이거 불러도 뜻을 몰라요. 그래서 성경이 열려야 되는 거예요.

Ⅳ.
성경의 설계도
: 그리스도

1. 모든 성경은 예수에 관한 기록

모세가 성경을 쓸 때 자기 생각으로 쓴 게 아니고 시내산에서 보여준 대로 썼어요. 성막을 짓는 설계도도 마찬가지예요. 모세가 두 가지를 가지고 내려왔는데 하나는 성막이고 하나는 모세오경이에요. 그런데 이걸 시내산에서 받을 때 주제를 뭘로 받았느냐? 이 주제가 다 그리스도로 돼 있어요. 아멘. 할렐루야! 그래서 오늘 읽은 성경 본문 요한복음 5장에 기록된 것처럼 모든 성경은 '나'에 관한 기록이에요. 누구에 관한 기록? 전광훈 목사 말고 예수님이요. 모든 성경은 예수 때문에 써진 거예요. 왜 예수를 중심으로 써졌냐? 목적지는 뭐냐? 이미 죄에 빠진 인간을 구원시키려고요. 성경에 대한 별명이 많아요. 성경은 곧 구원의 책입니다. 성경은 여러분을 구원시키기 위해 써졌어요. 할렐루야! 그래서 성경이 기록된 거예요. 성경을 읽고도요? 이게 구원, 구속사를 모르면 성경 읽어봤자 영적 소경입니다.

그런데 모세가 본 바로 이 설계도가 그리스도로 돼 있어요. 성막도 그리스도입니다. 그러니까 시내산에서 보고 내려온 설계도는 다 그리스도예요. 창세기 출애굽기 레위기 민수기도 다 그리스도입니다. 역사적 사건을 말하는 것 같지만 하나님은 천지창조 얘기를 통하여 '천지가 이렇게 창조됐다,' 이걸 설명하려고 하는 게 아니고 그리스도를 말하는 거예요. 이게 성경이 기록된 목적이에요. 아멘. 이해됐으면 아멘. 두 손 들고 아멘. 그러니까 성경 전체는 다 그리스도입니다. 창세기부터 말라기까지 마태복음부터 저 요한계시록까지 성경의 전체 주제는 그리스도예요.

성경을 통하여 알 수 있는 것이 첫 번째는 그리스도고 그 다음에 조금 더 확대하자면 그리스도 다음에 삼위일체 하나님을 말하려고 그래요. 성부 하나님, 성자 하나님, 성령 하나님. 성경은 삼위일체 하나님을 설명하려 그래요. 삼위일체 하나님은 누구인가? 할렐루야.

그다음에 하나님이 또 만든 것 중에 제일 중심이 사람입니다. 사람. 인간입니다. 인간. 인간이란 것이 도대체 뭔가? 이렇게 확대해서 성경이 설명한 거예요. 예수 그리스도. 그다음에 삼위일체. 그다음에 인간. 할렐루야!

그다음에는 자연입니다. 자연. 도대체 자연이 뭔가? 우주가 뭔가? 이렇게 설명하는 거예요.

그다음에 자연과 인간들이 살면서 만들어 내는 모든 사건, 전쟁도 그렇고 또 축복도 그렇고 먹고사는 문제도 그렇고 모든 인간 만사에 문화 현상이 왜 일어나는가? 이것을 성경이 설명하는 것이죠. 아멘.

그러나 제일 핵심인 그리스도를 모르면 삼위일체론도 몰라요. 그다음에 인간도 몰라요. '나는 어디서 왔으며 어디로 가고 왜 살고 죽으면 어떻게 되는가?' 그걸 어떻게 알아요? 그걸 어떻게 알아? 그리스도를 모르는데? 영적인 소경이지요? 소경?

자연을 어떻게 알아요? 우주를 어떻게 알아요? 우주가 왜 생겼어? 언제부터 생겼어? 몰라요. 우주의 자전과 공전이 왜 일어나요? 대답은 몰라 밖에 없어요. 몰라! 아멘.

그러나 성경이 열리면 눈이 열리기 시작해요. 훤하게 보이기 시작해요. 할렐루야! 어제도 토요일에 늦게 목동에 있는 장로님 한 분이 찾아왔어요. 먼젓번에도 돈 5,000만 원을 가지고 왔는데 이름도 없이 빛도 없이요. 또 뭐 집을 하나 팔았는데 돈이 생겨서 가져왔다 그래요. 기독청 지으라고요. 장로님께 내가 물어봤어요. 장로님은 어떻게 저를 알게 됐나요? 역시 유튜브에요. 유튜브 중에서 뭐에 걸려들었나요? 물어봤어요. 설교한 것 중에서 '존재의 제 1원인'을 들었다고 그래요. 제가 그랬어요. "장로님은 꽤 수준이 높은 사람이네요. 보통 사람들은요? '축복받아라!'에 걸려서 다 여기 왔어요. 장로님은 세련됐네요." '존재의 제 1원인' 그걸 듣고 충격을 받았다는 거예요. '인간으로 태어나서 내가 어떻게 이런 설교를 듣게 됐을까?' 아멘. '존재의 제 1원인,' 들어 봤죠? 또 들어 봐요. 또 들어 봐. 빨리 평신도설교학교에 등록해서 청교도신학원에 한 달에 10만 원씩 내고 내가 50년 설교한 거 빨리 다 들어보라고요. 그래서 장로님이 너무너무 흥분해서 목사님 얼굴 한번 보는 게 소원이라고 그러더라고요. 그래서 돈 5,000만 원 가지고 왔다고 그래요. 내가 물어봤어요. "'존재 제 1원인'이 이해가 돼요?" 물어봤어요. "이해가 안 되면 내가 왜 5,000만 원 들고 왔겠습니까?" 이야! 이 장로님! 영의 눈이 열렸어요. 아멘. 두 손 들고 아멘. 할렐루야! 그러니까 '존재 제 1원인' 이 모든 게 다 성경이 열려야 해요. 오늘 첫 강의인 이 강의를 잘 들어야 해요. 그러면 나머지 설교도, 내가 50년 설교한 것도 다 이해가 돼요. 첫 단추를 잘 끼워야 해요. 첫 단추. 이게 첫 단추예요. 첫 단추. 아멘. 두 손 들고 아멘. 할렐루야!

2. 성경이 열리는 통로 – 오직 성령으로!

그런데 시내산에서 하나님의 설계도를 가지고 내려와서 성막도 만들고 또 모세오경을 썼는데 땅에 있는 사람들이 이해를 못 해요. 이거는 모세 혼자만 아는 거예요. 답답해 죽을 지경이에요.

아무리 성경 공부를 시켜도 땅에 있는 인간들이 모르는 거예요. 그때 쓸 때는 두루마리였었어요. 인쇄술이 떨어졌기 때문에요. 그 갈대 안에 있는 연한 갈대 순 부들부들한 걸 딱 뽑아서 이걸 가지고 물에다가 막 비벼요. 그러면 코처럼 사람 코처럼 흥건하게 돼요. 그걸 우리나라 한지처럼 그걸 확 부으면 종이가 돼요. 부들부들한 종이가 돼요. 종이가 되면 거기다가 이제 양의 피를 가지고 양의 피가 빨가니까 양의 피를 가지고 성경을 쓰는 거예요. 그러니까 성경을 써도 모세 혼자만 아는 거예요. 사람들이 뜻을 모르는 겁니다.

그리고 성막을 짓는 설계도를 시내산에서 모세가 받았어요. 내려와서 아무리 설명해도 자꾸 김밥이 옆구리 터지는 소리만 해요. 자꾸 질문이 많아요. 질문이. 내가 설교하면요? 끽? 내려간 뒤에 보면 댓글을 통해서 질문이 많아요. 질문이 많은 사람의 공통점이 뭐냐? 성령 못 받아서 그래요.

성령 받은 사람은 질문이 없어요. 속에 있는 성령이 다 가르쳐줘요. 아멘. 할렐루야!

계속 질문이 많아요. "이렇게 지으라고, 이렇게 쓰라고." "굳이 왜 이렇게 써야 해요?" "아오! 이 바보들 말이야." 그래서 모세가 열 받아서 "일로 와. 일로 와. 머리 갖다 대. 머리." 도저히 이 사람들이 말해도 말귀를 못 알아들어요. "성막을 이렇게, 이렇게 지었어. 내가 시내산에서 봤다니까. 그게 주제가 그리스도라고." 설명해도 못 알아들어요. "일로 와. 일로 와. 머리 갖다 대." 그래서 브살렐과 오홀리압을 불렀어요. "아유, 답답해라. 답답해." 꼭 옛날에 우리 엄마처럼 그렇게 말했어요. "답답해. 아이고! 답답하다." 머리 갖다 댔어요. 안수했어요. 그랬더니 하나님의 신이 브살렐 속에 들어갔어요. 할렐루야! 하나님의 신이 오홀리압 속에 들어 들어가니까 드디어 모세와 같은 공명이 일어나는 거예요. 모세가 한마디 딱 하면 "아하! 모세 우리 선생님이 시내산에서 이렇게 보고 왔구나." 하고 모세가 본 것에 대한 그림이 이 속에서 열리기 시작하는 거예요. 그래서 성막을 짓기 시작한 거예요. 출애굽기 35장을 한번 읽어봐요. 브살렐과 오홀리압에 대하여 성경은 이렇게 말하고 있어요. 자, 35장 30절부터 시작.

(출애굽기 35:30-35)

30. 모세가 이스라엘 자손에게 이르되 볼지어다 여호와께서 유다 지파 훌의 손자요 우리의 아들인 브살렐을 지명하여 부르시고
31. 하나님의 신을 그에게 충만케 하여 지혜와 총명과 지식으로 여러 가지 일을 하게 하시되
32. 공교한 일을 연구하여 금과 은과 놋으로 일하게 하시며
33. 보석을 깎아 물리며 나무를 새기는 여러 가지 공교한 일을 하게 하셨고
34. 또 그와 단 지파 아히사막의 아들 오홀리압을 감동시키사 가르치게 하시며
35. 지혜로운 마음을 그들에게 충만하게 하사 여러 가지 일을 하게 하시되 조각하는 일과 공교로운 일과 청색 자색 홍색 실과 가는 베실로 수 놓은 일과 짜는 일과 그 외에 여러 가지 일을 하게 하시고 공교로운 일을 연구하게 하셨나니

(출애굽기 36:1-2)

1. 브살렐과 오홀리압과 및 마음이 지혜로운 사람 곧 여호와께서 지혜와 총명을 부으사 성소에 쓸 모든 일을 할 줄 알게 하심을 입은 자들은 여호와의 무릇 명하신 대로 할 것이니라

2. 모세가 브살렐과 오홀리압과 및 마음이 지혜로운 사람 곧 마음에 여호와께로 지혜를 얻고 와서 그 일을 하려고 마음에 원하는 모든 자를 부르매

아멘. 그러니까 지혜의 영을 그 속에 부어주신 거죠. 그래서 내가 밤마다 지금 성령의 불 집회를 하는 겁니다. 성령의 불을 받아야 하는 거예요. 받아야 모세하고 같은 공명이 일어납니다. 공명. 모세가 이제 시내산에서 본 것에 대해서 '아!' 하고 공명이 일어나요. '오! 이렇게 봤겠지!' 모세가 본 것에 대하여 이 속에 들을 때 같은 공명이 일어난다, 이거예요. 믿습니까? 여러분들도 전광훈 목사 설교를 들을 때 여러분 속에 공명이 일어나야 해요. 내가 내 말재주로 절대 여러분 속에 못 밀어 넣어요. 내가 설교를 여러분 속에 다 밀어 넣을 것 같지만 절대 못 밀어 넣어요. 여러분 속에 이걸 찍히게 하시는 분은 성령입니다. 그래서 불을 받아야 하는 거예요. 아멘. 두 손 들고 아멘. 따라 해봐요. 주여! 부어주세요! 할렐루야! 여러분! 부르짖어 기도하시라니까요! 안 그러면 성경을 동해물과 백두산이, 그다음이 뭐요? 마르고 닳도록 읽어도 성경만큼은 안 보여요. 읽어봤자 계속 엉뚱한 것만 알려고 그래요. "성경이 이게 뭐야? 오! 열두 지파가 있네. 열두 제자가 있네." 쓸데없는 것만 아는 거예요. 원래 성경을 기록한 하나님의 의도에 대하여 접근 자체를 못하는

거예요. 그래서 아이비리그 대학들 있지요? 하버드대학, 예일대학? 그게 전부 신학대학으로부터 생긴 학교입니다. 세계적인 학교가 됐지요. 그런데 지금도 하버드, 예일, 프리스턴 신학대학의 교수들이 있어요. 성경을 알까요, 모를까요? 전혀 몰라요. 전혀. 완전히 깡통이에요. 왜 모르는지 알아요? 성경을 기록한 영을 안 받았기 때문입니다. 그래서 성경은 사람의 힘으로 아는 것이 아니에요. 성경을 기록한 영이 임해야 해요. 성령이 임해야 해요. 그래야 모세오경, 모세가 쓴 모세오경을 읽으면 모세가 시내산에서 본 것이 그대로 우리 속에 공명이 일어나요. '아하!'하고 일어나요. 아멘. 성령이 부어질지어다. 할렐루야!

그래서 여러분과 제가 모세 같이 시내 산에 안 올라가도 모세가 거기 가서 보고 듣고 받은 설계도를 기록한 것이 성경이라면 모세가 받은 것을 기록한 성경만 읽어도 모세가 시내산에서 본 거와 똑같은 효과가 일어난다는 것이죠. 그 전체 주제가 그리스도라는 거예요. 그리스도. 따라서 해요. 그리스도. 모세가 시내산에서 직접 본 거와 똑같은 역사가 여러분에게 일어나길 바래요? 진짜요? 그러면요, 하나님의 신이 임해야 하는 거예요. 그러니까 시내산에서 본 것을 땅으로 끌어내리는 것이 모세가 끌어내리는 게 아니에요. 모세가 다 받았고 보고 들은 것을 땅에 가지고 와서 설명을 해

줬어요. 그래도 모르는 거예요. 아무리 설명해도 모르는 거예요. 그러면 이 성경을 사람에게 알려주는 것은 성령이 알려줘야 해요. 성령이. 모든 성경은 하나님의 성령으로, 성령의 힘으로 기록이 되었다! 이것을 아는 능력도 성령인 거예요. 인간의 지각으로 아는 게 아니에요. 천날 알아도 몰라요. 그래서 성령의 도움이 필요한 거예요. 아멘. 할렐루야!

사도바울도 마찬가지입니다. 자, 올라갔습니다. 셋째 하늘에 올라갔어요. 모세가 시내산에서 본 걸 똑같이 봤어요. 봤더니 "아하, 이걸 보고 내려갔구나. 이거는 그리스도네. 그리스도." 그리스도가 어떻게 사람을 구원시키느냐? 그것이 바로 모세가 본 것이에요. 그래서 바울이 같은 걸 보고 땅으로 내려와서 바울 서신 13권을 썼어요. 그러니까 바울 서신 13권의 주제도 그리스도인 것입니다.

그리스도를 통하여 사람을 구원시키기 위해서 그래서 성경의 신약 성경을 썼어요. 신약 성경 27권 중에서 13권을 쓰신 것입니다. 할렐루야! 그래서 성경은 모세오경 더하기, 더 확대하면 구약 더하기, 그다음 바울 서신 13권, 신약 성경 27권이 딱 붙어야 이것이 성경이 활짝 열리는 거예요. 이해됐어요? 확실히 되었어요? 아멘.

오늘 이 시간에 이제 여기서 끝나려고 그러는데 오늘의 원리는 다시 한번 말씀드리면, 성경은 모세가 썼다! 자기 마음대로 쓴 게 아니다! 시내산에서 보고 들은 것을 그대로 썼다! 그런데 그 주제는 그리스도다! 땅에 가져와서 아무리 성경을 쓰고 성막을 지어도 모르니까 결국은 모세가 안수하여 브살렐과 오홀리압 속에 하나님의 신이 들어가게 하니까 그러니까 모세가 본 것처럼 공명이 일어났다니까요?

이 원리는 지금도 마찬가지입니다. 아멘. 여러분 속에 성령이 열리길 원해요? 그러면 성령이 강타해야 해요. 강타. 아니면 내가 이렇게 목이 터지라고 가르쳐도 여러분이 귀에 들리는 건요, 한 가지밖에 귀에 안 들려요. 개밖에 안 들려요. "지가 개면서 이 자가 우리의 교주님 문재인을 개라고 자꾸 떠들어. 저 개가." 이거밖에 안 들리는 거예요.

그러니까 성령이 임해야 하는 것입니다. 목사고 장로고 계급장도 필요 없어요. 성령이 임해야 성경이 열려요. 아멘. 바울 서신이 열려요. 바울이 저 셋째 하늘에 올라가서 모세오경을 해독해서 왔어요. "아, 주제는 그리스도다." 바울 서신 13권 기록했어요. 로마서, 고린도전서, 고린도후서, 갈라디아서, 디도서, 다 썼어요.

그런데 이 성경을 읽은 사람이 얼마나 많아요? 2천 년을 읽었어요. 2천 년 동안 성경을 읽었어요. 특별히 유럽 구라파 세상에는 인간이라면요? 교회를 다니든지 안 다니든지 의무적으로도 성경 한 번은 다 읽어요. 세계 최고, 인류 역사상의 베스트셀러(bestseller)가 성경이에요. 성경. 성경을 한번 안 읽은 사람하고는요? 대화 자체가 안되는 거예요. 인류 역사가 그렇게 돼 있어요.

그런데 몰라요. 성경을 몰라요. 왜 모를까요? 기록한 영이 역사하지 않아서 그래요. 오늘 여러분에게는 역사가 일어나야 해요. 주여! 도와주세요. 역사하여 주세요. 역사하여 주세요. 할렐루야! 여러분은 성경 읽을 때 활짝 열릴지어다. 그냥 눈에서 눈물이 질질 짜고 말이야, 입에서 그냥 감탄이 나오고 말이야, "아멘. 아멘" 나오고 말이야, 송이 꿀처럼 달고 말이야, 성경 읽을 때마다 송이 꿀처럼 달고 말이야, 이렇게 재미있는 성경이 어디 있냐 말이야? 그렇게 될지어다! 이렇게 재미있는 성경이 어디 있느냔 말이야? 그렇게 될지어다! 성경을 설명하는 또 설교를 들을 때도 하품만 하지 말고 개만 들리지 말고 "이야! 정말 성경이 너무 재밌다. 전광훈 목사 설교가 너무 재밌다. 내가 이 설교를 안 들었으면 어떻게 할 뻔했나?" 감탄이 나올지어다. 할렐루야! 따라서 합니다. 주여! 열어주세요! 활짝 열어주세요! 할렐루야!

V.
오직 성령의 통로로

1. 성경이 열려야 모든 것이 열린다

모든 것은 성경이 열리는 것으로부터 시작해요. 예수 한국 복음 통일되기를 원해요? 성경이 열려야 해요. 성경이. 아멘. 할렐루야! 대한민국이 세계에서 두 번째 G2가 되길 원해요? 성경이 열려야 해요. 3월 9일 대통령 선거에서 하나님이 원하는 사람이 뽑히길 원해요? 성경이 열려야 해요.

성경이 안 열리면요? 윤석열이 누군지 도대체 이재명이 누군지 안 보이는 거예요. 안 보여요. 돈 나눠 주겠다, 그러니까 그것만 보이는 거예요. 돈 나눠줘? 돈 나눠줘? 그 돈 누가 만든 건데? 그 돈은요? 하나님이 만든 거지만 사람으로 말하면 이승만과 박정희가 만든 겁니다. 야! 이 개야! 가만 안 둬. 이승만, 박정희가 만든 돈을 가지고 너희들이 나눠준다고 큰소리치고. 문재인, 이 개야. 내가 또 욕이 안 나올 수가 없단 말이야. 왜 남의 돈을 가지고 네가 나눠줘? 그건 사기야. 사기. 대한민국이 세계 경제 10위권에 간 게 왜 그런지 알아? 이승만, 박정희 때문이야. 이승만, 박정희가 어떻게 대한민국을 이끌었을까? 성경으로 이끈 거야, 성경으로. 성경으로! 성경으로! 아멘! 그런데 왜 사기를 쳐? 왜 사기를 쳐? 왜 사기를 치냐고? 정신 나간 놈들 같으니라고 말이야. 사기를 쳐도 보통 사기 친 게 아니야. 이승만과 박정희가 만든 돈을 가지고 말이야 사기를 쳐도 보통 사기를 친 게 아니야. 이 자들이. 이승만과 박정희가 만든 돈을 가지고 말이야 자기들이 나눠준다고 말이야 사기를 치고. 뭐? 한 달에 100만 원씩 준다고? 또 뭐 허경영은 또 뭐 얼마 준다고 그러더라? 그런데 또 거기 붙은 여자들이 또 수만 명이요. 또. 아이고! 또 교회 권사들이! 에라, 이 개 같은 여자들아, 어디 붙을 데 없어 허경영한테 붙어서 떠드냐? 정말 내가 욕을 안 할 수 없어. 정신 나가서 말이야. 성경에 붙어. 성경에. 아멘.

그래서 여러분 잘 보라고요. 성경이 열리면 개인이 살고 가정이 살고 국가가 살고 기업이 살고 학교가 살고 다 살고 성경 닫히면 다 죽어요. 주여, 열어주시옵소서. 성경을 열어주시옵소서. 아멘. 할렐루야!

성경이, 여러분, 기독교인들이 주일 날 옆구리 끼고 한번 왔다 갔다 하는 그런 책이 아니라니까요? 그런 책이 아니에요. 주일 날 예배 시간에 옆구리 끼고 한번 갔다 와서 책상에 딱 던져 놓고 "다음 주일 교회 갈 때 보자." 그다음 주일 교회 오려고 할 때 "성경 어디 갔나? 먼지가 이렇게 많이 묻었네." 먼지 털어서 오는, 성경이 여러분에게 이런 취급 받을 책이 아니란 말이에요. 아멘. '나의 사랑하는 책 비록 헤어졌으나 어머니의 무릎 위에 앉아서.' 아멘. 성경이 여러분에게 그런 취급 받을 책이 아니라고요. 아멘입니까? 할렐루야요? 여러분이 성경을 대하는 태도가 어떠함에 따라서 하나님도 여러분을 그렇게 대해 줄 거예요. 여러분, 하나님 앞에 쓰레기 같은 대접 받고 싶어요? 아니죠? 그럼, 여러분이 성경을 쓰레기로 보면 돼요, 안 돼요? 안 되죠? 확실하죠? 할렐루야!

그래서 이 성경에 대해서 내가 계속 말씀을 증거할 텐데 오늘의 이 두 원리를 반드시 기억하세요. 성경은 모세가 썼고 바울이 해석한 책이고 전체 주제는 그리스도고 목적지는 사람을 구원시키려고 합니다. 아멘. "주여! 열어주세요! 활짝 열어주세요!" 활짝 열릴지어다. 할렐루야!

2. 성령 운동만이 살길

아따! 야! 오늘 유튜브 막 올라갔다. 11만 명 올라갔다. 너알아TV만 11만 명 올라갔어. 이게 뭔가? 이게 대한민국이 살라고 그러는 거 같아! 아멘. 광화문에서 한참 내가 설교할 때 한 주일에 200만이 들었거든요? 그런데 다 내 감방 가는 바람에 다 도망가 버렸어요. 유튜브에 이상한 놈이 나타나서 전광훈 뭐 어쩌고저쩌고 떠드는 바람에 거기에 미혹돼서 또 갔어요. 자기 생각에, 또, 자기 혼자 나를 다 판단해요. "전광훈 목사가 다 좋기는 좋은데 내가 좋아하는 사람을 안 좋아해서 나는 떠나갑니다. 나는 홍준표를 좋아했는데 전광훈은 윤석열을 좋아해서 나는 떠나갑니다." 떠나가라! 이 개 같은 여자들아. 정신 나간 소리 하고 있어. 한국의 기독교인들은요? 예수님을 제일 좋아해야 하고! 그다음에 문재인은 좋아하면 돼요, 안 돼요? 우리 편인 윤석열도 좋아하면 돼요, 안 돼요? 그놈도 믿을 수 없어요. 홍준표 똑같아요. 요즘 또 안철수가 뛰어 올라가서요? 다 헛방이요. 여러분은 나만 좋아해야 해요. "목사님은 빨리 밝히세요." "뭐?" "요즘 뭐 안철수가 떠오르니까 목사님은 안철수로 바꾸려고 합니까? 또 윤석열로 하려고 합니까?" 나는요, 30년 50년 동안 애국운동을 하면서 내가 실수한 게 하나 있어요. 뭐냐? 하나님 보다 사람을 내가 먼저 선정해서 황교안도 그렇고 다 그래요. 먼저 선정해서 내가요, 개 망신당하고, 거기에 대해서 내가 실수했어요. 이번에는 내가 그렇게 안 해요. 작년부터 내가 감방에서부터 그랬어요. "이제는 절대로 실수 안 한다. 주님이 확실히 정할 때까지는 나는 가만히 지켜보고 있다가 주님이 가닥을 딱 잡으면 그때 가서 나는 한다." 이렇게 내가 결론을 내렸어요. 아직도 여러분, 주님이 어떻게 할지 덜 드러났으니까 기다리면 돼요. 그런데 댓글에 그래요. "전광훈 목사! 직접 나가라고 말이야. 아이! 뭐 하냐고? 전광훈 목사가 대통령 직접 가는 길 외에는 해결책이 없다." 그래요. 그거는 사실이에요. 사실. 그 말은 맞는 거예요. 내가 대통령 하면 인류 역사상 가장 위대한 대통령 하지요. 왜? 성경을 이렇게 잘 아는데요. 성경을. 내가 만약에 대통령 돼봐요. 칼빈 이상으로 해버리지요. 칼빈 이상으로. "하루에 성경 한 장씩 안 읽는 사람은 감방에 보낸다." 존 칼빈이 제네바에서 그랬다니까요? 존 칼빈을 너무 미워하지 말라니까요. 너무 열심이 특심해서 존 칼빈이 일반 대중식당에서, 교회 말고 바깥에서도 밥을 먹을 때 기도 안 하고 먹는 사람은 벌금 때려 버려요. 이게 존 칼빈이에요. 무서운 사람이에요.

그런데 이제 아쉬운 것은 뭐냐? 그걸 신율법이라고 해요. 신율법. 그래도 이게 실패했단 말이에요. 그런데 왜 그러냐 하면 오늘 이게 내 설교를 몰라서 그래요. 아무리 그렇게 제도를 만들고 감방 보내버린다고 해도 이게 안 된 이유는 뭐냐? 성령 운동을 안 해서 그런 거예요. 칼빈이 실수한 결정적인 실수가 성령 운동을 안 한 거예요. 사도행전 2장을 모른 거예요. 그래서 내가 지금 밤마다 불 집회하고 있어요. 감방에서 정돈했거든요. '아, 내가 애국 운동 50년 했고 말이야. 목회했고 부흥했고 목사님들 가르쳤고 말이야. 광화문 운동 다 했고 말이야. 문재인 개란 소리도 하고 감방도 세 번 갔다 와도 헛방이야. 안 돼.' 이게 성령의 불을 안 받으면요? 국민들이 다 성령의 불을 받아야 합니다. 안 받으면 안 된다는 걸 나는 감방에서 확실히 알아서 그래서 나는 몸도 이렇게 힘든데도 밤마다 지금 여러분들 붙잡고 두 달째 지금 불 집회를 하고 있는 거예요. 불 집회 하니까 좋죠? 아멘.

그래야 성경도 열린단 말입니다. 성경도요. 따라 합니다. 주여! 열어주세요! 내가 옛날에 예수 처음 믿고 나서 지금까지 기도한 제목이 하나 있어요. 이 말의 기도문이 거의 습관이 되어 버렸어요. "하나님 창조 이후로 에덴동산 이후로 가장 아름다운 복음의 나라가 대한민국에 서게 하여 주세요." 할렐루야! 에덴동산 이후로 가장 아름다운 복음의 나라가 대한민국에 한 번 서게 하여 주시옵소서.

여러분도 도전하기를 원하십니까? 그러려면 성령을 받고, 그리고 성경이 열리면! 아멘! 특별히 전국에 있는 수없는 목사님들이 주일 날 이 설교를 듣게 됐어요. 자기 교회 설교 마치고 이제는 그냥 습관처럼 이 설교를 듣게 됐대요. 어떤 사람은 그래요. 자기 설교할 때 자기 교회 설교를 대충 문질러 버린대요. 왜? 빨리 가서 집에 가서 전광훈 목사 설교 듣는다고요. 자, 이런 운동이 이제 일어났는데, 좋아요. 그러나 성령을 받아야 해요. 목사님들부터 성령을 받아야 해요. 불 체험을 해야 해요. 그래야 대한민국이 산다, 이겁니다. 아멘. 〈슬픔으로 낙심될 때〉입니다. 주여! 역사하여 주시옵소서.

〈슬픔으로 낙심될 때〉

1. 슬픔으로 낙심될 때 누가 나를 위로하리
예수 오직 예수
험한 세상 나그네길 인도할 이 누구인가
예수 오직 예수
나는 믿네 생명 되신 주님 예수 오직 예수 예수
믿음 소망 사랑되신 주님 예수 오직 예수

2. 귀한 생명 희생하여 누가 나를 구원하리
예수 오직 예수
내 마음과 성품 다해 사랑할 이 누구인가
예수 오직 예수
나는 믿네 생명 되신 주님 예수 오직 예수 예수
믿음 소망 사랑되신 주님 예수 오직 예수

3. 삶의 짐이 무거울 때 누가 나를 위로하리
성령 오직 성령
사람보고 실망할 때 용기 줄 자 누구인가
성령 오직 성령
나는 믿네 생명 되신 성령 성령 오직 성령 성령
믿음 소망 사랑되신 성령 성령 오직 성령

4. 대한민국 나의 민족 누가 이 땅 구원하리
성령 오직 성령
청교도의 신앙으로 칠천만을 구원하리
사랑 오직 기도
대한민국 소망되신 성령 성령 오직 성령 성령
믿음 소망 사랑되신 성령 성령 오직 성령

두 손 높이 드시고, "주님! 성령을 부어 주시옵소서. 그리하여 성경이 열리게 하여 주옵소서. 모세가 기록한 성경이 무엇인지 사도바울이 해설한 성경이 무엇인지 주님 내게도 열어주시옵소서." '주여' 삼창하며 기도하겠습니다.

우리 다 손을 얹으시고 아픈 사람은 아픈 데 손을 얹으시고, 또 문제는 가슴에 손 얹으시고 기도하겠습니다. "살아계신 주님! 우리에게도 성경이 열리게 하여 주세요. 브살렐과 오홀리압에게 부어주셨던 하나님의 신이 강타하게 하여 주셔서 모세가 기록하였고 바울이 해석한 성경을 설교만 들어도 다 알 수 있도록 주님! 열어주시옵소서. 이것을 여신 분은 하나님의 성령밖에 없습니다. 성령의 감동으로 기록된 성경, 성령으로 다 알려지게 하여 주시옵소서. 우리 7,000만 모든 민족의 심령마다 성경이 열리게 하여 주옵소서. 병든 육체를 고쳐주세요. 싹 낫게 하여 주시고 특별히 중환자실에 있는, 주님, 코로나 때문에 고통당하는 영혼들을 불쌍히 여겨주시고 주님이 직접 찾아가 주셔서 병석에서 안수하여 주셔서 기적을 베풀어 주옵소서. 회개합니다. 이제 한 번만 살려주시면 남은 생애 복음을 위해서 살겠습니다. 주님, 고쳐주시옵소서. 크고 작은 질병으로부터 자유함을 주세요. 이사야 53장이 이루어지게 하여 주세요. 그가 찔림은 우리의 허물을 인함이요 그가 상함은 우리의 죄악을 인함이라 그가 징계를 받음으로 우리가 평화를 누리고 그가 채찍에 맞음으로 나음을 입었사오니 십자가의 효험이 아픈 육체에게 임하여 질병으로부터 자유함을 주시옵소서. 인생의 무거운 짐을 해결하여 주시고 송구영신 예배 때 선포된 말씀처럼, 아버지여, 베드로의 고기 잡는 배에 기적이 일어난 것처럼 이번 한 주도 성도들에게 기적이 일어나게 하여 주세요. 예수님 이름으로 기도드리옵나이다. 아멘."

題目: 창세기 1장 창조로 나타난 그리스도 (골 1:15~17)

15. 그는 보이지 아니하시는 하나님의 형상이요 모든 창조물보다 먼저 나신 자니
16. 만물이 그에게 창조도되 하늘과 땅에서 보이는 것들과 보이지 않는 것들과 혹은 보좌들이나 주관들이나 정사들이나 권세들이나 만물이 다 그로 말미암고 그를 위하여 창조되었고
17. 또한 그가 만물보다 면저 계시고 만물이 그 안에 함께 섰느니라(골1:15~17)

그리스도를 위하여 / 그리스도에 의해서 / 그리스도의 것으로

	첫째날	둘째날	셋째날	넷째날	다섯째날	여섯째날	일곱째날
자연 창조	빛 창 1:1~5 비여히오르 ויהיאור 포티모스 φωτιμος	궁창 창 1:6~8 바달 בדל 디아코리조 διαχωριξω	뭍(땅) 창 1:9~13 라아 ראה 오리오 οραω	일월성신 창 1:14~19 마샬 משל 아르케 αρχη	생명체 창 1:20~23 라바 רבה 쇠라즈 שרץ 파라(생육) פרה 밀레이 מלא 번성 רבה	사람 창 1:24~31 라다 רדה 아르코 αρχω	안식 창 2:1~3 샤바트 שבת 카타파우시스καταπαυσις
J.X 구속사	빛이 있으라	나누어지라	드러나라	주관하라	번성하라	다스리라	안식하라
	탄생 눅 2:9 시 27:1 시 119:105 사 9:2	죽음 마 27:50~53 대상 23:13, 25:1 레 1:17	부활 마 3:16 롬 6:1~9 창 8:5 요 20:8	승천 [보좌에 앉으심] 창 37:9~11 빌 2:9~11 시 145:13	오순절 [확대] 행 2:40~41 행 2:46~47 출 1:7	천년왕국 [다스림] 삼상 12:12 히 10:21 시 47:8 계 12:5 시 146:10	영원무궁 [쉼, 자유함] 히 4:1~2, 4~5 8~9
심령에 나타남	주여	아멘	할렐루야	감사	믿습니다	예수 이름	하나님께 영광
	구원 요 1:5~12 고후 4:3~6 파이노 φαινω 람포 λαμπω	분리 고후 6:16~18 레 11:47 골 1:18 스 10:11 출 26:33 느 10:28 레 1:17 느 13:3	부활 롬 6:11~9 창 7:1	천직 엡 2:5~6	확대·복제 마 28:18~20	다스림 [새,사람,동물] 창 9:1~2	평안 마 12:9~12 마 12:1~8

2

빛이 있으라

첫째 날, 탄생

설교 일시 2022년 1월 16일(주일) 오전 11시

대 상 사랑제일교회 주일 3부 예배

성 경 골로새서 1:16-17

16 만물이 그에게 창조되되 하늘과 땅에서 보이는 것들과 보이지
않는 것들과 혹은 보좌들이나 주관들이나 정사들이나 권세들이나
만물이 다 그로 말미암고 그를 위하여 창조되었고

17 또한 그가 만물보다 먼저 계시고 만물이 그 안에 함께 섰느니라

Ⅰ.
성경을 알자

1. 전 세계의 중심에 선 광화문 전국연합예배

자, 우리 주먹 다 쥐시고 우리는 이겼습니다. 앞뒤로 다시요. 우리는 이겼습니다. 할렐루야! 오늘도 전 세계 도처에서 예배에 들어오신 성도들을 축복합니다. 이제 이 예배가 전 세계의 중심에 서게 되었습니다. 많은 영혼들이 성경에 대해서 눈을 뜨기 시작했습니다. 많은 심령들이 성령에 대하여 이제 관심을 갖게 되기 시작했습니다. 우리 국내에 최고의 문제인 것은 건국 후 70년 동안에 대한민국을 무너뜨리는 세력들이 어떻게 하든지 한국을 해체하고 북한에다 갖다 바치려고 하는 자들이 많이 일어났습니다. 이제는 거의 확실히 드러났습니다. 대한민국을 해체하고 북한으로 갖다 바치려고 하는 세력과 대한민국의 자유민주주의 자유시장경제 한미동맹 기독교 입국론 이것을 지키려고 하는 세력 간에 극한 대치가 일어났습니다. 아마 이 모든 결론은 3월 9일 대선에서 다 판가름 날 것입니다. 우리는 이 일을 위하여 목숨 걸고 달려가야 할 것입니다. 오늘도 이 예배를 통해서 하나님이 우리를 불쌍히 여기시고 자유대한민국을 지켜주셔서 놀라운 역사가 일어나기를 원합니다. 두 손을 높이 드시고 우리 다 같이 '주여!' 삼창하고 합심으로 이 일을 위하여 기도해 주시기 바랍니다. '주여!' 삼창하며 기도하겠습니다.

<두 손 들고 찬양합니다>

두 손 들고 찬양합니다
다시 오실 왕 여호와께
오직 주만이 나를 다스리네
나 주님만을 섬기리 헛된 마음 버리고
성령이여 내 영혼 충만하게 하소서
주님 앞에 내 생명 드리리라

<아버지 사랑합니다>

아버지 사랑합니다 아버지 경배합니다
아버지 채워주소서 당신의 축복으로

예수님 사랑합니다 예수님 경배합니다
예수님 채워주소서 당신의 사랑으로

<성령이여 우리게>

성령이여 우리게 임하여 주옵소서
주님의 큰 능력을 내 심령 속에
주님은 생명수 결코 마르지 않는
나를 다스리시는 나의 구세주
성령이여 우리게 임하여 주옵소서
주님의 큰 능력을 내 심령 속에

<내가 원하는 한 가지>

내가 원하는 한 가지 주님의 기쁨이 되는 것
내가 원하는 한 가지 주님의 기쁨이 되는 것

나 주님의 기쁨 되기 원하네 내 마음을 새롭게 하소서
새 부대가 되게 하여 주사 주님의 빛 비추게 하소서
내가 원하는 한 가지 주님의 기쁨이 되는 것
내가 원하는 한 가지 주님의 기쁨이 되는 것

겸손히 내 마음 드립니다 나의 모든 것 받으소서
나의 맘 깨끗게 씻어 주사 주의 길로 행하게 하소서
내가 원하는 한 가지 주님의 기쁨이 되는 것
내가 원하는 한 가지 주님의 기쁨이 되는 것

<내 마음에 주를 향한>

내 마음에 주를 향한 사랑이
나의 말엔 주가 주신 진리로
나의 눈에 주의 눈물 채워주소서
내 입술에 찬양의 향기가
두 손에는 주를 닮은 섬김이
나의 삶에 주의 흔적 남게 하소서

하나님의 사랑이 영원히 함께 하리
십자가의 길을 걷는 자에게
순교자의 삶을 사는 이에게
조롱하는 소리와 세상 유혹 속에도
주의 순결한 신부가 되리라
내 생명 주님께 드리리

기도드리겠습니다. "살아계신 주님, 참으로 감사합니다. 오늘도 저희들은 촛대 사이로 다니시는 예수님을 바라보고 주님을 만나러 이 자리에 나왔습니다. 어김없이 주님이 시행하시는 '두세 사람 내 이름으로 모이면 나도 너희들 중에 있으리라' 그 말씀을 믿습니다. 오늘도 예배를 통하여 만질 자를 만져 주시고 고칠 자를 고쳐 주시고 해결할 자를 해결하여 주셔서 주님이 우리와 함께 계심이 실감 날 수 있도록 성령으로 덮어 주시옵소서. 한 사람도 그냥 돌려보내지 마시고 일대일로 주님께서 역사하여 주세요. 예수님 이름으로 기도드리옵나이다. 아멘." 주먹 쥐시고 좌우 앞뒤 다같이 주님 이 자리에 함께 계십니다. 앞뒤로 다시요. 주님 이 자리에 함께 계십니다. 〈주님여 이 손을 꼭 잡고 가소서〉를 부르겠습니다.

〈주님여 이 손을 꼭 잡고 가소서〉

주님여 이 손을 꼭 잡고 가소서
약하고 피곤한 이 몸을
폭풍우 흑암 속 헤치사 빛으로
손잡고 날 인도 하소서

인생이 힘들고 고난이 겹칠 때
주님여 날 도와주소서
외치는 이 소리 귀 기울이시사
손잡고 날 인도 하소서

아멘. 오늘도 전 세계에서 예배에 들어오신 성도들을 축복합니다. 예수님이 아주 2천 년 전에 육신으로 계실 때 사람들의 병을 고치시고 눌린 자를 자유케 하시고 인생의 무거운 짐을 풀어주시는 똑같은 역사가 세계 도처에서 이 예배에 참여하는 성도들에게 일어나시기를 주의 이름으로 축원합니다.

2. 성경이 닫힌 결과

오늘도 지난주에 이어서 '성경을 알자' 하는 제목으로 말씀을 상고하겠습니다. 이 성경은 인류 역사를 이끌어 온 책입니다. 이 세상의 모든 인류 역사는 성경이 이끌어 온 것입니다. 구약의 4천 년도 그러하고, 신약의 2천 년도 그러합니다. 그러니까 이 성경은 책 중의 책입니다. 그런데 사람들이 성경을 잘 몰라요. 이게 왜 기록되었는지 이게 왜 만들어졌는지 이것을 왜 하나님이 우리에게 선물로 주셨는지 몰라요. 성경 기록이 마친 지가 2천 년이 됐어요. 그 사이에는 수 없는 신학자들이 있었어요. 성경 하나만 가지고 일생 산 사람도 많습니다. 성경 연구소도 수도 없이 많습니다. 그런데도 성경의 근본에 접근하지 못했습니다. 결국은 그래서 지금 이 지구촌이 이렇게 험하게 된 것입니다. 결국은 종교적으로 보면 지금 지구촌 전체가 이슬람한테 졌어요. 이것도 뭐 살짝 진 것이 아니고 비참하게 졌습니다.

왜 이런 일이 일어났을까요? 하나님이 주신 성경에 대하여 우리 2천 년의 기독교 역사에서 이 성경을 깊이 알지 못해서 비참한 일이 일어난 것입니다. 하나님께서 저에게 은사를 주셨습니다. 성경의 본질에 접근할 수 있는 은사를 주셨습니다. 지난주에 이어서 오늘도 두 번째 주간의 말씀을 증거하겠습니다. 잘 들으시고 성경이 빵 뚫리기를 바랍니다.

3. 성경을 알면 정상의 삶을 살 수 있다

성경이 빵 뚫리는 사람은 하나님이 가만히 두지 않습니다. 여러분의 각 분야에 하나님이 정상에다 끌어 올려놓습니다. 인류 역사 2천 년이 증명하는 바입니다. 여러분이 하는 일이 각기 다 달라도 전공 분야가 다 달라도 그 분야에서 정상을 한번 때리기를 원하십니까? 정상에서 만나실래요? '정상에서 만납시다' 책을 읽는다고 만나는 게 아니고 성경이 열리면 그렇게 될 것입니다. 우리 옆에 좌우에 사람에게 정상에서 만납시다. 어디서 만나자고요? 정상은 고사하고 밑바닥에서도 못 만나요. 밑바닥에서 못 만나. 그러나 이번에 다시 시작한 이 '성경을 알자'를 잘 들으시면 여러분이 죽기 전에 모든 성도들이 정상에서 만날 것입니다. 할렐루야! 나는 절대 거짓말하지 않습니다. 오늘도 여러분, 예배 들어온 여러분들을 다 정상에서 만날 수 있도록 제가 이끌어 드리겠습니다.

Ⅱ.
성경의 주제는 그리스도

1. 하늘의 설계도를 본 모세와 바울

1) 모세 사역의 두 핵심 : 모세오경과 성막

그럼 성경이란 무엇인가? 성경은 구약은 모세가 쓴 겁니다. 모세가. 신약은 바울 사도가 거의 기록한 중심이 되었습니다.

모세가 어떻게 성경을 쓰게 되었는가. 인간의 힘으로 쓴 게 아니고 모세는 시내산에 올라갔습니다. 시내산에 올라가서 무엇을 보았습니다. 땅에서는 볼 수 없는 시내산에서만 볼 수 있는 그 무엇을 보고 내려왔습니다. 그걸 보고 내려와서 한 일이 두 가지입니다. 첫째는 성막을 건축했습니다. 그 다음에 성경을 기록한 겁니다. 이게 모세가 한 큰 업적입니다. 모세가 한 외형적인 업적은 애굽에서 이스라엘 백성을 건져내어서 홍해를 가르고 반석을 쪼개고 만나를 내리게 하고 요단강을 건너고 이건 외형적으로 한 일이지만 실제 모세가 한 핵심적인 것은 두 가지입니다. 하나는 성막 건축입니다. 또 하나는 모세오경을 쓴 것입니다. 이 두 가지 사건이

별개 사건이 아니고 결국은 같은 사건입니다. 모세가 어떻게 이런 일을 할 수 있었을까요? 무엇을 보았다는 거지요. 시내산에 올라가서 무엇을 봤을까요? 하나님의 설계도를 본 겁니다. 하나님의 설계도를 보고 이 땅으로 내려온 것입니다.

2) 성령으로 공유하는 하늘의 설계도

하나님의 설계도를 뭘로 봤는가? 이렇게 보니까 텐트(tent) 같기도 하고 이렇게 보니까 책 같기도 하고 하여튼 그 무엇을 보게 되었습니다. 이것을 출애굽기 25장에서는 하늘의 식양을 보고 왔다, 그랬습니다. 하늘의 식양이라는 말이 우리나라 말로 순수하게 번역하면 설계도란 뜻입니다. 설계도. 그러면 성경을 찾아놨으니까 한번 읽어보겠습니다. 25장 9절입니다.

(출애굽기 25:9)
무릇 내가 네게 보이는 대로 장막의 식양과 그 기구의 식양을 따라 지을지니라

식양이란 말이 바로 설계도라는 뜻이지요. 건축가들이 집을 지을 때 설계도를 먼저 그리는 것처럼 그것이 바로 식양이라는 뜻이죠.

그러니까 하나님은 이 세상에 천지를 창조하기 전에 설계도를 먼저 그렸다는 것입니다. 식양을 먼저 그렸다는 것입니다. 식양을 그려놓은 후에 진행했다는 것입니다. 이것을 모세가 올라가서 보게 된 것입니다. 무슨 말인지 이해되시면 아멘. 두 손 들고 아멘. 그래서 식양을 보고 내려와서 이제 그 식양 그대로 하늘에서 보여준 그대로 성막을 짓기 시작했어요. 모세오경을 기록했습니다.

그런데 이 성막을 짓는 과정에 있어서 모세가 성막을 다 공사할 수 없지요. 모세는 총감독자이지요. 지시하는 거지요. 그런데 지시받고 행동하는 사람들이 잘못 알아들어요. 서로가 생각이 거리가 생겨서요. "내가 시내산에 올라가서 봤거든. 텐트 같이 생겼더라고." 그런데 같은 공명이 일어나지 않는 거예요.

그래서 브살렐과 오홀리압을 불러서 안수기도를 하기 시작해요. "내가 본 것 같이 똑같이 보여지게 하여주시옵소서. 제가 시내산에 올라가서 한 말을 한마디 하면 열 마디 백 마디 알게 하여주세요." 안수했더니 모세 속에 있는 하나님의 영이 브살렐과 오홀리압 속에 들어갔어요. 역시 성령이 들어가니까 그때 바로 알게 된 거예요. 모세가 말을 시작만 해도 "아!"하고 입에서 터져 나왔습니다. "맞아요, 맞아요. 그렇게 됐을 거예요."라고 모세의 마음과 브살렐의 마음이 공유하게 된 것이에요.

오늘 이 시간 예배를 드리는데 제가 지금 성경을 설명하려고 설교하고 있습니다. 이 시간도 여러분 속에 성령이 들어가서 내가 말을 시작만 해도 저게 뭔 말인지 빨리 알아 듣기 바랍니다. 그러려면 사람의 힘으로 되는 게 아니고 성령이 여러분 속에 임해야 해요. 그래서 설교는 아무나 듣는 게 아니에요. 같은 한국말이지만 이 설교를 모든 사람이 다 듣게 돼 있지 않습니다. 이거는 성경을 기록한 영이 그 사람 속에 임해야 해요. 그래야 설교가 뭔 말인지 알게 돼요. 그렇지 아니하면 설교 듣는 사람들이 다 엉뚱한 설교만 들어요. "전광훈 목사가 왜 정치적인 말만 하고 난리야?" 내가 정치적인 얘기를 합니까? 나는 진리 중의 진리를 말합니다. 근본 중의 근본을 말합니다. "전광훈 목사가 왜 욕만 하고 난리야?" 성령 못 받은 인간들이 다 그래요. 성령을 받게 되면 설교하는 사람의 의도가 다 듣기도 전에 벌써 그 사람 속에 임하는 거예요. 오늘 여러분 속에 다 그런 일이 일어나길 바랍니다.

이건 내가 어릴 때 설교 들을 때 다 경험한 것입니다. 조용기 목사님 설교할 때 보면 말을 굉장히 빨리해요. 말을 시작하기 전에 벌써 내 속에 와버려요. 다음은 뭔 말을 할 것인가 하는 것이. 왜냐하면 성령으로 공유하니까요. 우리 양메리 간사님이 통역 잘하죠? 저게 영어 실력으로 통역하는 게 아니라니까요. 내가 말하기 전에 내가 뭔 말할지를 먼저 안다고요. 그러니까 통역이 그냥 불같이 나갈 수 있는거예요. 왜 그럴까요? 성령이 있기 때문에요. 양메리 간사님의 최고의 가치는 성령이에요. 성령. 많은 사람들이 그렇게 나한테 전화가 와요. 양메리 이상으로 영어 잘하는 사람 많다, 이거예요. 지구촌에 많다, 이거예요. 더 이쁜 애들도 많다, 이거예요. 그런데 누구도 못 따라가는 게 있다! 양메리 속에 있는 성령의 능력이다! 이걸 흉내를 못 낸다는 거죠.

여러분도 마찬가지예요. 설교를 하는 사람이나 설교를 듣는 사람은 다 성령 안에서 하나가 돼야 해요. 그런 예배를 드리면, 오늘도 하늘 문이 열리지요. 2천 년 전에 주님이 이 땅에 계시는 것보다 더 효과가 일어날 것입니다. 할렐루야! 그렇게 되기를 원하시면 아멘. 두 손 들고 아멘. 따라서 합니다. 주여! 열어주세요!

3) 바울에 의해 실제로 열린 하늘의 설계도

그래서 모세가 시내산에 올라가서 하여튼 무엇을 보고 내려왔는데 땅에 와서 계속 말을 해도 사람들이 잘 못 알아들어요. 일부 사람들을 불러서 안수했어요. 그들은 성막을 지었어요. 성경 기록하는 데 같이 또 도움을 받았어요. 그다음 후로부터 확대한다는 거예요.

그런데 성막을 지어줬는데 하늘의 설계도를 보고 내려와서 지어줬는데 성막을 들락날락하고 성막 생활을 하면서도 이게 하늘의 설계도를 모르는 거예요. 기가 막힌 일이 일어났지요? 얼마 동안 몰랐느냐? 구약 시대에 4천 년 동안을 몰랐어요. 성막을 눈으로 보고 성막에 들락날락하고 제사장들이 성막 생활하면서도 이게 무슨 뜻인지 모르고 살았다는 거예요.

그래서 저 하늘의 설계도가 실제로 열린 것은 신약시대에 와서 바울에 의하여 열리게 된 것입니다. 사도바울이 바로 모세가 본 것을 보고 왔다 이 말이에요. 어디에 올라가서? 셋째 하늘에 올라가서. 모세가 시내산에 올라간 것과 같은 거지요. 고린도후서 12장 1절 그대로입니다. 이루 말할 수 없는 형용을 보게 된 거죠.

그래서 내려와서 바울 서신 13권을 기록한 것입니다. 바울 서신 13권은 모세오경의 해설집이라고 보면 됩니다. 이 두 내용은 다 동일한 겁니다. 전체 주제는 다 그리스도입니다. 그리스도. 시내산에 올라가서 모세가 본 것도 설계도를 그리스도로 보았고 또 바울이 올라가서 본 것도 그리스도로 본 거예요. 구약 성경이나 신약 성경이나 두 개 합쳐 공통된 주제는 그리스도예요. 이해됐으면 아멘. 할렐루야!

2. 그리스도 - 하늘의 설계도의 주제

1) 성경에서 나온 자유민주주의의 대표 워딩 : 위하여, 의하여, 것으로

그래서 골로새서 1장 16절을 보시면 여기에 대한 기록이 돼 있습니다. 한번 읽어보도록 하겠습니다. 한목소리 한번 읽어보시면, 시작.

(골로새서 1:16-17)

16. 만물이 그에게 창조되되 하늘과 땅에서 보이는 것들과 보이지 않는 것들과 혹은 보좌들이나 주관들이나 정사들이나 권세들이나 만물이 다 그로 말미암고 그를 위하여 창조되었고

17. 또한 그가 만물보다 먼저 계시고 만물이 그 안에 함께 섰느니라

그러니까 이게 바울이 셋째 하늘에 올라가서 보고 내려왔고 모세가 시내산에 올라가서 보고 내려왔고 두 사람이 다

보고 내려왔어요. 공통된 증언을 하고 있는 거죠. 모든 천지 만물은 그리스도를 위하여 지어졌다! 그리스도에 의하여 지어졌다! 그리스도의 것으로 지어졌다!

이것을 바로 흉내 내서 연설한 사람이 아브라함 링컨입니다. 이 틀은 대단한 틀입니다. 바이 더 피플, 오브 더 피플, 폴 더 피플, 이 세 가지의 이 말의 틀은 대단한 것입니다. 이게 곧 이 세상을 설계하신 하나님의 설계도의 틀입니다. 만물이 그를 위하여 지어졌고 만물이 그에 의하여 지어졌고 그의 것으로 지어졌다. 이것을 바로 앞에 있는 주어를 바꿔서 피플로 바꾼 것이죠. 이게 바로 아브라함 링컨의 위대함입니다. 앞으로 여러분들도 뭔 말을 할 때 어떤 주제를 말할 때 '위하여, 의하여, 것으로,' '그리스도를 위하여 그리스도에 의하여 그리스도의 것으로' 한다면 여러분은 반드시 정상에 올라갈 수 있습니다. 할렐루야! 아멘.

2) 하나님 설계도의 틀 : 그리스도를 위하여, 그리스도에 의하여, 그리스도의 것으로

그래서 하나님은 천지를 창조하실 때 하늘의 설계도대로 시작한 것입니다. 하나님이 천지를 창조하실 때 그냥 즉흥적으로 하지 않아요. 그냥 내가 천지를 만들리라 해 놓고 심심하면 뭐 빛이 있으라 하시고 이렇게 주님이 만든 게 아니고. 한 인간이 무슨 일을 할 때도 계획을 세워서 하는데 만물의 주관자가 계획 없이 하겠습니까? 말도 안 되는 소리죠. 천지창조하기 전에 이미 하나님의 계획은 완성된 것입니다. 하나님의 설계도는 완성된 것입니다. 이해되시면 아멘.

그런데 이 하나님의 계획과 의도를 사람들이 잘 몰랐어요. 구약 성경 4천 년 동안 몰랐다니까요. 성막을 보면서도 몰랐다니까요. 모세오경 읽으면서도 몰랐다니까요. 그러다가 바울에 의하여 최초로 이게 드러난 것입니다. 바울에 의하여 드러났다가 다시 덮여버렸어요.

3) 모세가 기록하고 바울이 해석한 성경이 성경 기록 이후 최초로 대한민국에서 열리다

그 후에 또 사람들이 성령에 눈이 멀어서 신약시대 인류 역사 2천 년 동안에 그렇게 성경을 많이 읽고 교회가 많고 목회자들이 많고 신부들이 많고 매 주일 설교를 쏟아내는데, 진정 성도들은 성경을 몰라요. 이래서 비극이 일어난 것입니다.

그러다가 이제 내가 찔러서 절을 받을 때니까 아멘을 세게 해야 해요. 말세 마지막 때에 우리 하나님이 우리를 불쌍히 여겨서 대한민국에서 전광훈 목사에게 은혜를 베풀어서 모세오경과 바울 서신에 대해 근본 된 성경의 뜻을, 이게 성경이 기록된 이후에 최초로 열린 거예요. 이건 누가 뭐라고 해도 소용없어요. 아멘. 그러므로 오늘도 이 예배에 들어오신 여러분은 복 받은 사람이에요. 그 가치를 알고 여러분이 예배에 참여해야 해요. 아멘이십니까? 주먹 쥐어 봐요. 또. 내가 김칫국을 한 그릇씩 다 드려야 되니까. 너 알고 이 자리에 있냐? 한 번 물어봐요. 안대, 모른대? 모르는 놈들은요? 졸음만 충만히 와요. 확실히 알아요? 그러면 여러분의 영이 기뻐 춤을 출 겁니다. '기뻐 뛰며 주를 보겠네 천당에 계신 주 예수를 영원히 섬기리.' 아멘. 여러분의 영이 하나님 보좌까지 올라가기를 바랍니다.

그래서 하나님은 천지를 창조하기 전에 하늘에서 식양을 다 그려놨어요. 식양대로 모든 역사를 진행하겠다. 뭐부터 시작하느냐. 천지창조부터. 천지창조부터 하나님의 설계도대로 시작하겠다. 이렇게 하나님이 계획을 세우셨어요. 이해되시면 아멘. 여기까지 말씀이 이해되었으면 아멘. 말씀이 이해 안 되시는 분들은 지난주에 설교한 것을 꼭 다시 들으시고 한 주일 전 것을 주일날 예배 시간만 듣지 마시고 한 주일 동안 다시 한번 들어봐요. 그러면 놓친 말이 많이 있어요. 다시 다 재정돈해서 여러분의 영이 고조가 돼야 해요. 아멘. 할렐루야!

그래서 '성경을 알자'고 하는 말씀에 들어가기 전에 서론적으로 드린 말씀이 이 말씀입니다. 이와 같이 구조에 대해서 확실히 알아야 그다음에 성경이 무엇인가를 이제 들어갈 수 있다는 것이죠. 지금까지 말씀드린 이 구조를 확실히 알았어요? 이 구조가 무너지면 성경 공부 천날 해도 소용없어요. 벧엘 성경 공부, 뭐 트리니티 공부, 뭐 크로스 웨이, 천날 동해물과 백두산이, 그다음 뭐예요? 마르고 닳도록 해봤자 헛방이에요. 헛방. 이 각이 먼저 떠져야 해요. 이 구도가 먼저 잡혀야 해요. 여러분, 확실히 눈치챘어요? 따라서 합니다. 만물이 그리스도를 위하여, 그리스도의 의하여 그리스도의 것으로 지어졌다. 할렐루야!

3. 성령의 채널로 설교를 듣자

1) 이성이 아니라 성령으로

당연히 창세기 1장에 나타난 천지창조도 그 주제는 그리스도인 것입니다. 그리스도를 위하여 창세기 1장이 나타난다. 그리스도에 의하여 창세기 1장이 나타난다. 그리스도의 것으로 창세기 1장이 나타난다. 그러면 창세기 1장이 다 그리스도를 설명하기 위하여 다른 말로는 복음을 설명하기 위하여 이것이 바로 창세기 1장의 전체 내용이다, 이거예요.

창세기 1장에 그리스도란 말이 어디 있습니까? 그래서 선생님이 필요한 거예요. 여러분의 눈으로는 아무리 읽어도 창세기 1장의 그리스도가 안 보여요. 그래서 전광훈 목사가 필요한 거예요. 여러분들은요 날 만난 걸 감사해야 해요. 전광훈 목사 안 만난 사람은요 동해물과 백두산이 마르고 닳도록 창세기 읽어봤자 뭐 하늘에 별 만들고 달 만든 거 그 생각밖에 못 해요. 그러니까 전광훈 목사를 만나야 창세기 1장이 무슨 뜻인지 활짝 열린다는 거예요. 이해되시면 아멘.

사도바울은 이걸 알게 된 거예요. 바울 서신 13권에 창세기 1장이 뭔 뜻인지를 자세히 말해놨어요. 그런데 바울이 쓴 이 바울 서신 13권을 2천 년 동안 사람들이 성령으로 접근하지 않고 이성으로 접근해서 완전히 망해버렸어요. 절대로 성경은 인간의 이성으로 흡수되지 않습니다. 성경을 기록한 영이 도와주셔야 해요. 성령이 강타해야 해요. 그래야 그것이 뭔 뜻인지 안다 이거예요.

지금, 이 설교도 마찬가지예요. 지금요 지금 우리 주일 이 '성경을 알자' 설교가 엄청나게 사람들이 많이 들어와요. 그러니까 뭐 광화문에서 200만 한 주에 듣는 것이 지금 회복되려고 그래요. 많이 듣기는 들었는데 이게 성령으로 안 들으니까 이게요? 또 부작용 일어나고 설사하고요. 체하고 복통이 일어난다고요. 왜냐하면 이게 설교를 성령의 채널(channel)로 안 들으니까. 여러분들은 성령의 채널로 들어야 합니다.

또 성령의 채널로 안 듣는 사람들이 자기의 이성으로 자꾸 들으니까, 이해가 안 되면 본인이 회개하고 '왜 저게 난 이해가 안 될까? 전광훈 목사는 왜 내 마음에 들지 않도록 설교할까?' 그러면 모든 잘못을 자기한테로 인정하고 하나님 앞에 두 손 들고 회개해야 할 거 아니에요? 거꾸로 해요, 거꾸로. 이성으로 듣다가 이해 안 되면 바로 전광훈 목사를 향하여 공격합니다. 그걸 뭐라고 말하는지 알아요? 나까무라라고 그래요. 나까무라. 여러분은 나까무라 되면 안 돼요. 아니 설교가 안 들리면 감히 설교 듣는 여러분과 전광훈 목사하고 둘이 힘겨루길 하면 돼요? 안 돼요?

객관적으로 생각해 보자고요. 일단 성경을 나만큼 안 읽었잖아요? 맞지요? 금식기도 나만큼 못 해봤잖아요? 사역도 나만큼 못 해봤잖아요? 애국 운동 나만큼 못 해봤잖아요? 목사님들 가르치는 것도 나만큼 못 해봤잖아요? 객관적인 걸 생각해서 굴복해야 하는데 타락한 인간들은 그렇지 않아요. 자기가 뭔데. 자기가 뭔데. 인간이, 선악과를 따먹은 인간들은 모든 것을 자기중심으로 보고요. 자기가 뭔데 감히 자기가 뭔데 자기에게 이해가 안 되면 무조건 쳐내려 그래요. 아주 인간은 패륜아입니다. 여러분은요 하나님 말씀 앞에 굴복해야 합니다. 전광훈 목사한테 굴복하라는 것이 아니고 예수 앞에 굴복하라는 것입니다. 예수 앞에 굴복하라는 것이 아니라 바울 앞에 굴복하라는 것입니다. 모세 앞에 굴복하라는 것입니다. 성경 앞에 굴복하라는 것입니다. 아멘. 할렐루야. 이렇게 낮은 자세의 마음을 가지길 바랍니다. 마음을 늘 낮은 자세로 가져야 합니다. 건방지면 안 돼요. 절대로 성경 앞에 건방지면 안 돼요.

2) <벤허> 탄생 비화 : 성경을 대하는 자세를 바로 갖자

성경에 대한 에피소드가 많이 있어요. 루 웰레스(Lewis Wallace)에 대한 얘기를 다시 해줄게요. 세계적인 명작 벤허(Ben-Hur)라고 있어요, 벤허. 벤허라고 하는 소설이 있는데 그것은 있지도 않는 것을 가짜로 그냥 쓴 소설이 아니고 실제로 경험한 내용을 소설로 쓴 것입니다.

미국에 루 웰레스라는 사람이 있었는데 아니 하루는 주일날 바깥에 나갔더니 미국 사회가 얼마나 기독교가 셉니까? 그 당시만 해도 거의 100 프로 교회를 다 가거든요? 그러다 보니까 다 성경책을 끼고 교회를 가는 거예요. 그 사람 생각에는 기독교인들이 너무 불쌍한 거예요. '이 좋은 날 등산을 안 가고 놀러 안 가고 낚시를 안 가고 영화관을 안 가고 말이야. 저렇게 목사한테 속아서 말이야. 성경책을 끼고 말이야 저렇게 기독교의 포로가 돼서 맛있는 담배도 못 피우고 한 잔도 못 하고.' 너무 기독교인이 불쌍한 거예요. 목사들한테 속아서 일주일 내내 번 돈 교회에 다 갖다 바치고 자기 생각으로 이해가 안 되는 거예요. 그런데 보니까 '왜 이런 일이 일어나냐? 기독교인들이 가지고 있는 성경 때문에 저런 일이 일어나는 것이다. 성경이 기독교를 사기 쳤다. 그래서 내가 이 성경이 가짜라는 걸 증명해야겠다. 성경보다 더 위대한 책을 한번 써서 기독교인을 다 구원시켜 줘야겠다. 종교의 굴레로부터 구원시켜 줘야겠다.' 오늘날 한국에도 김용민을 비롯하여 그런 인간들이 많아요. 자기가 뭐 대단한 인간이라고. 불쌍한 기독교인들을 교리로부터 건져내 줘야 하겠다? 사단이죠. 사단.

그래서 성경을 깨야겠다는 거예요. 성경을 깨려면 성경보다 더 위대한 책을 써야겠다고 도서실에 들어갔어요. 어떻게 하면 성경이 거짓말이라는 책을 쓸 수 있을까? 그걸 쓰려고 하다 보니까 적을 알아야 하니까. '이 성경이 뭐가 써졌는데 인간들이 말이야 성경한테 붙잡혀서 말이야 인생을 다 허비하냐? 이거 성경부터 한번 읽어봐야 하겠다.' 보니까 요것이 1장 1절, 1장 2절 요렇게 써졌어요. 세계의 책 중에서 1장

1절 이런 책이 없어요. 사서삼경도 그렇게 안 돼 있어요. 명심보감도 그렇게 안 되어있고. 성경만이 1장 1절 이렇게 되어있는데 이것도 이건 중세에 인쇄공들이 만든 거예요. 그래서 자기도 이제 성경과 똑같은 형태로 쓰려고 1장 1절 이렇게 했어요. '이제 그다음에 뭘 쓸까? 그러려면 성경과 반대말을 써야지. 이렇게 하면 되는 거야. 태초에 하나님이 천지를 창조했다? 그럼 이렇게 와야 해. 태초에 하나님이 천지를 창조한 것은 거짓말이다. 이렇게 써 나가면 되는 거야'.

이제 그렇게 쭉 진행하다가 중간에 막혀버렸어요. 어디서 막혀버렸냐? 하나님의 이름에 대해서 막혔어요. 여호와에 대하여. 하나님이 누구신가? 스스로 계신 자! 그런데 내가 스스로 있는 자라고 하려고 해보니까 이게 도저히 말이 안 맞는 거예요. 다른 거는 다 성경을 흉내 내서 엎으면 되겠는데 나도 스스로 있는 자니라 그러면 자기 엄마가 낳은 걸 사람들이 다 아는데? 이게 골치 아픈 게 생겼어요.

그래서 전 세계 도서실을 다니면서 '아이 엠 후 아이 엠'(I am who I am.)이라는 말을 엎어버리려고 자료를 모집하기 시작했어요. '스스로 있는 자'라고 하는 이런 개념이 어느 종교에 어느 책에 어느 논문에 이와 같은 것이 또 하나 있는지를 온 세계를 다 뒤졌어요. 있을까요? 없을까요? 없는 거예요.

성경만이 있는 거예요. 왜? 그건 사실이니까. 이 지구상에 수백만 권의 책이 있어도 왜 'I am who I am.'은 없는가? 그것은 거짓말이기 때문에 그 말 만큼은 흉내 내지도 못해요.

그래서 이 루 웰레스가 쓰던 걸 덮어버리고 도서관 복도에 딱 무릎을 꿇고 하나님께 기도하기 시작했어요. 너무 복잡한 거예요. 성경을 없애버리려는 책을 쓰니까 너무 복잡한 거예요. 그래서 '나도 한번 예수가 있다면 성경을 기록한 성령이 있다면 내가 그 사람을 한 번 만나 봐야 하겠다.' 아멘. 무릎을 꿇고 기도하기 시작했습니다. "예수 그리스도시여, 성경을 기록한 기록자시여, 진실로 살아있으면 나를 한 번 만져주세요." 그 순간에 성령이 덮쳐버렸어요. 성령이 그때 뭐라고 말했게? 그건 내용에 없어. 내가 지어 내서 말하는 거야. "야! 이 개새끼야! 돌대가리 같은 새끼야!" 그래서 박살 나버렸어요. 엉엉 울기 시작했어요.

그래서 난 이렇게 생각해요. 성경을 대하는 태도에 대하여 아예 믿으려면 바로 믿어버리고 안 믿을 사람은 루 웰레스처럼 성경과 한번 붙어 싸워 보시라니까. 목숨 걸고. "성경은, 이건 나쁜 책이야. 거짓말이야." 모든 인생을 다 동원하여 불쌍한 기독교인들을 한번 건져주기 위하여 기독교에 구세주가 되기 위해서 한 번 인생의 생명을 걸고 진실하게 접근해 보든지. 진실하게 접근하는 사람은 반드시 주님을 만나요. 제일 나쁜 놈들이요, 어중간한 놈들이에요. "나는 신경 안 써. 기독교인들이 예수를 믿든지 말든지 내 알 바 아니야." 그건 아주 나쁜 놈들이에요.

그래서 그가 예수님을 만나고 난 뒤에 오히려 반대되는 책을 시작했습니다. 성경은 진실이다. 예수는 살아 계시다. 반대되는 책을 쓴 책이 바로 '벤허'라고 하는 소설입니다. 그것을 영화로 만든 겁니다. 할렐루야! 이해되시죠? 여러분들은 그런 헛고생할 필요 없이 주님이 주시는 믿음의 은사를 통하여 성경이 하나님 말씀이란 걸 믿어지십니까? 두 손 들고 아멘.

3) 성경을 하나님의 말씀으로 받아들이자

이와 같은 유사한 말을 하루 종일 떠들어도 난 여러분들에게 증명할 수 있어요. 공산주의자들이 성경을 없애려고 어떤 노력을 했는가? 무신론자들이. 독일에 있는 니체라든지 이러한 자들이 성경을 없애려고 어떤 노력을 했는가? 그러나 도전하는 놈들은 다 박살 나버렸어요. 성경과 덤비는 인간들은요 초 박살 나버렸어요.

이런 이야기를 하려면 하루 종일 할 수 있어요. 그러나 시간을 허비하고 싶지 않고 여러분들은 이 세상 사람들이 그렇게 이성으로 믿을 수 없는 성경을 하나님의 은혜로, 여러분, 하나님의 말씀으로 받아들이세요. 이건 주님이 주신 선물이에요. 선물. 아멘. 할렐루야! 전적인 우리 주님의 은총이에요. 은총. 주님의 은총이 여러분에게 임한 것입니다. 믿습니까? 하나님께 영광의 박수. 하나님의 은총이 임한 거예요. 하나님의 은총이 임한 거야. 할렐루야!

그래서 이 성경은 아무나 이해되는 게 아니고 일단 성경을 대하는 태도부터 바로 자세를 잡아야 해요. 이 성경은 하나님의 성령이 기록한 거예요. 기록한 성령이 도와주는 사람만이 이해가 되는 거예요.

4) 성령의 채널을 열자

다시 한 가지 또 내가 잔소리를 하자면 방송국에서 방송할 때 똑같은 내용인데 FM으로 방송을 쏘고 있습니다. 그런데 라디오가 AM의 밴드(band)를 가지고 있으면 같은 전파가 와도 그건 안 들리는 거죠. 채널이 다르니까 내용은 같아도. FM AM으로 동시 방송 하면 그거는 자기가 가지고 있는 밴드만이 그것이 소리가 들리는 거예요. 그와 같이 여러분 속에 이 시간에 성령의 밴드를 열어야 하는 것입니다. 성령의 채널을 열어야 하는 것입니다. 준비됐어요? 내가 창세기 1

장에 들어가기 전에, 내가 이 말을 왜 자꾸, 내가 뭐 벤허 얘기도 하고 왜 자꾸 하느냐? 성경을 대하는 태도가 무너져버리면 내가 설교해 봤자 헛방이에요. 준비됐어요? 확실해요? 할렐루야! 여러분 속에 혼미한 영이 다 떠나갈지어다. 예수 그리스도 이름으로 명하노니 사람 속에 자리 잡고 있는 혼미한 영은 떠나갈지어다! 할렐루야!

Ⅲ.
빛이 있으라
: 예수가 세상에 오신다

1. 하나님 설계도의 첫 단추 - "빛이 있으라"

1) 바울이 발견한 "빛이 있으라"의 의미

그래서 하나님이 천지를 창조하기 시작했습니다. 즉흥적으로 한 것이 아닙니다. 하나님의 설계도를 가지고 한 것입니다. 설계도의 첫 단추가 "빛이 있으라!"입니다. 창세기의 첫째 날입니다.

하나님의 설계도가 왜 이렇게 돼 있을까? '태초에 하나님이 천지를 창조하시니라. 땅이 혼돈하며 공허하고 흑암이 깊어졌다. 하나님의 신은 수면에 운행하였다.' 그리고 첫 번째 선언이 "빛이 있으라."입니다. 왜 이렇게 설계가 됐을까? 이 말의 의미를 아는 사람이 없었어요.

바울이 최초로 알아냈어요. 바울이 알아낸 걸 한번 볼까요? 요건 고린도후서 4장 6절에 기록이 되어있습니다. 요게 바울 사도가 첫째로 알아낸 것입니다. 창세기 1장에 "빛이 있으라." 이게 무슨 뜻인가? 이게 바울이 최초로 알아낸 건데 한 번 읽어보겠습니다.

(고린도후서 4:6)
어두운 데서 빛이 비취리라 하시던 그 하나님께서 예수 그리스도의 얼굴에 있는 하나님의 영광을 아는 빛을 우리 마음에 비취셨느니라

어두운 데서 빛이 있으라. 어두운 데서 빛이 있으라. 어두운 데서 빛이 있으라 하신 데가 어디라고요? 창세기 1장입니다. "빛이 있으라" 하시던 그 하나님이 예수 그리스도의 빛을 우리의 마음에 비췄다. 이 말은 이 세상을 창조하시고 스스로 계신 존재의 제1 원인이 되신 예수 그리스도가 자기가

창조한 이 세상에 사람의 육체의 옷을 입고 인간의 모습으로 온다는 것입니다. 이것이 창세기의 첫째 날의 선포입니다.

2) 루시엘의 타락이 앞에 있었다

천지를 창조하기 전에 이미 하나님의 설계도가 예수 그리스도가 이 땅에 사람으로 오시기로 설계가 돼 있는 것입니다. 아니 천지가 만들어지기도 전인데 어떻게 이런 일이 있을 수 있을까요?

이 앞엣것을 부연 설명하자면, 이것은 루시엘의 타락을 염두에 둬야 합니다. 인간이 창조되기 전에 이 세상이 창조되기 전에 하나님이 먼저 만든 세상이 있었습니다. 그 세상의 전체 중심은 천사들의 나라예요. 그러니까 그 천사 중에서 루시엘이 타락을 했다고요. 그래서 하나님의 창조 질서에 어둠이 최초로 생겼어요. 더러움이 생겼어요. 죄가 생겼어요. 그러니까 죄라고 하는 것을 인간이 제일 먼저 죄지은 게 아니고 이 세상에 천지가 창조되기 전에 이미 벌써 천사들의 창조, 천사들의 타락, 천사들의 심판, 이것이 먼저 전제되어 있었던 것입니다.

그래서 창세기 1장에 처음에 나타났던 이 말씀을 잘 이해해야 해요. 하나님이 천지를 만들 때 바로 "빛이 있으라!" 하지 않고 '태초에 하나님이 천지를 창조하시니라' 그다음에 2절에 보면 '땅이 혼돈하며 공허하고 흑암이 깊음 위에 있었다.' 그래요. 왜 이런 일이 일어났을까? 이거는 이 앞의 세상에서 뭔 일이 있었다는 거예요.

여기서 분명히 짚고 넘어가야 할 것은 천사의 창조, 천사의 타락, 천사의 심판은 이 세상 창조 전이라고 말씀하세요. 욥기서 38장 7절에 보면 하나님이 천지를 창조하실 때 천사들이 먼저 있었다고 성경이 기록하고 있어요. '하나님의 아들들이 기뻐하였느니라.' 이렇게 되어있어요. 하나님의 아들들은 사람이 아니라 천사들이죠. 그러니까 이와 같은 것이 앞에 전제돼 있다는 것을 부인할 길이 없는 거죠.

2. 빛이 있으라 – 창조주 하나님이 사람으로 오신다!

1) 하나님의 설계도의 첫 단추 : 복음의 첫 단추

그런 상태에서 하나님이 천지를 창조하셨다는 것입니다. 이해되시면 아멘. 천지를 창조하실 때 하나님이 첫 번째 선언이 뭐냐? '이 세상을 창조하신 하나님이 사람으로 오신다.' 이것이 하나님 설계도의 제1번이에요. 결국 그리스도죠. 그리스도. 그리고 복음의 첫 단추. 할렐루야!

하나님이 제일 우리 사람에게 하고 싶은 첫 번째 말이 천지창조를 말하는 게 아니고 하나님이 여러분에게 제일 먼저 하고 싶은 말의 요약이 이 세상을 창조하신 하나님이 사람으로 이 땅에 내려간다는 거예요. 구약 성경도 이것이 첫 단추예요. 신약 성경도 이것이 첫 단추예요. 이게 바로 복음의 첫 단추예요.

여러분, 하나님의 소원을 들어주시길 바랍니다. 이걸 인간들이 흡수해 주길 바라는 거예요. '이 세상을 창조하신 하나님이 사람으로 온다.' 여기에 대하여 아멘으로 화답하기를 바랍니다. 아멘! 할렐루야! 여기에 대해서 화답하시면 사람 속에 있는 어둠의 진지가 흔들려요.

2) 예수 믿기 전 인간의 영적 상태

이미 인간은 선악과 따먹은 이후에 벌써 교회 나오기 전에 모든 인간 속에서 흑암의 영이 다 덮고 있어요. 바울 사도가 최초로 알아냈어요. 고린도후서 4장 4절을 보시면 인간이 기본적으로 어떤 상태에 있는가? 한 번 읽어보시면 시작!

(고린도후서 4:4)

그 중에 이 세상 신이 믿지 아니하는 자들의 마음을 혼미케 하여 그리스도의 영광의 복음의 광채가 비취지 못하게

함이니 그리스도는 하나님의 형상이니라

자, '그 중에 이 세상 신이'. 마귀죠? 믿지 않는 자들의 마음을 어떻게 하여? 혼미케 하여. 보통 모든 인간 속에는 혼미한 영이 덮여 있다. 사람들이 왜 예수를 못 믿느냐? 예수를 믿을 힘이 없어요. 속에 있는 혼미한 영이 그를 누르고 있기 때문에 복음을 들을 힘이 없는 것이에요. 이걸 누가 헤쳐줘야 하느냐? 성령이 헤쳐주서야 합니다. 아멘. 할렐루야!

자, 에베소서 2장 1절 또 한 번 읽어보시면 이 인간의 마음의 기본 상태가 어떤 상태인가 한번 읽어보겠습니다. 시작!

(에베소서 2:1-2)

1. 너희의 허물과 죄로 죽었던 너희를 살리셨도다
2. 그 때에 너희가 그 가운데서 행하여 이 세상 풍속을 좇고 공중의 권세 잡은 자를 따랐으니 곧 지금 불순종의 아들들 가운데서 역사하는 영이라

구원받기 전의 인간의 영적 상태를 말하는 거죠. '너희의 허물과 죄로 죽었던 너희를 살리셨도다'. 육신이 죽었어요? 아니죠? 심령이 죽었다는 거죠. 뭐 때문에? 허물과 죄 때문에. '죽은 너희를 살리셨도다. 그 때에'. 그때가 언제냐? 교회

나오기 전에 구원받기 전에 하나님의 빛이 비치기 전에 자연인의 상태에 있을 때.

'그 때에 너희가 그 가운데서 행하여'. 세 가지 현상이죠? 이 세상 풍속을 좇았다 그래요. 이 풍속은 다른 말로 말하면 문화예요. 문화. 이 세상 사람은 문화를 이길 힘이 없어요. 그래서 교회 안 다니는 사람은 주체사상을 이길 힘이 없는 겁니다. 주체사상이 뭔지도 몰라요. 거기에 대하여 저항할 생각도 못 해요. 왜냐하면 풍속을 좇았으니까. 세상의 조류에 따라가는 거예요. 방송이 말하면 그냥 방송에 따라가는 거예요. 거기에 대해서 거짓에 대해서 저항할 힘이 있어요? 없어요? 목사들도 마찬가지예요. 주체사상을 들어도요, 거기에 대한 반응이 없는 거예요. 왜? 혼미한 영을 훅 불어넣었기 때문에. 그러나 주체사상에 대한 얘기를 방송을 듣거나 좌파 애들을 들을 때 이 속에서 의로운 분노가 일어나면 그 속에 성령이 있는 거예요. 성령이. 이해되시면 아멘. 두 손 들고 아멘. 그러니까 이 말씀을 잘 들어야 해요. 보편적으로 모든 인간 속에는 혼미한 영이 훅 불어져 있어요. 그러니까 반응할 힘이 없는 거예요.

'이 세상 풍속을 좇고 공중 권세 잡은 자를 따랐다'. 공중 권세 잡은 자가 누굴까요? 사단입니다. 사단.

지금도 불순종의 아들들이 누구냐? 예수 믿기 전에 구원받지 않는 사람들 예수를 모르는 사람들. '불순종의 아들들 가운데 역사하는 영이니라'. 그러니까 사람은 크게 나누어 두 가지가 있어요. 혼미한 영이 잡고있는 인간이 있고 혼미한 영이 물러가고 예수가 잡고있는 영혼이 있어요. 여러분은 어느 쪽에 속하실래요? 예수한테 속하실래요? 속하길 원하시면 아멘. 두 손 들고 아멘. 할렐루야!

3) 예수의 최종 목적지는 우리의 심령

그러니까 창세기 1장이 처음 나타난 그 문장의 형태가 '태초에 하나님이 천지를 창조하시니라. 땅이 혼돈하며 공허하고 흑암이 깊으며.' 왜 이렇게 돼 있을까요? 그러니까 예수 그리스도가 사람으로 오기 전에 인간의 모든 상태는 고린도전서 4장 4절 5절 6절 상태에 있다는 겁니다. 악한 영이 사람을 점령하고 있다는 겁니다.

이 상태에서 "빛이 있으라." 바로 그런 상태에서 예수가 오신다는 겁니다. 예수의 최후 목적지는 여러분의 심령이라는 겁니다. 베들레헴에 2천 년 전에 오는 것이 최후 목적이 아니고 여러분 속에 성령으로 오시는 것이 최후 목적입니다. 여러분을 구원시키려고요. 아멘. 할렐루야!

오늘 여러분 속에 있는 혼미한 영이 물러갈지어다. 명령 한번 하십시오. 예수 이름으로 명하노니 내 속에 역사하는 혼미한 영아, 떠나갈지어다. 이 말을 따라 하는 사람은 예수님이 여러분 속에 오실 것입니다. 안 따라 하는 사람은요 아직도 혼미한 영에 취하여 있는 거예요. '내 속에 아무것도 없는데 왜 자꾸 혼미한 영이 있다고 떠들어?' 그 자체가 네가 이미 혼미한 영에 붙잡혀 있다는 거야. 이해됐어요? '살아계신 주'예요. 손뼉 준비!

<주 하나님 독생자 예수>

1. 주 하나님 독생자 예수 날 위하여 오시었네
내 모든 죄 다 사하시고
죽음에서 부활하신 나의 구세주

(후렴) 살아계신 주 나의 참된 소망 걱정 근심 전혀 없네
사랑의 주 내 갈 길 인도하니
내 모든 삶의 기쁨 늘 충만하네

2. 주 안에서 거듭난 생명 도우시는 주의 사랑
참 기쁨과 확신 가지고
예수님의 도우심을 믿으며 살리

3. 그 언젠가 주 뵐 때까지 주를 위해 싸우리라
승리의 길 멀고 험해도
주님께서 나의 앞길 지켜주시리

4) 바울에 의해 열린 창세기 1장

아멘 할렐루야! 이해되시면 아멘. 그러니까 창세기 1장 첫째 날이 주는 의미는 예수 믿지 않는 모든 심령은 다 혼미한 영에 취하여 있다. 이것을 해석하는 첫 키(key)의 성경 구절은 고린도후서 4장 4~6절까지. 바울이 여기에 딱 찍어서 말했어요. 바울이 아니었으면 창세기 1장 첫째 날을 영원히 해석 못 할 뻔했어요.

이게 왜 천지가 창조될 때 왜 혼돈하며 공허하고 흑암이 왜 이렇게 나타났을까? 영원히 미궁에 빠질 뻔했어요. 바울이 이렇게 말 한마디 해준 거 때문에 창세기 1장이 열리기 시작한 거예요. 그럼, 고린도후서 4장 4절부터 다시 한번 읽어보시면. 이것이 창세기 1장으로 들어가는 문이에요. 문. 시작.

(고린도후서 4:4-5)

4. 그 중에 이 세상 신이 믿지 아니하는 자들의 마음을 혼미케 하여 그리스도의 영광의 복음의 광채가 비취지 못하게 함이니 그리스도는 하나님의 형상이니라
5. 우리가 우리를 전파하는 것이 아니라 오직 그리스도 예수의 주 되신 것과 또 예수를 위하여 우리가 너희의 종 된 것을 전파함이라

이제 본색이에요. 6절 시작.

(고린도후서 4:6)
어두운 데서 빛이 비취리라 하시던 그 하나님께서 예수 그리스도의 얼굴에 있는 하나님의 영광을 아는 빛을 우리 마음에 비취셨느니라

'어두운 데서 빛이 비취리라 하시던.' 자, 어두운 데서 빛이 비취리라 한 것이 언제예요? 창세기 몇 장이에요? 몇째 날이요? 첫째 날. 그렇지요. '어두운 데서 빛이 비취리라 하시던.' 이건 주석에도 그렇게 돼 있어요. 주석에도요. 거기까지는 또 흔적을 알아냈어요. 그 후로부터 전혀 연결을 못 하는 거예요. 왜? 성령으로 접근을 안 하니까. 주석을 쓰는 사람들이 전부 다 이성으로 접근하니까 결국 망하는 거예요. 여러분 속에는 빛이 비쳐야 해요.

그래서 '어두운 데서 빛이 비취리라 하시던 하나님께서.' 이것이 언제라고요? 창세기. 몇째 날이라고요? 첫째 날. 어두운 데서 빛이 비취리라 하시던 그 하나님께서 예수 그리스도의 얼굴에 있는 하나님의 영광을 아는 무엇을? 빛을. 우리 마음에 뭐하였다? 그러니까 창세기 첫째 날 비치는 이 빛은 예수가 이 땅에 사람으로 오신다는 것입니다. 최후 목적

지는 여러분이 심령에 온다는 것입니다.

3. 빛이 있으라 - 요한복음 1장의 예수의 빛

이 빛이 자연 빛이라고 생각하면 안 돼요. 자연의 빛은 4일째 이루어져요. 해와 달과 별은 4일째에 만들어져요. 첫 번째 빛은 이건 예수의 빛을 말하는 겁니다. 그러니까 요한복음 1장의 빛을 말하는 겁니다. '태초에 예수가 계시니라.'

(요한복음 1:1-4)

1. 태초에 말씀이 계시니라 이 말씀이 하나님과 함께 계셨으니 이 말씀은 곧 하나님이시니라
2. 그가 태초에 하나님과 함께 계셨고
3. 만물이 그로 말미암아 지은바 되었으니 지은 것이 하나도 그가 없이는 된 것이 없느니라
4. 그 안에 생명이 있었으니 이 생명은 사람들의 빛이라

이 빛이 바로 창세기 1장의 첫째 날의 빛입니다. 자연적인 빛을 말하는 게 아닙니다. 예수가 사람으로 온다는 뜻이에요.

(요한복음 1:5)

빛이 어두움에 비치되 어두움이 깨닫지 못하더라

예수 그리스도가 사람 속에 가까이 왔으나 인간이 예수를 받아들이지 않는다는 거예요. 빛이 어두움에 비춰도 어두움이 깨닫지 못한다는 거예요. 그러나 이 빛 되신 예수는 여러분 속에는 오셨단 말이에요. 아멘 할렐루야!

그러나 지금도 수 없는 인류의 한 50억 인구들은 아직도 그 속이 어둠에 붙잡혀 있는 거예요. 사단이 그를 탁 장악하고 있는 거예요. 불쌍한 인간들이지요. 그래서 우리는 하나님 말씀을 전하여 그 어두움을 깨야 해요. 사람 속에 있는 어둠을 쫓아내야 하는 것입니다. 쫓아내고 빛 되신 예수가 거기 들어가도록. 이것이 바로 전도요 선교입니다. 이해됐으면 아멘.

일단 우리 민족 7천 만 민족부터 다 사람들 심령 속에 예수가 좌정하도록 예수님을 영접하도록. 아멘! 두 손 들고 아멘! 따라서 합니다. 주여! 능력을 주세요! 한 번 이 일을 한 번 해보실래요? 복음을 선포해 보실래요? 할렐루야!

Ⅳ.
혼돈, 공허, 흑암을 예수로 이기자

1. 악령이 점령하고 있는 사람의 세 가지 현상

그러니까 사람 속에 악령이 점령하고 있는 사람은 세 가지 현상을 일으킨다는 거죠. 자, '태초에 하나님이 천지를 창조하시니라 땅이 혼돈하고' 그랬어요. 혼돈. '혼돈하고 공허하고 흑암이 깊음 위에 있고.' 따라서 합니다. 혼돈하고, 공허하고. 그다음. 흑암. 이 세 가지 단어는 사단이 가지고 다니는 단어입니다. 신구약 성경에 여러분이 요즘은 컴퓨터가 잘 돼 있어서 단어 하나를 딱 찾아버리면 창세기부터 계시록까지 다 튀어나와요. 그런데 혼돈, 공허, 흑암 이 세 단어는 항상 사단이 가지고 다닌다 그래요.

그러니까 뭐냐 하면 인간 속에 왜 혼돈이 일어나느냐? 인간 속에 왜 공허가 일어나느냐? 인간 속에 왜 흑암이 작용하느냐? 이거는 사단이 그 속에 좌정하고 있기 때문이에요. 이 사람들은요, 수틀리면 자살해 버려요. 이게 인간이 자살하는 것은요, 사단에게 희생된 거예요. 사단이 충동한다고요. 뭔 일이 생기면, 뭐 대장동이 생기던지 뭔 일 생기면, 그 속에 사단이 "야! 세상은 다 헛거야. 믿을 놈 없어. 죽어. 죽어. 네 가족에게라도 불명예를 안 넘겨주기 위하여. 네가 자살해서 죽어버려." 이래서 그냥 자살해 버려요. 이게 전부 사단이 하는 짓입니다. 이해되시면 아멘.

진정한 사람, 속에 그리스도의 빛이 있는 사람, 예수를 영접한 사람, 구원받는 사람은 절대 자살하면 안 돼요. 환란이 온다고 자살하면 안 돼요. 환란이 와봤자 전광훈 목사보다 더 옵니까? 아니 전광훈 목사보다 환란이 더 크게 오냐고요? 나는 금세기 대한민국에서 모든 환란의 왕이에요. 환란의 왕. 표면적으로 나타난, 예를 들어서, 감방 세 번 갔다? 그것도 환란도 아니에요. 내면적으로 우리 교회에서 일어나는 환란은 내가 말을 안 해서 그렇지 말할 수가 없어요. 그래도 난 자살 안 하고 뻔뻔하게 잘 살아요. 왜 그런지 아세요? 예수가 내 속에 있으니까. 아멘. 할렐루야! 믿습니까?

여러분 속에도 예수가 들어가야 해요. 예수가 들어가는 사람만이 이 세 가지 단어를 이길 수 있어요. 따라서 합니다. 혼돈을 이기자! 공허를 이기자! 흑암을 이기자!

2. 혼돈을 이기자!

안 그러면 사단이 계속 사람 속에 있으면 이 세 가지 단어의 피해를 이길 길이 없어요. 완전히 사람은 혼돈 가운데 빠져 버려요. 이 세상이 왜 생겼으며, 어디로 가고 있으며, 내가 왜 태어났으며, 내가 왜 살고 있으며, 어디로 가고 있는 것일까? 혼돈의 영이 사람의 영의 눈을 콕 찔러서, 인간의 영의 지각을, 눈을 콕 찔러서 인간이 그걸 생각해 보지도 않고 무덤까지 가요. 왜 그러냐면 혼돈의 영에 붙잡혀서 그래요. 사단이 그걸 생각을 못 하게 해요. 자꾸 인간이 '내가 왜 태어났을까? 내가 왜 살까? 내가 죽으면 어떻게 될까?' 이걸 깊이 생각하다 보면 결국 예수 쪽으로 오게 된다고요. 그러니까 사단은 "야. 야. 야. 복잡하게 그걸 왜 생각해. 야. 야. 야. 술이나 한잔 먹으러 가자. 그걸 알아서 뭐 해. 골치 아프게." 그래서 영원히 혼돈 가운데서 살아요. 여러분은 이 혼돈에서 구원을 받았어요? 이 세상이 우연히 생겼을 것 같아요? 좀 생각 좀 해봐요. 생각. 여러분이 우연히 태어났을 것 같아요? 이 불쌍한 양반들아. 사단의 희생물이 되지 말자.

그런데 계속 인간들이 혼돈 공허 흑암에 빠져 있는데도 자기의 상태를 모르니까 예수가 여러분 속에 들어가려고 해요. 들어가려고 하는데 고집이 세서 안 받아들이면 손상대 교수님처럼 환경으로 쳐버립니다. 중환자실에 갖다 넣어버립니다. 안 그러면요? 인간이 이게 자기가 뭐 잘난 줄 알고 예수하고 자꾸 토론 하려고 그래요. 예수하고. 여러분 중에는 그런 사람 없어야 해요. 중환자실에 안 가려면 좋은 말 할 때 예수 앞에 두 손 들어요. 예수가 여러분을 사랑해서 여러분을 혼돈 공허 흑암에서 건져내 주시려고 해요. 아멘. 여러분은 얻어터지고 나오지 말고 뒤지도록 맞고 나오지 말고 예수가 살짝 만져도 반응을 크게 할지어다. 아멘 할렐루야!

이게 바로 창세기 1장의 첫째 날의 의미라는 거예요. 이 사실이 열리는 것에 대해서 하나님께 영광의 박수. 이걸 제일 먼저 아는 사람이 누구라고요? 바울. 바울. 두 번째 안 사람이 누구라고 그랬어? (전광훈 목사님) 그렇지. 그렇지. 그 말은 안 하고 째려보고 난리야. 이건 사실이야. 사실. 저 지구촌의 신학자들하고 토론 다 해 봐요. 이렇게 명쾌하게 창세기 1장을 정돈한 것은 2천 년 성경 기록 후에 처음이에요. 처음. 여러분은 복 받으셨어요. 아멘. 근본의 첫 단추를 내가 지금 증거하고 있는 거예요. 믿습니까?

빛이 있으라! 빛 되신 예수가 여러분 속에 들어오면 세 가지 단어를 쫓아내요. 혼돈을 쫓아내. 공허를 쫓아내. 흑암을 쫓아내. 이 사람은 자살 위험선에서 벗어난 거예요. 자살의 사거리에서 자유함을 얻은 거예요. 사단이 벌써 손을 뗀 사람이에요. 믿습니까? <많은 사람들> 입니다. 손뼉 준비! 역사하여 주세요. 예수가 내 속에 와야 해요.

<많은 사람들>

1. 많은 사람들 참된 진리를 모른 채
주님 곁을 떠나갔지만
내가 만난 주님은 참사랑이었고
진리였고 소망이었소

(후렴) 난 예수가 좋다오 난 예수가 좋다오
주를 사랑한다던 베드로 고백처럼
난 예수를 사랑한다오

2. 무거운 짐 진 자 다 내게로 오라
내가 너를 쉬게 하리라
이 길만이 생명의 길 참 복된 길이라
항상 내게 들려주셨소

3. 형제자매여 참된 행복을 찾거든
예수님을 만나보세요
그분으로 인하여 참 평안을 얻으면
나와 같이 고백할 거요

아멘. 혼돈이 물러갈지어다. 혼돈은 사단이 만든 거죠? 악한 악령이 이 혼돈을 만들어내는 것입니다. 이건 고린도후서 4장 4절에 분명히 기록돼 있어요. 혼돈은 사단이 만든 거예요. 그래서 이 혼돈 가운데 빠진 인간들은 이거는요 그냥 걸어 다니는 시체에요. 시체. 고깃덩어리야. 고깃덩어리. 인간이라고 할 수도 없어요. 그래서 성경은요 예수 안 믿는 사람들을 다 짐승이라 그래요. 사람 취급을 안 해요. 성경은요. 인간 취급을 안 한다고요. 성경은요. 섭섭하게 생각할 필요가 없어요. 왜? 악한 영이 사람 속에 들어가서 인간의 눈을 이렇게 콕 찔러놔서 바로 그냥 혼돈 가운데 빠져요.

그러니까 인간이요 참 보면 너무너무 답답한 거야. 아니 이 세상에 인간으로 태어났죠. 태어났으면 이런 정도는 한 번 물어봐야 할 거 아니에요? 이 자연 우주는 언제부터 생겼을까? 한 번 정도는 좀 물어봐야 할 거 아니야? 무덤 안에 들어갈 때까지 안 물어봐요. 왜? 하도 바빠. 먹고 살기가 바빠. 인간으로 태어났으면 나를 낳아준 엄마 아빠가 왜 생겼을까? 한 번은 물어봐야 할 거 아니에요? 물어볼 시간이 없어요. 너무 바빠요. 이게 전부 악한 영이 그러한 생각을 못하게 하는 거예요. 그냥 현실에만 눈을 딱 붙여놓게 만들어요. 먹고 살고 돈 버느라 바쁘고 질질 질질 사단에게 끌려다니다가 그러다가 사단이 어느 날 지옥 아랫목에다 콱 처넣어 버려요. "아이고 내가 이런 데 있는 줄 이제 알았네." 그때 가면 이미 늦은 거예요. 여러분은 오늘 여러분 속에 빛이 임해야 해요. 안 그러면 사단의 희생물이 된다고요. 이해됐으면 아멘.

예수가 사람 속에 들어가면 혼돈이 떠나가지요. 혼돈이 물러가면 혼돈의 반대말이 생기지요. 의미가 생겨요. 의미. 삶의 의미가 생겨요. 여러분은 의미가 있는 사람이에요. 여러분 태어난 것도 하나님의 계획에 의해서 태어난 거예요. 우연히 태어난 사람 한 명도 없어요. 이것을 알게 되는 거예요. 사람이. 아멘. 여러분, 그런 경험 없습니까? 예수 믿었지요? 교회 왔지요? 성령세례 임했지요? 그때 가면요, '아! 내가 왜 한국 사람으로 태어났을까? 왜 내가 우리 엄마 아버지 밑으로 태어났을까? 내가 이 땅에서 교통사고 나서 수도 없이 죽을 뻔했는데 왜 안 죽고 지금까지 살았을까?' 성령세례 받으면 그 의미를 알게 돼요. 아멘. 성령 받을지어다. 믿습니까? 예수 믿는 자체가 기적이에요. 기적.

빛이 있으라. 여러분 속에 빛이 들어가야 해요. 일단은 빛이 들어간 사람과 안 들어간 사람은 말 한번 딱 해보면 알아버려요. '저 사람은 혼돈 공허 흑암에 빠져 있다.' 딱 말해보면 알아 버려요. '아! 저 사람 속에는 악령이 지배하고 있구나.' 왜? 헛소리하니까. 이 악령이 지배하고 있는 사람은 입만 열면 헛소리예요. 물어보는 질문도 다 헛소리 질문만 해요. 그러니까 내가 보면요, 불쌍한 거예요. 불쌍한 거야.

빛이 있으라! 할렐루야! 혼돈이 다 물러갈지어다. 모든 것에 대하여 해답이 다 일어난다고요. 예수가 사람 속에 들어가고 성령세례가 임하면 사람 속에 가르칠 게 별로 없어요. 왜냐하면 예수가 여러분 속에 다 가르쳐버리니까. 그 빛이. 불만 켜놓으면 다 보이는 거예요. 불이 켜지면 이 세상을 누가 안 가르쳐도 이 현실이 다 보이는 것처럼 내가 왜 태어났고 왜 살고 죽으면 어떻게 되는지 환하게 다 열리게 돼요. 그래서 예수가 좋다고요. 할렐루야! 아멘! 아멘! 두 손 들고 아멘! 믿습니까?

3. 공허를 이기자!

그다음 공허예요. 공허. "이 공허가 물러갈지어다!" 사람 속에 한번 공허가 와 버리면요? 사람 미쳐버려요. 속이 텅 비어 가지고 그래서 자꾸 헛된 짓 하는 거예요. 이 공허함을 채우려고 술을 먹는 거예요. 공허함을 채우려고 죄를 짓는 거예요. 공허함을 채우려고 별짓을 다 해요. 사기도 쳐요. 이 공허함 때문에. 공허함을 이기려고요.

그러나 사람 속에 공허감을 못 이겨요. 이 인간 속에 공허감이, 이 공간이 얼마나 큰지, 이 세상 전체를 다 줘도 여러분, 이 세상 사람이 다 죽어버리고 사랑하는 애인하고 둘이만 이 세상에 살아있으면 그러면 여러분이 만족할 거 같지? 한번 해볼까요? 그러면요, 더 공허해요. 왜냐하면 저 서울공원이 없어지기 때문에 더 재미가 없어요. 여러분 생각에는 세상 전체를 나 혼자 다 가지면 나는 참 만족이 올 것 같잖아요? 남자들한테 한 번 물어볼게요. 이 세상에 남자들 다 죽여버리고 여자들만 살려놓고 이 땅에 있는 50억의 여자들을 다, 나 혼자 데리고 살고 하면 그럼 만족할 거 같죠? 김학성 교수님이 웃었어요. 지금. 박 권사님, 집에 가서 다시 물어봐. "당신 왜 웃었어? 왜 웃었어?" 물어봐. 그러면요, 우리 경험상? 나는 서미영 하나 데리고 사는데도 골치 아파요. 그래서 이조시대 때 여자 많이 데리고 살던 왕들은요, 빨리 죽는 거예요. 오래 살려면 그냥 하나 데리고 사는 게 제일 편해요. 우리가 생각하고 발상하는 자체가 다 공허한 생각만 하는 거예요. 여러분, 미국 뉴욕 월가에 있는 모든 주식 여러분 혼자 다 갖고 싶어요? 그럼 만족할 것 같아요? 그러면요? 상하이에 있는 주식도 또 가지고 싶어 해요. 목마름은 끝이 없어요. 계속 갈증이 일어나요.

인간 속에 있는 이 공허는 채울 길이 없습니다. 왜냐하면 하나님이 하도 처음 만들 때부터 인간 속에 있는 공간을 너무너무 크게 만들었기 때문에 인간 속에 있는 공허를 채울 수 있는 길은 딱 하나밖에 없어요. 이 세상 전체를 만드신 예수가 들어가면 돼요. 예수가 들어가면 공허가 변하여 만족이 돼요. 안 그러면 이 땅에 만족은 없어요. 아멘 할렐루야! 손상대 교수님, 여자 몇 명 데리고 살면 만족할 것 같아요? 한 명? 그동안에 많이 경험해 보셨구나. 이 세상에요? 돈, 여자, 소유 모든 전체 영광도 마찬가지예요. 이 땅에서는 만족이 있다? 없다? 사단이 사람 속에 들어가서 지배하고 있는 이상 만족은 없다고 생각하면 돼요. 아멘. 노래 한 번 불러야 해요. 〈사람을 보며 세상을 볼 땐〉 또 어떻게 하겠어요. 여기에 맞는 노래 불러야지.

〈사람을 보며 세상을 볼 땐〉

사람을 보며 세상을 볼 땐 만족함이 없었네
나의 하나님 그분을 뵐 땐 나는 만족하였네
저기 빛나는 태양을 보라 또 저기 서 있는 산을 보아라
천지 지으신 우리 여호와 나를 사랑하시니
나의 하나님 한 분만으로 나는 만족하겠네
동남풍아 불어라 서북풍아 불어라
가시밭의 백합화 예수 향기 날리니 할렐루야 아멘
가시밭의 백합화 예수 향기 날리니 할렐루야 아멘

천날 찬송 불러도 소용 없어요. 예수가 여러분 속에 들어가야 해요. 들어가야 이 속에 있는 공허가 물러가요. 안 그러면요, 채울 길이 없다니까. 자꾸 옆 사람 쳐다보고 말이야 '저 새끼하고 살아보면 얼마나 좋을까?' 많은 사람들이 내 부흥회 50년 하는 동안에 많은 여자 집사님들이 심지어 사모님들까지도 전광훈 목사님하고 한번 살아보면 소원이 없겠다고 그래요. 그 해답은 서미영한테 물어보면 알아요. '목사님하고 살아보면 소원이 없겠다. 전광훈 목사님 아들로 태어났으면 얼마나 좋았을까.' 그건 전에녹 전도사님한테 한번 물어봐. 뭐라고 말하는가. "살아봐라. 이 개새끼들아." 이 세상은 만족이 없어요. 다 사람들이 장점 몇 가지 보고 거기에 대해서 침을 질질 흘리는데 얼굴 이쁜 년들은요, 반드시 부뚜막에 먼저 올라가요. 이거는 아주 공식화돼 있어. 또 못생긴 년들은요, 꼭 미련밤퉁이 같이 생겼어요. 인간들이 다 그래요. 우리 양메리 간사 끝내주지요? 그런데 양메리도 단점이 있을까? 없을까? 아직까진 안 드러났어. 그런데 내가 이제 앞으로 살펴보면 반드시 나타나요. 그러나 그런 걸 가지고 생각하면 안 돼요. 결혼해서 이 전씨 가문에 왔으면 양메리가 잘할 때도 내 며느리고 못할 때도 내 며느리고 실수할 때도 내 며느리고, 그냥 다 좋아야 해. 다 좋아야 해. 그렇게 되려면 예수가 사람 속에 있어야 해요. 조건 반사하면 안 돼요. 조건만 가지고 반사하면 안 돼요. 양메리 간사가 영어 통역을 잘하니까 요것만 좋아서 "아이고 이뻐라." 이러면 안 되는 거예요. 조건 반사하는 것이 아니고 예수가 사람 속에 있으면 무조건적 사랑해야 합니다. 무조건적. 무조건이야. 무조건. 아멘. 할렐루야!

참으로 창세기 1장이 깊도다. 깊도다. 하나님의 말씀이여. 누가 이 진리를 알 수 있을까? 바울이 알았지요. 바울이. 바울도 바울 실력으로 안 게 아니지요. 셋째 하늘에 올라가서 알았지요. 믿습니까? 아멘이십니까?

그래서 우리 하나님의 백성들은요 늘 마음속에 이래야 해요. 따라서 합니다. 돈 있으면 좋고, 없으면 더 좋고. 왜? 관리하는 데 신경 안 쓰니까. 따라서 합니다. 큰집 있으면 좋고, 없으면 더 좋고. 단칸방은 더 좋고. 청소하기가 간단하니까. 아멘. 따라서 해요. 좋은 거 먹으면 좋고, 안 먹으면 더 좋고. 왜? 당뇨병 안걸리니까. 아멘. 좋은 옷 입으면 좋고 안 입으면 더 좋고. 왜 좋은 옷을 안 입으면 더 좋으냐? 쓰리꾼들이 안 달라붙으니까. 루이비통 들면 좋고 루이비통 안 들면 더 좋고. 왜? 핸드백 사기 안 당하니까. 우리 기독교인들은 예수가 있으면 다 돼요. 우리의 목표는 새 예루살렘이라니까. 이 세상이 아니라니까. 넉넉한 마음으로 살아야 하는 거예요. 조급하거나 목마르거나 이렇게 하면 안 돼요. 이해되시면 아멘. 이길지어다. 혼돈을 이기자. 공허를 이기자. 할렐루야!

교회 다니면서도 계속 목말라하고 말이야. 우물가의 여인처럼 말이야 시집을 일곱 번 가고 말이야. 그러면 안 되는 거예요.

예수가 우물가의 여인에게. 내 우물가의 여인만 가지고 4주를 연타로 언제 내 설교를 다시 할 테니까. 옛날에 우물가의 여인, 왜냐하면 여기 우물가의 여인 이 사람이 여기 성경에만 있는 게 아니에요. 이 땅에 있는 모든 사람들이 다 우물가의 여인이에요. 예수님이 공관복음에서 사람을 만날 때 소경을 만났다? 그 한 사람을 대상으로 만나는 게 아니에요. 이 땅에 있는 예수 없는 사람은 다 소경이라는 거예요. 문둥병자를 만났다? 다 문둥병자예요. 그러한 것을 두고 주님은 사람을 만나는 거예요. 이 땅에 있는 대표적 사람만 만난 거예요. 그 중에 하나가 우물가의 여인이에요. 우물가의 여인이 창녀거든요? 창녀? "네 남편이 다섯이 있었으나 지금 있는 남편은 네 남편이 아니다." 지금 있는 남편까지 합하면 여섯 번이야. 결혼을 여섯 번 했어요. "그러나 네가 만족하냐? 만족 안 하지. 퍼도퍼도 목 마르지 않는 생수를 너에게 주리라. 내가 너에게 마지막 남편이 되어 주리라." 일곱 번째 남편 이게 바로 예수란 말이에요. 예수. 생수란 말이에요. 이 수가성 우물가 여인이 여섯 번의 남편을 만난 후에 마지막 남편으로 예수 신랑을 만났는데 그 과정에 대해서 내가 언제 한번 다시 설명할 테니까. 안 그러면 인간은 계속 목마름에 시달려요. 계속 속에 갈증을 느낀다고요. 아멘. 〈우물가의 여인처럼〉 한 번 불러봐요.

<우물가의 여인처럼>

1. 우물가의 여인처럼 난 구했네 헛되고 헛된 것들을
그때 주님 하신 말씀 내 샘에 와 생수를 마셔라

(후렴) 오 주님 채우소서 나의 잔을 높이 듭니다
하늘 양식 내게 채워주소서 넘치도록 채워주소서

2. 많고 많은 사람들이 찾았었네 헛되고 헛된 것들을
주 안에 감추인 보배 세상 것과 난 비길 수 없네

3. 내 친구여 거기서 돌아오라 내 주의 넓은 품으로
우리 주님 너를 반겨 그 넓은 품에 안아주시리

아멘. 목마름에서 자유함을 얻을지어다. 못 이겨요. 못 이겨. 절대 못 이기게 되어있어요. 예수가 사람 속에 좌정하기 전에는 절대로 혼돈도 공허도 목마름도 절대 못 이겨요. 속지 말지어다. 예수가 여러분 속에 좌정하셔야 해요. 아멘.

4. 흑암을 이기자

따라서 합니다. 흑암을 이기자. 사람 속에 어둠이 와서 확 덮어버립니다. 이거는요 사람이 못 견뎌 버려요. 많은 사람들이 어두움에 시달리고 있습니다. 그러니까 뭐 신경쇠약, 무슨 뭐 불면증, 수도 없이 시달리고 있습니다. 이게 전부 사단의 장난으로 보면 됩니다.

예수가 들어가야 해요. 죽으려면 자기 혼자 죽지 왜 아직도 한번 제대로 세상의 빛도 못 본 자기가 낳은 애새끼 두 마리 데리고 왜 아파트에서 뛰어내리냐고. 죽으려면 자기 혼자 죽지. 이런 생각을 하겠지. '야, 부모 없이 사는 것보다 너도 여기서 죽는 게 낫다.' 이게 전부 흑암에 시달리는 사람이에요. 어두움에 붙잡혀 있는 사람. 어둠에 붙잡혀 있는 사람들이 그런 짓을 하는 거예요.

다단계 하는 사람들 봤죠? 여러분, 다단계 왜 하는지 압니까? 이게 이 속으로, 내면적으로 여기 시달려서 그래요. 그래서 한탕 치려고 그래요. 다 지금 아멘 하신 분은 경험학상 경험을 해보니까 그런 거예요. 내가 이 시간을 통해서 전 세계에 있는 분들에게 말씀드리면 공식화되어 있지 않는 다단계는 하지 마세요. 이게 마케팅, 미국의 아이비리그에도 이 다단계 학과들이 다 있어요. 유대인들이 개발한 거죠. 다시 말하면 무점포, 점포 없이 생산 공장에서 바로 직접 전달하겠다고 처음에는 좋은 뜻으로 만들어진 거예요. 그런데 이게 이 다단계는 반드시 '사'자가 붙게 돼 있어요. 왜? 허황한 욕심을 갖는 거예요. 그래서 공식화 되어있는 암웨이(Amway)라든지 이런 거 외에, 이게요? 신종으로 일어난 다단계는 절대 하지 마세요. 내가 그래서 우리 교회에서 다단계 하는 놈들은 다 내쫓아 버려요. 우리 교회 장로님들도요 다단계에 빠져서 "절대 목사님한테 말하지 마요. 내가 한 달에 2천 만 원 벌게 해줄 테니까 목사님한테 말하지 마요." 우리 교회 장로 새끼들이 그런 짓을 한다고. 그런다고 내가 모를 것 같아? 내 핸드폰으로 신고가 다 들어와. 어느 장로님이 다단계 하는데 자기한테 줄 안 선다고 주일날 가서 옆에서 인사했는데 인사도 안 받는대. 왜 자기 다단계에 줄 안 섰다고. 그 장로님 불렀어. "장로님, 내가 하지 마라고 했지?" "아니, 그건 내가 한 게 아니고요." "누가 해?" 다른 사람이 하는 걸 좀 도와줬다 그래. "이 씨. 거짓말하고 있어. 그따위 소리 하려면 우리 교회에서 나가." 왜 그러냐 하면 모든 이 속에 있는 것을 채우려고 그래요. 또 어떤 사람은 그래요. 선교를 위하여 다단계를 한다 그래요. 선교를 위하여?

그것도 하지 마요. 차라리 돈 없으면 헌금 안 해도 돼요. 헌금할 형편도 못 되는데 막 빚내서 헌금하는 거 그것도 전부 공허, 흑암에서 오는 거예요.

하나님의 일도 욕심으로 하면 안 돼요. 전광훈 목사가 일을 크게 하니까요, 막 수단 방법을 가리지 않고 막 자기도 말이야 광화문 조직 만들어서요? 안 된다니까요. 그게. 전광훈 목사같이 성령이 충만한 상태에서 해야 해요. 정치가들 하는 거 봐요. 그냥 구청장 구의원 되면 시의원, 시의원 되면 또 시장, 시장 되면 국회의원, 국회의원 되면 또 장관, 장관 하면 대통령, 일생 허우적거리고 가요. 왜냐하면 속이 안 채워지니까 그래요. 그러다가 덜컥 걸리면 또 정치가들이 자살 해요.

기독교인은 그렇게 하면 안 돼요. 가만있어도 주님이 주실 때 되면 줘요. 주님이 대통령 만들면 주님이 만들어줘요. 막 이재명처럼 저 짓 안 해도 괜찮아요. 저런다고 되는 것도 아니에요. 아멘. 저런 패륜아적인 짓을 하면서도 "제가 국가 권력을 잡아야 하겠다"? 인간의 사악함이 그것도 또 예수님까지 사기쳐서. 세상에! 목사님이 기도하는 데까지 와서 뭐라 그러는지 알아요? "나는 우리 주님을 모시고 사는." 에라이 어디 사기 칠 게 없어서 신앙까지 사기를 치냐. 우리 주님을 모시고 사는 인간이 그렇게 사냐? 이게 대한민국 국민들의 수준 문제라고요. 그런 말을 해도 다 속으니까 계속하는 거예요. 분당의 이찬수 목사님이 열받아서 직접 방송에 나와서 "그 사람 우리 교회 10년 전에 몇 번 나왔다가 그만 뒀다고. 그 사람은 복음이 필요한 사람이라고." 예수가 사람 속에 있으면 그런 짓 안 해요. 윤석열도 마찬가지예요. 예수가 그 속에 있으면 마누라가 저런 짓 안 해요. 정치가들이 하는 짓을 보면요, 내가 보면요, 다 짐승들이에요. 짐승들. 모든 원인이 왜 그러냐. 그 속에 새 창조가 안 일어나서 그래요. 새 창조는 언제부터 일어나냐? 예수가 들어가야 공허가 물러가죠. 흑암이 물러가죠. 아멘. 혼돈이 물러가죠.

그러니까 미국에, 옛날에 초창기 대통령들, 조지 워싱턴(G. Washington), 아담스(J. Adams), 토마스 제퍼슨(T. Jefferson), 그런 시대의 대통령들이 대한민국에 좀 나올 수가 없나? 조지 워싱턴은 대통령을 하라고 하니까 도망가 버렸어요. 그래서 강제로 찾아서 잡아다가 대통령을 시켰어요. 왜냐하면 예수가 있으면요, 대통령 그런 거 관심 없어요. 강제로 찾아서 잡아다가 대통령을 시켰어요. 왜냐하면 예수가 있으면 대통령 그런 거 관심 없어요. 그래서 강제로 찾아서 잡아다가 일부러 끌어다가 대통령이 됐다니까요. 이따가 이춘근 박사한테 한 번 물어보라니까요. 그 정도가 돼야 국가 지도자가 되는 거지. 그냥 상대방을 말이야 물어뜯고 말이야. 패륜아들같이 생겨서. 그게 전부 예수가 속에 없다는 증거거든요. 정치가들만 욕할 게 아니에요. 여러분도 예수 없으면 그런 짓 해요. 예수님을 영접해야 해요. 영접하실래요?

5. 예수 들어오면 다 가진다

따라서 합니다. 예수 들어오면 다 가진다. 왜? 새 예루살렘을 가지니까. 우리가 저녁마다 불 집회할 때 말했잖아요? 보좌를 가지면 되는 거예요. 주의 보좌를 가지면 더 이상 가질 게 없어요. 아멘. 주여! 역사하여 주시옵소서! 할렐루야. 오늘 이 말씀을 듣는 모든 형제자매들이여, 혼돈으로부터 벗어나십시오. 공허에서부터 벗어나십시오. 흑암으로부터 벗어나십시오. 이 사건은 빛이 들어오는 길밖에 없어요.

창세기 1장의 첫째 날에 "빛이 있으라!" 예수가 사람 속에 들어가면 끝장난다는 것입니다. 그것이 창세기 첫째 날의 모든 의미인 줄 믿으시면 아멘. 두 손 들고 아멘. 그러니까 창세기 1장을 읽어봐도 바울 사도가 말한 이런 개념으로 이해를 못 하니까 성경에 대해서 깡통입니다. 그냥 어둠에 덮여있는 거예요. 이제 여러분은 끝났어요. 가장 중요한 것이 예수가 오는 것이에요. 아멘. 오늘 여러분 속에 강력하게 임할지어다. 할렐루야! <나의 등 뒤에서>를 불러보겠습니다. 주님, 역사하여 주시옵소서.

<나의 등 뒤에서>

1. 나의 등 뒤에서 나를 도우시는 주
나의 인생길에서 지치고 곤하여
매일처럼 주저앉고 싶을 때 나를 밀어주시네

(후렴) 일어나 걸어라 내가 새 힘을 주리니
일어나 너 걸어라 내 너를 도우리

2. 나의 등 뒤에서 나를 도우시는 주
평안히 길을 갈 때 보이지 않아도
지치고 곤하여 넘어질 때면 다가와 손 내미시네

3. 나의 등 뒤에서 나를 도우시는 주
때때로 뒤 돌아보면 여전히 계신 주
잔잔한 미소로 바라보시며 나를 재촉하시네

<위대하고 강하신 주님>

위대하고 강하신 주님 우리 주 하나님
위대하고 강하신 주님 우리 주 하나님
깃발을 높이 들고 흔들며 왕께 찬양해
위대하고 강하신 주님 우리 주 하나님
위대하고 강하신 주님 우리 주 하나님

<사람을 보며 세상을 볼 땐>

사람을 보며 세상을 볼 땐 만족함이 없었네
나의 하나님 그분을 뵐 땐 나는 만족하였네
저기 빛나는 태양을 보라 또 저기 서 있는 산을 보아라
천지 지으신 우리 여호와 나를 사랑하시니
나의 하나님 한 분만으로 나는 만족하겠네
동남풍아 불어라 서북풍아 불어라
가시밭의 백합화 예수 향기 날리니 할렐루야 아멘
가시밭의 백합화 예수 향기 날리니 할렐루야 아멘

두 손 높이 드시고, "주님, 내 속에 오심을 감사합니다. 나는 행복합니다. 아무것도 없어도 행복합니다. 나는 새 예루살렘을 확보했습니다. 주님 나라 갈 때까지 만족하게 살겠습니다. 주님이 나를 어디에 두시든지 주님이 두시는 그 자

리에서 예수님의 말씀 붙잡고 승리하기를 원합니다." '주여!' 삼창하며 기도하겠습니다. 주여! 주여! 주여!

3

나뉘게 하라
둘째 날, 죽음

설교 일시 2022년 1월 23일(주일) 오전 11시

대　　상 사랑제일교회 주일 3부 예배

성　　경 고린도후서 12:1-2

1 무익하나마 내가 부득불 자랑하노니 주의 환상과 계시를 말하리라

2 내가 그리스도 안에 있는 한 사람을 아노니 십사 년 전에 그가 셋째 하늘에 이끌려 간 자라 (그가 몸 안에 있었는지 몸 밖에 있었는지 나는 모르거니와 하나님은 아시느니라)

Ⅰ.
성경의 원리를 알자

1. 예수님과 채널 맞추기

1) 촛대 사이로 다니시는 예수님을 만나자

우리 주먹 인사 하겠습니다. 우리는 이겼습니다. 앞뒤로 다시 하겠습니다. 우리는 이겼습니다. 할렐루야! 오늘도 전 세계에서 이 예배를 기다리는 성도들을 축복합니다. 오늘도 예배를 통하여 촛대 사이로 다니시는 예수님을 만나게 될 것입니다. 촛대 사이로 다니는 예수님은 모든 병을 고쳐줄 것입니다. 눌린 자를 자유케 할 것입니다. 무거운 짐을 풀어줄 것입니다. 오늘도 예배의 능력이 총체적으로 임하기를 바랍니다. 우리 다 같이 두 손을 높이 드시고 "주님, 촛대 사이로 다니는 예수님, 나를 한번 만져주시옵소서. 의식과 종교의식 거행하러 오지 않았습니다. 살아계신 주님과 만나기 위해서 왔습니다. 저를 한 번 툭 쳐 주시옵소서. 내 병든 육체를 한 번 툭 쳐 주시옵소서." '주여!' 삼창하며 합심으로 기도하겠습니다.

<축복하소서>

축복하소서 축복하소서 예수님 오늘 축복하소서
고쳐주소서 고쳐주소서 예수님 오늘 고쳐주소서
만져주소서 만져주소서 예수님 오늘 만져주소서
나타나소서 나타나소서 예수님 오늘 나타나소서
역사하소서 역사하소서 예수님 오늘 역사하소서

"오늘도 촛대 사이로 다니시는 우리 예수님, 나타나 주시옵소서. 고쳐주시옵소서. 응답하여 주세요. 기적을 베풀어 주세요. 주님이 우리와 함께 계심이 실감 나는 예배 될 수 있도록 산 제사로 이끌어주시옵소서. 예수님 이름으로 기도 드리옵나이다. 아멘." 우리 다 같이 주먹 쥐시고. 주님이 이 자리에 함께 계십니다. 앞뒤로 다시요. 이것은 분명한 사실입니다. 아멘. 13장 찬송을 부르겠습니다. <기뻐하며 경배하세> 예배 찬송을 한번 드리겠습니다. 예배 찬송을 하나님께 드려보겠습니다.

찬송가 13장 <기뻐하며 경배하세>

1. 기뻐하며 경배하세 영광의 주 하나님
주 앞에서 우리 마음 피어나는 꽃 같아
죄와 슬픔 사라지고 의심 구름 걷히니
변함없는 기쁨의 주 밝은 빛을 주시네

2. 땅과 하늘 만물들이 주의 솜씨 빛내고
별과 천사 노래소리 끊임없이 드높아
물과 숲과 산과 골짝 들판이나 바다나
모든 만물 주의 사랑 기뻐 찬양하여라

3. 우리 주는 사랑이요 빛과 진리이시니
삶이 기쁜 샘이 되어 바다처럼 넘치네
아버지의 사랑 안에 우리 모두 형제니
서로서로 사랑하게 도와주시옵소서

4. 새벽별의 노래 따라 힘찬 찬송 부르니
주의 사랑 줄이 되어 한맘 되게 하시네
노래하며 행진하여 싸움에서 이기고
승전가를 높이 불러 주께 영광 돌리세

2) 3년 안에 자유 통일 이루어 주소서

아멘. 오늘도 예배를 사모하는 성도들을 축복합니다. 전 세계에서 이 예배를 사모하고 있습니다. 저 아프리카 선교사님들과 성도들이 예배를 사모합니다. 예배 들어 온 것을 우리 다 같이 박수로 환영하겠습니다. 저 유럽에 있는 여러 선교사님들과 성도들이 예배를 사모합니다. 심지어 그 외국인하고 같이 사는, 남편은 외국 사람이고 또 아내는 한국 사람인데 그 남편 되는 분들이 이 예배를 사모한다 그럽니다. 양메리 간사님이 통역을 너무 잘하니까. 늘 나한테 연락이 오는 게 뭐냐 하면, 나보고 설교를 너무 빨리해서 통역할 시간을 안 준다고 불만이 많아요. 내가 오늘은 살살 한번 해보도록 하겠습니다. 자, 유럽 성도들을 우리 박수로 환영하겠습니다. 자, 미국 남미 저기 브라질 알젠틴 뭐 여러 곳에서 이제는 이 예배를 사모하는 게 습관이 됐습니다. 자, 우리 박수로 환영하겠습니다. 또 아시아 오세아니아 호주 등등 모든 성도들이 이 예배를 집중하고 있습니다. 특별히 중국의 지하교인들은요 아주 너무너무 좋아합니다. 우리 박수로 환영하겠습니다. 가장 눈물 나는 사건은 역시 북한에 있는 지하교회죠. 지하교회 성도들이 편지가 자주 옵니다. 남조선 수령님이라 그럽니다. 앞으로 여러분, 날 함부로 보지 마요. 나는 남조선 수령님입니다. 눈물 나는 편지들이 오고 있습니다. 머지않아 통일될 것입니다. 나는 기도하고 행동하는 사건 중의 하나는 '반드시 3년 안에 통일을 해야겠다. 수단과 방법을 가리지 말고 3년 안에 통일을 해내야겠다.' 우리 열심히 기도하여 저 김정은이 심장마비로 죽어버리도록 열심히 기도해서 저놈이 살아 있어서는 통일이 불가능하기 때문에 하나님이 히스기야의 기도를 들으시고 천사를 보내서 앗수르 군대 18만 5천 명의 콧구멍을 다 막은 것처럼 더도 말고 김정은 저거 딱 한 놈 콧구멍을 그냥 한 시간만 딱 틀어 막아버려 대한민국의 자유 통일 이루어져서 중국의 동북 삼성을 회복하고 또 북경을 회복하고 또 상해를 회복하고 광동어권을 회복해서 인도의 힌두교 이슬람의 강을 건너서 백 투 예루살렘까지 한번 가보자! 그러기 위해서는 한국성도들이 바로 서야 하는 것입니다. 1,200만 성도들이 말씀안에 바로 서야 하는 것입니다. 30만 목회자들이 바로 서야 하는 것입니다. 25만 장로님들이 바로 서야 하는 것입니다. 이 예배가 지금 그런 일을 하고 있습니다.

3) 세계기독청은 반드시 세워질 것

지금 제가 8주를 연타로 성령의 불 집회를 했는데 사람들이요 날 보고 목사님들이 전화가 와요. 날 보고 사람이 아니라고 해요. 인간이 아니라고 해요. 어떻게 부흥회를 8주를 연타로 하냐고. 나는 원래 그렇게 해요. 죽도록 싸우다가 쓰러진 후에 하늘나라 가면 그만이니까. 여러분들도 나처럼 일하십시오. 빨리 세계기독청 지어놓고 아멘. 할렐루야! 그 일이 이제 서서히 우리 앞으로 다가오고 있습니다. 하나님이 처음 내 가슴 속에 부어주실 때는 이게 눈을 뜨면 가능성이 없어 보이고 눈 감고 기도하면 될 거 같고. 그런데 이제는 확실히 드러났어요. 자, 하나님 말씀은 틀림없습니다. 반드시 이루어집니다. 차츰차츰 안개가 걷히고 있습니다. 찬송 한 번 불러보고 설교하겠습니다. 자, 여러분 개인에게도 이런 일이 일어날 것입니다. 반드시 하나님의 계획은 이루어지실 것입니다. 할렐루야! 아멘. 그래요. 주 예수 우리 아버지.

<내가 걷는 이 길이>

내가 걷는 이 길이 혹 굽어 도는 수가 있어도
내 심장이 울렁이고 가슴 아파도
내 마음속으로 여전히 기뻐하는 까닭은
하나님은 실수하지 않으심일세

내가 세운 계획이 혹 빗나갈지 모르며
나의 희망 덧없이 스러질 수 있지만
나 여전히 인도하시는 주님을 신뢰하는 까닭은
주께서 내가 가야 할 길을 잘 아심일세

어두운 밤 어둠이 깊어 날이 다시는
밝지 않을 것 같아 보여도
내 신앙 부여잡고 주님께 모든 것 맡기리니
하나님을 내가 믿음일세

지금은 내가 볼 수 없는 것 너무 많아서
너무 멀리 가물가물 어른거려도
운명이여 오라 나 두려워 아니하리
만사를 주님께 내어 맡기리

차츰차츰 안개는 걷히고
하나님 지으신 빛이 뚜렷이 보이리라
가는 길이 온통 어둡게만 보여도
하나님은 실수하지 않으신다네

아멘 하나님은 실수하지 않습니다. 모든 성도들에게도 그러합니다. 하나님이 말씀하신 것은 반드시 이루어질 것입니다.

2. 성경은 모세가 쓰고 바울이 해석한 책

1) 원리를 모르면 알 수 없는 성경

오늘도 성경을 알자는 말씀을 상고할 것입니다. 세 번째 시간입니다. 성경이란 무엇인가? 이게 쉬우면서도 어렵습니다. 성경 기록이 마친 지가 2천 년이 되었습니다. 수도 없는 사람들이 성경을 들고팠습니다. 그런데도 불구하고 이 성경이 아주 이게 난해합니다. 성경 하나를 해석하려고 보조책이 10만 권도 넘습니다. 종류가 같은 책이 아닙니다. 서로가 다른 책입니다. 지금, 이 시대에 지구촌에서 팔리는 책만 해도 현재 진행되는 책만 해도 성경 때문에 파생된 책이 10만 권이 넘어요. 그러니까 이건 말할 수 없는 거지요. 내가 다른 종교를 비하시키는 게 아니고 팔만대장경 때문에 생긴 해석책 같은 건 100권도 안 될 거예요. 이렇게 성경이 위대합니다.

문제는 여기에 있습니다. 문제는. 2천 년이 됐죠. 성경 하나를 놓고 목숨 건 사람이 수도 없이 많습니다. 성경 전체를 창세기부터 계시록까지 다 외우는 사람도 수도 없습니다. 원어로 외운 사람도 있습니다. 문제는 여기 있습니다. 그런데도 성경을 몰라요. 헛소리해요. 헛소리. 신학대학 교수님들한테 내가 죄송하지만, 성경을 놓고 제일 헛소리 많이 하는 사람들이 신학대학 교수님들이에요. 완전히 다 헛소리하는 거예요. 왜 이런 일이 일어났을까요? 농담 한번 해보겠습니다. 전광훈 목사 설교를 안 들어서 그래요. 오늘 이 예배에 들어오신 여러분은 대박 났습니다. 인류의 최고의 책인 성경이 열리는 것입니다. 오늘도 여러분, 열리기 원하시면 아멘. 왜 성경이 안 열리느냐? 신학자들과 목사님들이 너무 어렵게 설명해요. 너무 어렵게 설명한다는 것은 무슨 뜻인가? 본인이 모른다는 거예요. 쉽게 설명하는 사람은 아는 거예요. 알기 때문에 쉽게 말하는 겁니다. 오늘은 여러분에게 성경이 열릴 것입니다.

2) 모세가 본 하늘의 설계도

성경이란 무엇인가? 성경은 원래 모세가 썼습니다. 이 모세가 어떻게 성경을 썼느냐? 이건 시내 산에 올라갔어요. 시내산. 시내산에 올라가서 무엇을 보게 되었습니다. 시내산에 올라가서 무엇을 봤느냐? 하나님의 설계도를 봤어요. 출애굽기 25장에 보면 하나님의 설계도를 보고 왔다 그랬습니다. 그래서 보고 내려왔습니다.

모세가 보고 내려와서 한 것이 두 가지입니다. 첫째는 모세오경입니다. 창세기 출애굽기 레위기 민수기 신명기. 두 번째는 성막입니다. 성막. 두 개를 위에서 보고 내려와서 시내산에 있는 그 설계도를 땅으로 끌어 내렸습니다. 가서 이 설계도를 봤더니 설계도 전체 주제가 무엇으로 되어 있냐면 그리스도로 돼 있습니다.

모세가 설계도를 보고 내려와서 땅에 있는 사람들에게 설명했습니다. 모세오경은 이렇게 된 것이고 성막은 이렇게 된 것이다. 못 알아들어요. 못 알아들어. 서로가 말이 안 통하니까 그래서 모세가 "야, 이리로 와. 대가리 갖다 대." 그러니까 브살렐과 오홀리압에게 안수했어요. 그랬더니, 성령이 그들 속에 들어간 것입니다. 들어가니까 드디어 모세가 말할 때 공명이 일어났어요. 상상이 되는 거죠. "아, 우리 선생님이 저걸 보고 왔을 것이다." 마치 모세가 본 거 같이 자기 속에서 영상이 떠오르는 거예요. 오늘도 여러분이 이 말씀을 들을 때 설교를 들을 때 성령의 도우심으로 여러분 속에 영상이 떠오르기를 바랍니다. 할렐루야! 그래서 모세가 본 것을 모세를 수종하는 사람들이 이걸 다 기록하고 그리고 또 모세를 수종하는 자들이 성막을 지었습니다.

그럼에도 불구하고, 이 뜻이 무슨 뜻인지 이걸 모르는 거예요. 모세는 모든 주제가 그리스도라는 것을 보고 왔는데 그래서 모세오경이 기록된 지 구약이 4천 년이 됐어요. 구약시대가 4천 년입니다. 그런데 성경이 안 열리는 거예요.

3) 모세가 쓴 성경을 바울이 해석

그러다가 드디어 신약시대 때 와서 바울에 의하여 이 성경이 열리기 시작했습니다. 성경은 모세가 썼고 바울이 해석한 것입니다. 바울은 어떻게 모세오경을 알게 된 것인가? 그것도 사람의 능력이 아니죠. 바울도 어디에 올라갔어요? 셋째 하늘에 올라갔어요. 고린도후서 12장 1절입니다. 자, 한번 읽어보겠습니다. 바울이 어디 올라갔는지 1절부터 읽으시면 시작.

(고린도후서 12:1-2)

1. 무익하나마 내가 부득불 자랑하노니 주의 환상과 계시를 말하리라
2. 내가 그리스도 안에 있는 한 사람을 아노니 십사 년 전에 그가 셋째 하늘에 이끌려 간 자라 (그가 몸 안에 있었는지 몸 밖에 있었는지 나는 모르거니와 하나님은 아시느니라)

이게 바로 바울 사도입니다. 올라가서 모세가 본 것과 똑같은 걸 보게 됐습니다. 모세는 시내산에 올라가서 봤어요. 하

나님이 시내산까지 내려왔어요. 이 사도바울은 셋째 하늘까지 올라갔습니다. 하나님이 계신 보좌, 거기까지 갔습니다. 가서 보니까 모세가 본 것을 이해하게 됐습니다. "아하! 이걸 보고 내려와서 모세가 성경을 썼구나." 그리고 그 주제가 뭔지를 알게 됐습니다. 역시 그 주제는 그리스도였습니다.

가지고 내려와서 모세처럼 두 가지를 했습니다. 첫째는 바울 서신을 썼습니다. 로마서부터 히브리까지 13권입니다. 바울 서신 13권은 모세오경의 해설집입니다. 모세오경만 가지고 성경을 보면 해석이 안 돼요. 여기에는 바울 서신의 해설집이 붙어야 합니다. 그리고 모세가 성막을 지은 것처럼 바울도 내려와서 무엇을 건축했습니까? 할렐루야! 그러니까 모세가 건축한 성막과 바울이 지은 교회와 이것이 다 같은 내용이에요. 모세가 쓴 모세오경과 바울 서신 13권이 이게 다 똑같은 거예요. 여기까지 이해됐으면 아멘. 여기까지가 이해가 돼야 드디어 성경이 열리기 시작하는 거예요. 이 원리와 공식이 여러분 가슴속에 안 들어가면 동해물과 백두산이 마르고 닳도록 성경 읽어봤자 성경 공부 천날 해봤자 헛방이에요. 헛방.

한국교회가 성경 공부 안 하는 게 아닙니다. 벧엘 공부, 트리니티, 크로스 웨이, 별걸 다 합니다. 제자 훈련, 무슨 훈련,

별거 다 해요. 성경 몰라요. 심지어 목사님들도 몰라요. 가르치는 목사님도 성경 모르고 횡설수설하는 거야. 그래서 지금 한국교회가 무너지고 있는 것입니다. 모든 것은 성경에 있는 것입니다. 오늘 여러분에게 성경이 열릴지어다. 한 번 따라서 하겠습니다. 주여, 열어주시옵소서. 주여, 열어주세요. 성령이 열리길 원하시면 아멘. 그러려면 먼저 이 공식이 확정돼야 해요. 모세가 성경을 썼고 바울이 해석했다! 주제는 그리스도다! 할렐루야! 여기까지 이해가 되셨나요? 여러분은 오늘도 복 받았어요. 그럼 또 동치미 국물을 한 그릇 마셔야 할 거 아니야? 아멘이에요? 주먹 쥐어요. 시원한 동치미 국물 한 그릇 다 드리자. 너 오늘 복 받았다. 참 잘 왔다. 참 잘 왔어. 생긴 걸 보니까 여기 안 오게 생겼는데 말이야. 진짜 잘 왔어. 진짜 잘 왔어. 아멘. '열려라 에바다'예요. 손뼉 준비! 주님 활짝 열어주시옵소서. 성경을 열어주세요.

<어두워진 세상 길을>

1. 어두워진 세상 길을 주님 없이 걸어가다
나의 영혼 어두워졌네
어느 것이 길인지 어느 것이 진리인지
아무것도 알 수 없었네
주님 없이 살아가는 모든 삶 실패와 좌절뿐이네
사랑하는 나의 주님 내 영혼 눈을 뜨게 하소서

(후렴) 열려라 에바다 열려라 눈을 뜨게 하소서
죄악으로 어두워진 나의 영혼을
나의 눈을 뜨게 하소서.

2. 아무것도 알 수 없고 아무것도 볼 수 없고
아무것도 들을 수 없네
세상에서 방황하며 이리저리 헤매일 때
사랑하는 주님 만났네
어두웠던 나의 눈이 열리고 막혔던 귀가 열리네
답답했던 나의 마음 열리고 나의 영혼 살리네

3. 천지창조보다 먼저 완료된 하늘의 설계도

아멘. 성경이 열릴지어다. 그러려면 모세가 본 것을 직접 보든지 아니면 보고 내려와서 쓴 모세오경이 보이든지 아니면 해설한 바울 서신이 눈에 보이든지해야 해요. 바울 서신은 로마서부터 히브리서까지를 바울 서신이라 그럽니다. 그런데 이걸 읽고도 안 보이는 거예요. 왜? 눈에 비늘이 덮여서. 그러니까 바울 사도의 눈에 비늘이 벗어진 것처럼 여러분의 육신의 비늘이 벗어져야 해요. 벗어지길 원하십니까? 따라서 합니다. 주여! 벗겨주세요!

그래서 시내산에 올라가서 하나님의 의도를 알게 됐어요. 하나님은 천지를 창조하기 전에 먼저 하나님은 설계도부터 먼저 그렸습니다. 사람도 그러하거니와 집을 짓기 전에 설계도를 먼저. 그리고 즉흥적으로 집 짓는 법은 없죠. 먼저 구상하고 생각하고 그다음 도면에다 그려서 그대로 진행하는 거죠. 하나님은 더하신 분이에요. 하나님이 천지를 창조할 때 그냥 한 것이 아니고, 창세기 1장이 시작되기 전에 하나님의 설계도는 이미 끝났어요.

설계도를 다른 말로 식양이라고 해요. 식양. 하늘의 식양. 출애굽기 25장에 보면 한번 읽어보시면, 하늘의 식양대로. 식양이란 말이 다른 말로 설계도라는 뜻입니다. 자, 9절부터 한 번 읽어보겠습니다. 시작.

(출애굽기 25:9)

무릇 내가 네게 보이는 대로 장막의 식양과 그 기구의 식양을 따라 지을지니라

한 번 더 읽겠습니다. 시작.

(출애굽기 25:9)

무릇 내가 네게 보이는 대로 장막의 식양과 그 기구의 식

양을 따라 지을지니라

이 식양이란 말이 바로 설계도를 말하는 거예요. 식양이 뭐라고요? 다시 뭐라고요? 설계도가 하늘의 말로는 뭐라고? 아이고! 아직도 절반은 입도 못 열어. 아이고! 내가 이런 멍청한 당신들을 놓고 설교 하려니까 힘들어 죽겠네. 다시 설계도가 뭐라고? 이거 다 알 때까지 나 설교 안 할 거야. 식양이 뭐라고? 설계도가 뭐라고? 백 번만 하고 하자고, 백 번만 하고.

4. 하늘의 설계도의 주제는 그리스도

그래서 하나님은 하늘의 설계도를 다 그려놨어요. 이것이 언제 그려졌느냐? 에베소서에 보면 창세 전이라고 했습니다. 천지가 만들어지기 전이에요. 창세 전에 이미 벌써 설계도가 그려졌다! 동의하시면 아멘. 두 손 들고 아멘.

아니, 여러분, 이 세상도 마찬가지죠. 집을 다 지어놓고 설계도를 그립니까? 설계도를 그린 뒤에 집 짓죠. 하나님도 마찬가지죠. 그래서 하나님이 설계도를 완성했습니다. 그런데 이 설계도가 바로 모세오경을 통하여 나타난 것입니다. 성막을 통하여 나타난 것입니다. 할렐루야! 주제는 그리스도인 것입니다.

Ⅱ.
빛이 있으라
: 예수가 세상에 오신다

1. 창조로 나타난 그리스도

그런데 이 설계도가 이제 본격적으로 이 땅에 실현되는 첫 번째 사건이 이게 바로 천지창조입니다. 여러분들은 하나님이 심심해서 천지를 만든 줄 알고 있지만 절대 그렇지 않아요. 하나님이 천지를 창조할 때 창조하기 전에 이미 설계도 완성했고 그 설계도대로 이 땅에 하나님이 창조를 하기 시작하셨습니다. 그러니까 설계도 자체가 주제가 그리스도니까 당연히 천지창조의 주제도 그리스도죠. 그래서 골로새서 1장 16절을 보면 하나님의 설계도에 대한 의미가 나와 있습니다. 한번 읽어보시면 시작.

(골로새서 1:16-17)

16. 만물이 그에게 창조되되 하늘과 땅에서 보이는 것들과 보이지 않는 것들과 혹은 보좌들이나 주관들이나 정사들이나 권세들이나 만물이 다 그로 말미암고 그를 위하여 창조되었고

17. 또한 그가 만물보다 먼저 계시고 만물이 그 안에 함께 섰느니라

자, 하나님이 천지를 창조할 때 어떻게 지었느냐? 주제가 그리스도니까 그를 위하여, 그에 의하여, 그의 것으로. 어디서 많이 들은 얘기죠? 아브라함 링컨의 바이 더 피플? 아브라함 링컨이 바이 더 피플, 오브 더 피플, 폴 더 피플 할 때에 그게요? 막 연구해서 쓴 게 아니에요. 아침에 성경을 읽다가 골로새서를 읽다가 하나님 말씀이 속으로 들어간 거예요. 그래서 그것에 뒤에 피플로만 바꿔놨어요. 크라이스트(Christ)를 피플로. 그래서 이 문장으로 말하면 이건 역사가 일어나게 돼 있어요. 따라서 합니다. 위하여, 의하여, 것으로. 앞에 여러분 그리스도까지 넣어버리면 하늘에서 복이 내려옵니다. 하나님이 천지를 만드실 때 그리스도를 위하여 그리스도에 의하여 그리스도의 것으로 이렇게 만들어졌다 이거예요. 이렇게 골로새서 1장에 선포를 했습니다.

2. 태양 빛이 아닌 예수의 빛

그럼 어떻게 천지창조가 그리스도를 위하여 지어졌는가? 이제 우리가 상고해 보면 그 내용을 알 수 있어요. 첫 번째 말씀이 빛이 있으라 입니다. 첫째 사건은 "빛이 있으라" 입니

다. 자, 첫째가 "빛이 있으라"인데, 빛이 있으라고 주님이 첫째 날 선포했습니다.

이것도 천지를 창조할 때에 하루에 전체를 다 안 만들고 이것을 일곱 개로 쪼개서 만들었어요. 왜 그럴까요? 그리스도가 하시는 일곱 가지 사건을 설명하려고요. 그래서 설계도 자체가 일곱 개로 나누어져 있어요.

그래서 하나님이 천지를 창조하신 첫째 날 "빛이 있으라." 이게 무슨 사건인가? 이 빛은 저 태양 빛을 말하는 것이 아니고. 해와 달과 별은 4일째 만들어요. 4일째 가야 해와 달과 별이 만들어져요. 그럼, 첫째 날 "빛이 있으라"는 무슨 뜻인가? 이건 요한복음 1장의 빛을 말하는 겁니다.

(요한복음 1:9-12)

9. 참빛 곧 세상에 와서 각 사람에게 비취는 빛이 있었나니
10. 그가 세상에 계셨으며 세상은 그로 말미암아 지은바 되었으되 세상이 그를 알지 못하였고
11. 자기 땅에 오매 자기 백성이 영접지 아니하였으나
12. 영접하는 자 곧 그 이름을 믿는 자들에게는 하나님의 자녀가 되는 권세를 주셨으니

바로 첫째 날은 뭐냐면 빛 되신 예수가 이 땅에 온다는 것이요. 이게 복음의 첫 단추입니다. 첫 단추. 그러니까 성경을 다 외울지라도 이 세상을 창조하신 하나님이 사람의 육신의 옷을 입고 이 땅에 오신다, 이 사건을 모르면 그 사람은 성경 모르는 사람입니다.

수없는 신신학자들이 우리나라에도 수유리에 가면 기장이라고 하는 장로교단이 있습니다. 이거 부인합니다. 부인해. 이 세상을 창조하신 하나님이 사람으로 왔다, 진정한 성탄절의 의미를 부인한다고요. 예수를 누구라 그러느냐? 인류의 3대 성인 중의 하나라고 해요. 뭐 공자 맹자 순자, 이순자 거기다가 또 소크라테스 또 마호메트 이런 사람 중의 하나라고 말을 합니다. 이건 아주 예수님을 욕하는 내용입니다.

예수님은 그 정도 수준이 아니고 바로 공자 맹자 그 사람들을 만든 창조의 주인이에요. 주인. 이 세상을 만든 주인이 인간 육체의 옷을 입고 이 땅에 오셨다 이거지요.

3. 사람으로 오신 창조주

하나님이 시내산에서 하나님의 보좌가 땅으로 내려왔어요. 모세하고 이야길 해보니까 말이 안 돼요. 말이 안 돼. 서로

볼 수도 없어요. 너무 하나님은 거룩하시고 모세는 땅의 사람이고. 정면을 보면 다 타 죽는다 그랬어요. 볼 수도 없어요. 그러니까 제일 가까이 왔는데도 하나님과 교감이 안 돼요.

그러나 이 땅에 오신 예수님은 육체의 필터(filter)를 끼고 왔어요. 육체의 무엇을요? 육체의 필터를 끼고 왔다 이 말이에요. 우리가 태양 빛을 육신의 눈으로 정면으로 보면 실명당하지요? 그러나 우리 초등학교 다닐 때 책받침을 가지고 거기에 가리면서 이렇게 태양을 보면 빨갛게 계란 노른자처럼 보여요. 왜? 필터를 쓰니까. 예수님은 창조주 하나님이십니다. 하나님이 그대로 내려오면 여러분과 저는 다 타서 죽어요. 타 죽어. 그래서 육체의 필터를 끼고 이 땅에 오셨기 때문에 예수님을 만져볼 수도 있고, 예수님 품에 안겨볼 수도 있고, 이분이 바로 예수 그리스도이십니다. 예수님이 사람으로 이 땅에 오신 것을 여러분과 저는 감사해야 해요. 아멘. 나는 들었고 나는 보았습니다. 주님은 하나님인데 사람으로 오신 분입니다. 자, 노래 한번 불러보겠습니다. 주님, 역사하여 주시옵소서.

<나는 들었고 나는 보았네>

1. 나는 들었고 나는 보았네 끝없는 주의 사랑
나는 만졌고 나는 안겼네 하나님의 품으로

(후렴) 주의 참사랑 놀라운 능력 이제 나 받았으니
가서 전하라 빛을 발하라 예수의 이름으로

2. 우리 모습은 서로 달라도 무지개 색깔처럼
조화 이루어 영광 돌리는 하나님의 자녀들

3. 사랑합니다 감사합니다 한없는 주의 은혜
의지합니다 찬양합니다 오직 예수님만을

4. 빛이 있으라 - 계시의 왕 바울이 해석한 복음의 첫 단추

아멘. 이 땅을 창조하신 하나님이 사람으로 이 땅에 오셨습니다. 이렇게 된 것이 성경 어디에 기록돼 있나요? 하나님의 첫 번째 선언입니다. 하나님은 사람에게 하고 싶은 말이 많아요. 신구약 성경이 다 하나님이 하고 싶은 말입니다. 그러나 그중에서도 하나님이 제일 하고 싶은 말 있어요. "내가 사람으로 이 땅에 내려간다." 이게 하나님이 사람에게 하고 싶은 제일 간절한 말입니다. 그 말을 여러분이 받아들이실래요? 이것이 바로 '빛이 있으라' 입니다.

이 말을 누가 이렇게 해석했나요? 사도바울이 고린도후서 4장 6절에 보면 바울이 그렇게 해석을 한 것입니다. 바울이 아니었으면 창세기의 첫째 날에 '빛이 있으라' 이게 무슨 뜻인지 모를 뻔했어요. 지금 유치부 애들이 아는 대로 '빛이 있으라' 이게 지금 태양 빛이 있으라 인 줄로 착각하고 있어요. 아니라니까요? 태양 빛은 4일째 만들었다고 했잖아요. 해와 달과 별은 4일째 나타나요. 물리적인 빛은 4일째. 그럼, 첫째 날 "빛이 있으라"는 뭘까? 바울이 우리에게 알려준 고린도후서 4장 6절을 한번 읽어보시면. 한 목소리로 읽어보겠습니다. 시작.

(고린도후서 4:6)

어두운 데서 빛이 비취리라 하시던 그 하나님께서 예수 그리스도의 얼굴에 있는 하나님의 영광을 아는 빛을 우리 마음에 비취셨느니라

아멘. 요것이 창세기 1장을 열어가는 키워드입니다. 바울 사도가 이 말을 안 해놨으면 창세기 1장이 영원한 미궁에 빠질 뻔했습니다. 그래서 우리는 바울을 계시의 왕이라고 그럽니다. 이해됐으면 아멘. 그 사실을 여러분에게 비춰주신 걸 감사하게 생각하세요. 아멘. 우리 하나님께 박수로 영광이에요. 여러분, 주님을 기쁘게 하기를 원하십니까? 하루 종

일 주님을 기쁘게 하기를 원하십니까? 다른 말 할 거 없이 이 말만 계속하세요. "천지를 창조하신 하나님이 나를 위하여 사람으로 오셨다." 이 말만 계속해도 하나님이 좋아서 죽으려고 해요. 그 말 하나 앞에 인생의 모든 문제는 해결되는 거예요.

Ⅲ.
예수의 빛으로 혼돈 공허 흑암을 이기자

1. 빛이 오기 전의 상태 – 혼돈, 공허, 흑암

첫째 날 천지창조가 이루어질 때 그 배경을 보시면 세 가지로 되어 있습니다. '땅이 혼돈하고' 그랬습니다. '혼돈하고' 그다음에 '공허하고' 그랬습니다. 그냥 창조된 게 아니고 혼돈 가운데 있을 때 그다음에 공허할 때 그다음에 흑암이 깊을 때 이것은 빛이 오기 전의 상태라는 것입니다.

왜 천지가 창조될 때 왜 혼돈 공허 흑암 이것이 왜 먼저 존재했는가? 이건 고린도후서 4장 4절에 말하고 있어요. 4장 4절을 다시 한번 읽어보시면, 한목소리로 읽어보시면, 시작.

(고린도후서 4:4)

그중에 이 세상 신이 믿지 아니하는 자들의 마음을 혼미케 하여 그리스도의 영광의 복음의 광채가 비취지 못하게 함이니 그리스도는 하나님의 형상이니라

이 말의 뜻은 이 세상이 창조되기 전에 혼돈 공허 흑암에 빠져 있었던 것처럼 인간의 마음 상태가 예수가 오기 전에 예수의 빛이 들어가기 전에 모든 인간들은 다 혼돈 공허 흑암에 시달리고 있다는 것입니다. 그러나 이런 상태에 있는 심령 속에 "빛이 있으라" 그리스도의 빛이 사람 속에 들어가면 혼돈을 이긴다는 거예요. 공허를 이긴다는 거예요. 흑암을 이긴다는 거예요.

2. 혼돈에서 질서로

하나님은 이 세상을 만드실 때 3대 질서 안에 만들었어요. 첫 번째가 가정이에요. 두 번째 교회예요. 세 번째가 국가예요. 국가. 국가와 사회예요. 인간은 3대 질서 안에 살도록 하나님이 만든 것입니다. 그런데 인간 속에 예수가 안 들어

가면 그 사람이 가는 곳마다 사람을 혼돈시켜요. 그 집구석이 혼돈해요. 어떤 집구석은요 아버지도 없고 엄마도 없어요. 형도 없고 누나도 없어요. 개판이야. 개판. 왜 그렇게 무질서 속에 빠질까요? 왜 혼돈 가운데 헤맬까요? 예수가 없어서 그래요.

예수가 사람 속에 들어가면 질서가 잡혀요. 혼돈에서 질서로. 여러분 속에 예수가 들어가십시오. 여러분이 가는 곳마다 다 질서가 설 것입니다. 여러분의 가정도 질서가 설 거예요. 아멘. 요즘 애새끼들이 버르장머리가 없어서. 아니, 오냐오냐하고 키워 놓으면요? 열다섯 살쯤 되면요? "야, 너, 오늘 뭐 했어? 공부 열심히 해." 그러면 이래요. "왜 나한테 잔소리해? 아빠가? 나하고 한번 맞짱 뜰래?" 실제로 그런 일이 우리 교회 권사님 집에서 있었다니까요. 밥 먹다가 잔소리했더니 하는 말이 "나하고 맞짱 한번 뜰래?" 그래서요? 다 대가리가 커서요? 귀퉁머리 때릴 수도 없고. 아빠가 대신 집을 나갔어요. 이런 집구석에 안 산다고요. 대한민국이 가정들이 형편없습니다. 개판 5분 전이에요. 그렇게 교육을 많이 받았어도요. 옛날에 우리 어릴 때는요, 교육 제대로 못 받았어요. 그래도 가정 안에 질서 하나만큼은 분명했지요. 오늘날은요, 대학원까지 졸업했어요. 외국에 박사학위까지 받고 온 인간들이 사람이 아니에요. 짐승이에요. 짐승. 이게요,

어머니를 알아? 아버지를 알아? 가정을 알아? 마누라를 알아? 남편을 알아? 다 개판이란 말이에요.

왜 그러냐? 예수가 없으면 사람은 혼돈 가운데 빠지게 돼 있어요. 그 사람이 가는 직장은 또 혼돈 가운데 빠져요. 그래서 노조 만들어서 사장을 때려 엎어버리고요. 그러니까 예수 없는 인간은 가는 데마다 모든 걸 다 혼돈을 만들어요. 이 말씀을 듣는 전 세계 성도들이여, 여러분들은 직장을 다녀도 절대로 노조에 가입하지 마세요. 하도 대한민국을 망치는 이 민주노총이 대한민국을 혼란 시켜서 그래서 내가 자유노조를 따로 하나 만들었어요. 우리 자유노조는요, 한 달에 회비가 천 원밖에 안 돼요. 천 원. 여기도 일천만 명이 가입해야 해요. 민주노총을 없애야 하니까. 민주노총을 맞짱 떠서 저걸 다 해체시켜야 해요. 아, 또 천 원 내라니까 아멘도 안 하고 난리들이야. 아니, 혼돈을 질서로 바꿔야 할 거 아니에요. 아멘. "아니, 목사님, 지금은 뭐 예수만 들어가면 다 된다면서요?" 예수도 들어오고 자유노조도 만들어야지. 내가 자유일보 신문을 왜 만들었는지 압니까? 하도 대한민국이 개판 치니까. 대한민국의 질서가 바로 서야 한다, 이거예요.

자유 평등 박애 이 뒤에는 질서가 서야 하는 겁니다. 인류가 공용해 온 자유 평등 박애는 구라파 기독교 사회가 만든 것이고 결국 이건 성경으로부터 나간 거예요. 뒤에 하나가 빠진 게 있어요. 질서예요. 질서. 그래서 제가 2년 전에 광화문 운동할 때 큰 연단 만들어놓고 그 앞에 구호를 쓸 때 자유 평등 박애 질서를 박아놓은 것입니다. 질서가 무너지면 자유를 누릴 수도 없어요. 질서가 무너지면요, 평등도 안 돼요. 질서가 무너지면 박애, 사랑도 안 돼요. 이 네 가지는 서로 엉켜있는 것입니다. 그런데 이것을 인간적으로 아무리 가르쳐도 안 된다니까요. 결국은 예수밖에 없어요. 예수가 사람 속에 들어가야 한다, 이거예요.

이렇게 여러분 속에 예수가 들어가는 것이 중요한 것입니다. 예수 없이 혼돈이 질서로 바뀐다는 것은 불가능해요, 불가능해요. 요즘 대학 안 나온 사람이 어디 있습니까? 다 나왔지요. 그런데 왜 옛날보다 더 개판이 되냐 말이에요. 세상이. 왜 그렇습니까? 저 민주노총 만든 인간들이요, 저거 다 대학에서 공부 잘한 인간들이에요. 그래서 예수 없으면 안 된다는 것입니다.

교회도 마찬가지예요. 지금 한국교회도요, 혼돈 가운데 빠져 있습니다. 개판이야, 개판. 그래서 예수가 들어가야 해요. 예수가 들어가야 이제 목사님이 누군지 알고 장로님이 누군지 알고 교회 안의 질서를 알게 되는 것입니다. 사회가 바로 서면 사장님이 누군지 과장님이 누군지 질서 안에 들어가요. 질서 안에. 이해되시면 아멘.

3. 공허에서 만족으로

혼돈 공허 흑암 이 세 가지 단어는 사단이 가지고 다니는 거예요. 예수 없이 사단이 사람 속에 있는 사람은 기본적으로 혼돈 공허 흑암을 뿜어내게 되어 있어요. 공허도 마찬가지예요.

하나님이 사람을 만들 때 얼마나 위대하게 만들었는지요? 인간 속에 있는 그 무형의 공간이라고 하는 것은 하도 커서 우주를 혼자 다 가져도 다 안 차요. 여러분, 돈이 얼마 있으면 만족할 거 같아요? 10억입니까? 10억 가져보십시오. 100억 가지고 싶지. 또 공허해요. 공허해. 100억 가져 보실래요? 그럼 만족한가? 그래도 또 공허해요. 끝없이 공허해요.

그러나 이 공허한 마음이 딱 한 가지에 의하여 꽉 차요. 이 우주를 만든 하나님이 그 속에 들어가면 꽉 차게 되어 있는 것입니다. 예수가 들어가야 다 공허가 변하여 참 만족이 온다는 거예요. 오늘 여러분 속에 정말로 만족함을 느끼길 원해요? 40평 아파트 없어도 만족하기를 원해요? 이쁜 마누라 안 데리고 살아도 만족하길 원해요? 연예인 같은 남편하고 안 살아도 만족하길 원해요? 아멘. 자식을 낳았는데 장애인을 낳았다? 그래도 만족하길 원해요? 이 세상의 모든 조건과 관계없이 만족하길 원하십니까? 다른 방법이 없어요. 예수가 들어가야 해요. 예수가. 예수 들어가면 만족해요. 예수. 이건 나는 경험해 봐서 아는 거예요. 많은 사람들이 나보고 그래요. 별거도 아닌데 나는 사람들이 내가 사는 걸 보고 와서 막 그래요. 위대한 전광훈 목사님이 어떻게 이런 사택에서 사냐고 난리예요. 하나도 불만 없어요. 우리 집사람은 더해요. 예수가 내 속에 와 있으니까, 세상에 관심이 없어요. 옷 입는 것도 관심이 없어요. 차도요 벤츠 안 타도 괜찮아요. 벤츠고 개뿔이고 다 필요 없어요. 고장 나면 부속값만 비싸고 말이야. 현대 자동차가 제일 좋아요. 빨리 현대 자동차 나한테 광고비 가지고 와요.

우리나라 사람들이요, 지금 현대차들 미국에서 제일 잘 팔리고 있거든요. 그럼 대한 사람은 대한으로 해야 할 거 아니에요? 한국에 사는 인간이 말이야. 자기가 돈 벌어서 세금 돈도 많이 안 내면서 말이야. 왜 외제 자동차를 왜 사냐고. 이 씨. 정말. 나 이제 앞으로 외제 자동차 사는 사람들 내가 드라이버를 가지고 펑크(puncture) 다 내버려. 다 찔러서. 또 이제 좌파 애들이 인터넷에 내일부터 난리 난다. 이제 전광훈은 드라이버 가지고 펑크를 다 낸다, 그랬다. 낸다. 낸다. 어쩔래? 사람이 애국을 못 하면 그런 거라도 애국해야 할 거 아니야?

내 이 말을 듣고 또 여기에 반론하는 사람도 많아요. 외국 자동차를 적당히 사줘야 그래야 다른 나라도 현대자동차를 사서 WTO인가 뭔가 해서 거기 균형을 맞추기 위해서, 그런 개뿔 같은 소리를 또 해요. 또 외국 자동차가 와야 경쟁력이 붙어야 현대도 자꾸 발전해서 더 좋은 차를 만들고 그런 말 할 줄 내가 다 알아요. 그거 모르고 내가 이 말 하는 게 아니에요. 그럼에도 불구하고 현대를 사야 한다니까. 왜 이래, 이거. 참 열 받아 죽겠네. 전광훈 목사처럼 말이야 광화문 광장에서 애국 운동은 못 할지라도 말이야 자동차라도 현대 거 좀 사라고. 아멘. 여러분이 지금 나한테 반론하는 말도 내가 이미 다 알아요. 그것도 화답을 다 할 수 있지만 시간 관계상 안 하려고 그래요. 무조건 선지자가 현대 사라면 사요, 그냥. 이 속에 예수가 없고 빛이 안 들어간 인간들은 꼭 말이 많아요. 말이. 빛이 들어간 사람들은 그냥 아멘만 터지지. 아멘. 두 손 들고 아멘.

4. 흑암에서 빛으로

빛이 들어가야 혼돈이 물러가요. 공허가 만족으로 바뀌어요. 흑암도 물러가요.

여러분 가슴속에 흑암이 있으면 안 돼요. 흑암이 낀 사람들은 인생이 왜 태어난 지, 몰라요. 어디서 왔으며, 철학의 3대 요소 해결 못 해요. 사람이 어디서 왔냐, 이거죠. 왜 살며, 어디로 가는 걸까? 영원한 철학의 3대 질문. 아직도 철학에서 해결을 못 했어요. 헬라의 철학이 이 3대 질문에 대한 해답이 없어요. 제일 가까이 설명한 사람이 키르케고르(S. Kierkegaard)예요. 키르케고르가 결국 비슷한 얘기를 했지만, 그 키르케고르도 결국 어디서 그 말을 따왔냐? 바울 서신에서 읽어낸 것입니다. 그것도 죽기 얼마 전에. 죽기 얼마 전에 결국은 모든 철학의 질문은 바울 서신에서 있다! 아멘. 실존주의 철학의 왕 키르케고르 말입니다.

이런 말을 나하고 말싸움하려고 그러면 안 돼요. 무조건 예수를 받아들여야 해요. 예수를 믿으라고요. 예수 믿으면 이 세 가지가 다 도망간다니까! 이 시간부터 혼돈은 떠나가라! 공허도 떠나가라! 흑암도 떠나가라! 떠나가길 원하시면 아멘. 할렐루야! 두 손 들고 아멘. '살아계신 주'요. 손뼉 준비. 역사하여 주세요.

<주 하나님 독생자 예수>

1. 주 하나님 독생자 예수 날 위하여 오시었네
내 모든 죄 다 사하시고
죽음에서 부활하신 나의 구세주

(후렴) 살아계신 주 나의 참된 소망 걱정 근심 전혀 없네
사랑의 주 내 갈 길 인도하니
내 모든 삶의 기쁨 늘 충만하네

2. 주 안에서 거듭난 생명 도우시는 주의 사랑
참 기쁨과 확신 가지고
예수님의 도우심을 믿으며 살리

3. 그 언젠가 주 뵐 때까지 주를 위해 싸우리라
승리의 길 멀고 험해도
주님께서 나의 앞길 지켜주시리

5. 빛 되신 예수를 영접하자

아멘 할렐루야! 그러면 창세기 1장 1절을 한번 읽어보겠습니다. 하나님의 설계도를 한번 보겠습니다. 시작.

(창세기 1:1-5)

1. 태초에 하나님이 천지를 창조하시니라
2. 땅이 혼돈하고 공허하며 흑암이 깊음 위에 있고 하나님의 신은 수면에 운행하시니라
3. 하나님이 가라사대 빛이 있으라 하시매 빛이 있었고
4. 그 빛이 하나님의 보시기에 좋았더라 하나님이 빛과 어두움을 나누사
5. 빛을 낮이라 칭하시고 어두움을 밤이라 칭하시니라 저녁이 되며 아침이 되니 이는 첫째 날이니라

할렐루야! 오늘, 이 사건이 여러분 속에 깊이 들어가야 해요. 빛 되신 예수가 여러분 속에 찾아올 때 여러분은 쫓아내지 마시고 영접하십시오. 이것이 인간으로서 할 수 있는 최고의 축복입니다. 이게 복음의 첫 단추에요. 예수가 여러분 속에 오는 거 이상의 축복이 없어요. 예수가 오면 다 끌고 들어 와버려요. 사단 어두움은 물러 가버려요. 공허도 떠나가 버려요. 돈 없어도 만족해요. 아멘. 대통령 안 돼도 만족해요. 아멘. 두 손 들고 아멘. 할렐루야!

Ⅳ.
나뉘게 하라 : 둘째 날, 죽음

1. 나뉘게 하라 – 예수가 십자가에 죽으신다

1) 빛 되신 예수가 우리 심령에 일으키는 분리의 역사

자, 그다음에 설계도가 두 번째는, 자, 두 번째 날로 돌아갑니다. 첫째 날은 빛이 있으라 입니다. 이 설계도가 이게 바로 시내산에서 모세가 본 것입니다. '아하! 천지를 창조하신 하나님이 사람으로 오는구나.' 이게 설계도 1번이에요. 두 번째가 보시면 둘째 날에 뭔 일이 생기냐. 빛과 어둠을 나눴다, 그래요. 물과 물을 나누라고 그랬어요. 분리예요. 분리. 둘째 날은 분리의 역사예요. 이게 둘째 날의 역사예요.

오늘날도 마찬가지예요. 빛 되신 예수가 사람 속에 들어오면 그때부터 여러분 속에서 예수님이 분리시키셔야 해요. 죄와 의를 분리시키고 하나님의 뜻과 나의 뜻을 분리시켜요. 마귀와 천사를 분리시켜요. 오늘 여러분 속에 분리의 능력이 임할지어다. 분리의 역사가 안 일어나면 죄가 뭔지 사단이 뭔지 모르는 거예요. 그냥 엉켜 사는 거예요.

2) 나뉘게 하라 – 예수가 죽는다

예수가 사람에게 오면? 이 창세기 1장은 두 가지의 큰 원리로 적용이 되는데 첫째는 그리스도가 이 땅에 와서 하실 일곱 가지 사건이에요. 첫째 날 "빛이 있으라" 이건 주님의 탄생을 말하는 거예요. 기쁘다 구주 오셨네. 사람으로 베들레헴에 오신다. 아멘. 우리 사람에게는 어떻게 적용되느냐? 빛 되신 예수가 여러분 속에 들어간다는 것이에요. 항상 모든 성경은 첫째 적용은 예수예요. 예수가 무슨 일을 한다는 거죠. 그다음에 예수가 한 그 일이 여러분에게 어떻게 적용되는지예요. 그와 같이 빛 되신 예수님이 우리 속에 들어오면 일단 거기서 구원이 일어나요. 구원은요, 예수님을 영접함으로 구원이 일어납니다.

그다음에 예수가 내 속에 오면 예수는 이 땅에 베들레헴에 태어나시면 무슨 일을 할까요? 그다음 십자가에 죽으십니다. 십자가에. 예수님이 십자가에 죽으실 때 성전 휘장이 찢어졌죠? 성전 휘장이 나누어졌죠? 이게 바로 둘째 날의 역사인 것입니다. 예수님이 십자가에 못 박힐 때 성소 휘장이, 자, 찾아놨어요. 마태복음 27장 50절부터 읽어보시면 시작.

(마태복음 27:50-51)

50. 예수께서 다시 크게 소리 지르시고 영원히 떠나시다

51. 이에 성소 휘장이 위로부터 아래까지 찢어져 둘이 되고 땅이 진동하며 바위가 터지고

자, 성경이 너무너무 신기합니다. 성경은 초과학적이에요. 예수가 십자가에 죽을 때 성전 휘장이 찢어지는 것처럼 이것이 벌써 천지창조 둘째 날에 하나님이 박아놨어요. 나뉜다는 뜻이죠. 이 나뉜다는 말은, 물과 물이 나뉜다는 말은 히브리어를 거쳐서 그다음에 아람어를 거쳐서 그다음에 헬라어를 거쳐서 그다음에 라틴어를 거쳐서 그다음엔 또 영어를 거쳐서 스페니쉬를 거쳐서 모든 언어의 줄을 딱 세워보면 이 나뉜다는 말이 무슨 뜻인가? 창세기부터 계시록까지 나누어진다는 말의 뜻은 예수의 십자가 사건과 연관이 되어 있어요. 이래서 성경이 기가 막히다는 거예요. 믿습니까?

2. 예수가 우리 속에 임하면 성별 된다

그와 같이 빛 대신 예수가 우리 속에 들어오면 우리는 무엇이 나눠질까요? 대번 성별 돼버려요. 성별. 성화가 이루어진다고요. 벌써 기독교인들은요, 먹어야 할 것과 안 먹어야 할 것을 알아요? 몰라요? 누가 담배 피우지 말라고 가르칠 필요

가 없어요. 예수가 속에 들어가면 자기가 스스로 담배를 내던져 버려요. 누가 끊으라 소리 안 한다니까요. 아멘. 예수가 들어가면. 따라서 합니다. 들어가면.

한 잔 안 해도 돼요. 왜 기독교인들이 한 잔 안 하는지 압니까? 예수 없는 사람들은 기독교인을 이해 못 해요. "아우, 저것들이 뭔 재미로 살까? 세상에. 아니, 회사 끝나고 한 잔 끽하고 말이야. 그리고 노래방 가서 노래 한번 부르고 말이야. '언니야, 안주 두 개 더.' 딱 하고 그 재미로 사는데 도대체 기독교인들은 말이야 회사 마치면 그냥 집구석에 들어간다고 그러고." 그런데 기독교인들도 바빠요. 왜냐하면 저녁에 불 집회를 와야 하니까. 노래방보다 훨씬 재미 있어요. 맞지요? 그러니까 서로서로 이해 못 해요. 세상 사람이 기독교인을 이해 못 해요. 기독교인은 세상 사람을 이해 못 해요.

그러니까 예수가 내 속에 들어오면 이게 취미도 나눠져 버려요. 세상에 있을 때와 완전히 달라 버려요. 취미 자체가 달라져요. 친구들도 딱 분리돼 버려요. 예수 알기 전에 친했던 친구들은 다 떠나가요. 새로운 친구가 와요. 이 분리의 역사는 모든 곳에서 다 이루어지는 것입니다. 이해됐으면 아멘.

그런데 예수님이 십자가에 못 박힐 때 고통이 왔지요? 이와 같이 우리들도 분리될 때 고통은 와요. 세상을 쳐내려고 그러면요, 처음에는 좀 고통이 와요. 그래도 그것이 나중에 축복임을 알게 돼요. 아멘. 아직도 세상을 못 쳐내는 사람은 한 방에 쳐내십시오. 예수님의 능력을 받아서 한칼에 버리기를 바랍니다. 아멘. <사람을 보며 세상을 볼 땐>입니다. 주님, 역사하여 주세요.

<사람을 보며 세상을 볼 땐>

사람을 보며 세상을 볼 땐 만족함이 없었네
나의 하나님 그분을 뵐 땐 나는 만족하였네
저기 빛나는 태양을 보라 또 저기 서 있는 산을 보아라
천지 지으신 우리 여호와 나를 사랑하시니
나의 하나님 한 분만으로 나는 만족하겠네
동남풍아 불어라 서북풍아 불어라
가시밭의 백합화 예수 향기 날리니 할렐루야 아멘
가시밭의 백합화 예수 향기 날리니 할렐루야 아멘

<나의 등 뒤에서>

1. 나의 등 뒤에서 나를 도우시는 주
나의 인생길에서 지치고 곤하여
매일처럼 주저앉고 싶을 때 나를 밀어주시네

(후렴) 일어나 걸어라 내가 새 힘을 주리니
일어나 너 걸어라 내 너를 도우리

2. 나의 등 뒤에서 나를 도우시는 주
평안히 길을 갈 때 보이지 않아도
지치고 곤하여 넘어질 때면 다가와 손 내미시네

3. 나의 등 뒤에서 나를 도우시는 주
때때로 뒤 돌아보면 여전히 계신 주
잔잔한 미소로 바라보시며 나를 재촉하시네

아멘. 주먹 다 쥐어요. 옆 사람하고 한번 박치기해 봐요. 자, 분리됩시다. 아멘. 싹 분리되기를 바랍니다.

그래서 저는 사람을 볼 때 성경적으로 나는 사람을 보는 습관이 있어요. 내 눈에는 딱 보면 알아 버려요. 저 속에 빛이 들어갔나, 안 들어갔나. 말하는 걸 보면 알아요. 빛이 안 들어간 사람은 말하는 모든 말이 김밥이 뭐 터져요? 김밥이 엿구리 터지는 소리를 하는 거예요. 말로 막 뿜어내는 거예요. 그 속에 빛이 없다는 소리를 자기가 스스로 말을 하는 거예요. 그다음에 둘째 날이 안 온 사람은요, 분리가 안 된 사람은 말을 딱 들어보면요, 아직도 세상과 분리 안 된 것을 본인이 스스로 말을 해요.

오늘 여러분은 자아가 죽어야 해요. 자아가 분리돼야 해요. 이제 이 시간 전까지는 우리가 자아로 살았어요. 자아로. 남은 생애는 그리스도로 살아야 해요. 예수를 위하여, 예수에 의하여, 예수의 것으로. 이걸 위해서 창세기가 기록되었어요.

3. 둘째 날은 십자가 사건의 예표

이 시간 이후에는 성경 조금 아는 사람, 신학을 조금 공부한 사람, 시비 거는 놈들을 위해서 내가 설명을 한 번 할게요. 사실은 여러분에게는 말할 필요가 없어요. "전광훈 목사님, 가만히 들어보세요. 그것은 너무 성경을 풍자적으로 보는 게 아닙니까? 신학적으로 너무 알레고리칼(allegorical)하게 보는 게 아닙니까?" 이거는요 신학의 냄새를 조금 맡은 놈들이 시비를 걸어요. 그들에 대해서 왜 정리를 왜 하고 가려고 그러냐면 틀림없이 예배 마치면 댓글에 또 달릴 것을 내가 알고 사전 설명을 하려는 거예요.

자, 보십시오. 창세기 1장을 이렇게 보는 것이 바울의 원리예요. 바울의 원리. 그러면 내가 하는 말이 이게 풍자적으로 너무나 부풀려서 하는 성경 해석이라고 한다면 그 예를 하나 들어볼게요. 예수님이 이 땅 계실 때요. 이 알레고리(allegory)에 대해서 내가 설명하는 답변이에요. 예수님이 이 땅에 오셔서, 요한복음 3장에 보면, 자, '모세가 장대에서 뱀을 단 것처럼'. 모세가 이스라엘 백성들이 하나님 앞에 범죄하여 몸이 퉁퉁 부어 죽으려고 할 때 놋뱀을 만들었어요. 놋으로 뱀을 쳐서 장대에 달았어요. 이걸 가지고 다니면서 병을 고쳤어요. "쳐다보라고. 쳐다보라고." 그런데 살짝 쳐다보면 병이 다 나아 버려요. 그런데 끝까지요 죽을 놈들은요? 아니, 돈도 안 들고 힘도 안 들고 요렇게 머리만 이렇게 살짝 쳐다보면 바로 성령이 들어와서 순간적으로 고쳐주는데 그걸 고개를 안 드는 거예요. 그걸 가리켜 목이 곧은 백성이라 그래요. 하나님께 굴복 안 한다는 거예요. 그래서 퉁퉁 부어서 죽은 거예요. 그러나 모세는 그 장대에 뱀을 만들어서 놋뱀을 만들어서 이걸 이스라엘 진중에 가지고 다니면서 쳐다보라 이거예요. 죄지어도 괜찮다 이거예요. 실수해도 괜찮다 이거예요. 장대의 뱀을 쳐다보면 낫는다, 이거예요. 이것이 출애굽기의 모세가 한 것인데 요한복음 3장에 와서 예수님이 말씀하십니다. '모세가 장대에 뱀을 든 것처럼 인자도 십자가에 들려야 하리니.' 모세의 장대 뱀 사건은 예수의 십자가 사건이라고 설명하는 겁니다. 이것이 풍자적입니까? 이것이 알리고리칼 합니까? 아니지요. 이게 예표라는 거예요. 예표.

그와같이 창세기 1장을 복음으로 설명하는 것도 풍자적인 게 아니고 이것이 바로 예표예요, 예표. 그래서 내가 앞에 들어가기 전에 설계도를 설명했고 바울의 서신 설명했고 모든 만물이 지어질 때 그리스도를 위하여 지어졌다면 첫째 날도 그리스도요, 둘째 날도 누굴까요? 그리스도예요. 아멘. 그리스도 중에서 어느 부분을 말하느냐? 이것은 곧 둘째 날은 십자가 사건을 말하는 것입니다. 그것이 복음으로 적용될 때는 우리 속에도 똑같이 이루어져야 하는 겁니다. 아멘. 할렐루야! 창세기 1장이 진행될지어다.

4. 분리가 이루어지지 않는 한국교회

그러나 수없는 기독교인들이 교회는 더럽게 오래 다녀요. 40년, 50년 다녀도 첫째 날도 안 이루어져요. 빛이 안 들어가요. 빛이 없어요. 그런 상태에서 그냥 교회 다니는 거예요. 또 모태신앙이라 그러고 개 발광 다 떨어요. 모태 아니라 할

아버지라도 예수가 그 속에 그 들어가야 해요. 믿습니까? 오늘 여러분 속에는 예수가 들어갈지어다. 할렐루야 아멘!

그리고 둘째 날이 이루어져야 해요. 분리의 역사가 일어나야 해요. 분리되어야 성화가 된다고요. 이 거룩이란 말은요, 거룩이란 말, 거룩하다는 말은 이것은요 히브리어로는 카도스라 그래요. 카도스. 거룩이라는 말은 뭔 뜻이냐 하면 이걸 영어로 번역할 때는 커트(cut)라고 되어 있어요. 커트. 여자들 머리 자르는 게 아니고 커트가 왜 거룩이란 말로 표현되느냐. 잘라내야 거룩하다 이거예요. 이해되시면 아멘. 여러분들도 쳐내야 하는 거예요.

우리 속에는 잘못된 걸 쳐낼 힘이 없어요. 이것도 예수가 와야 하는 것입니다. 성령이 와야 하는 겁니다. 빛이 와야 하는 겁니다. 빛이 오면요, 내가 일부러 고통스럽게 쳐낼 필요가 없어요. 스스로 싫어져 버려요. 내가 우리 어머니가 변화되는 걸 보니까요. 우리 어머니 살아계실 때 우리 어머니는 예수 늦게 믿었거든요. 그런데 내 교회 간다고 그렇게 핍박하고 하다가 나중에 예수님이 딱 영접되니까 그중에도 성령세례를, 방언을 받으니까 우리 어머니는 술을 끊는 게 아니고 술을 입에다 대면 바로 토해버리더라구요. 이야! 아예 입 근처에 대지도 못하더라고. 대면요 그냥 토해버려요. 그냥. 이것이 그러니까 하나님의 성령이 사람을 성화시키는 거죠. 분리시키는 거예요. 여러분의 취미도 다 분리돼야 해요. 아멘. 두 손 들고 아멘. 분리의 역사가 일어날지어다.

한국 교회는 분리가 안 일어나요. 안 일어나. 예수 50년 믿어도 작년에 믿은 사람하고 다 똑같아요. 왜? 예수가, 새 생명이 없으니까 자기를 쳐낼 힘이 없는 거죠. 여러분, 쳐내실 래요?

Ⅴ. 둘째 날은 첫째 날을 검증

1. 성화가 일어나는 사람은 구원받은 사람

1) 세상에 대한 거부 반응

한 가지만 하고 다음 주에 다시 할 텐데, 여러분 속에 빛 되신 예수가 들어오길 원해요? 들어왔는지 여러분이 알기를 원해요? 내가 그걸 증명을 시켜 줄게요.

둘째 날이 되면 첫째 날을 검증할 수 있어요. 그러니까 예수가 내 속에 오시면 일단은 내 속에서 빛을 비춰주시고! 이것이 새 생명이에요. 이게 구원이에요. 구원. 구원을 복잡하게 생각할 거 없어요. 예수 영접하면 그냥 구원받는 거예요. 영접하는 자 곧 그 이름을 믿는 자는 하나님의 자녀가 되는 것이에요.

그다음부터는 성화예요. 성화. 예수 믿고 예수님이 내 속에 들어온 뒤에도 죄를 지을까요? 안 지을까요? 안 지어요? 안 지어요? 지어요. 그거는 새 생명과 관계없어요. 그래도 천국 가요. 그거는 성화의 문제에요. 하늘나라 면류관의 문제에요. 일단 예수가 내 속에 오면 일단 지옥은 안 가는 거예요. 구원은 받는 거예요. 그다음 비틀비틀하면서 유치원부터 이제 계속 커나가는 겁니다. 하나하나 옛사람을 쳐내는 겁니다. 아멘.

그래서 예수가 내 속에 들어온 사람들은 세상에 대해서 스스로 거부 반응이 일어나는지를 확인해 보세요. 그렇게 옛날에 좋아했던 친구를 만나기 싫은 거예요. 만나면 그 사람은 무조건요 세상 얘기하니까. 맨날 극장 가자 그러니까. 맨날 야구장 가자 그러니까. 그렇게 돼요.

2) 주체사상에 대한 거부 반응

그다음에 좌파인 성도들 잘 들어보세요. 백 프로 교회 다녀도 주체사상 좋고 문재인이 쫄쫄 빨리면 미안하지만 당신 구원 못 받았어. 목사 아니라 할아버지도 죽으면 지옥 가요. 목사 아니라 할아버지도 죽으면 지옥 가요. 주체사상도 하나 구분 못 하는 인간이 예수? 예수 같은 소리하고 앉았어. 그래서 둘째 날을 보면 앞의 날을 점검할 수 있어요. 여러분, 주체사상이 싫어졌어요? 이 가운데도 옛날에 다 주사파 따라다니는 수 없는 사람들이 지금 교회에 와 있어요. 광화문에서 나를 만나서 그리고 완전히 지금 와서 후회하고 있어요. 문재인이 누군지 이제 안다는 거예요. 이제. 이게 다 분리되는 거예요. 구분되는 거지. 분리의 영이 임할지어다! 구분의 영이 임할지어다! 예수가 사람 속에 들어간 사람은 절대로 좌파가 될 수 있다? 없다? 안 되는 거야. 안 되는 거야. 이해되시면 아멘.

2. 복음만이 세상을 바꾼다

그래서 이 세상을 바꿀 유일한 것은 복음이에요. 복음. 만약에 복음이 아니고 그냥 우파 운동만 해도요, 그 사람들은 상황이 바뀌면 다시 좌파로 돌아가 버려요. 이재명이 돈 많이 준다고 그러니까 "돈 많이 준다는데?" 또 그래요. 그래서 이 세상을 이길 길은 복음밖에 없어요. 그래서 기독교 복음과 이 좌파는 원수예요. 원수. 성령이 여러분 속에 들어가시면 예수가 들어가면 좌파가 될 수 있다? 없다? 불가능이에요. 불가능. 그냥 싫은 거예요. 그냥 싫은 거야. 빨갱이는 그냥 싫은 거야.

그런데 목사들이 돼서 주사파를 쫄쫄 빠는 놈들은 특별히 전라도 목사들 당신들 죽어봐야 알아. 죽어봐야 당신들의 고향을 알아. 고향을. 멀지 않았어. 죽음의 그림자가 다가오고 있어. 목사까지 돼서 죽어보니까 시커먼 흑암 속으로 악한 마귀가 끌고 들어가면 그때 가서 후회하면 안 돼.

나는 상식적으로 이해 안 되는 게 뭐냐 하면 목사까지 됐으면서 어떻게 김대중을 예수보다 더 좋아하냐고. 난 도저히 이해가 안 돼. 아니, 김대중이 예수보다 더 좋아? 전라도 사람들아, 들어 봐. 아니, 김대중이 예수보다 더 좋으냐고. 나는 고향으로 따질 것 같으면 난 티케이(TK) 중에 티케이예요. 우리 집 의성하고 노태우 집 하고는요, 몇 킬로도 안 돼요. 그래도 나는 선거할 때 노태우 안 찍어요. 절대로. 안 찍는다니까. 그 개자식. 돌아가신 분을 개자식이라고 해서 미안하네. 나는 오직 복음만 따라 살아요. 전라도 목사들은 왜 그러냐고? 왜? 전광훈을 좀 본받으라고. 아멘. 그런데 이 말도 내가 말하면요. 지금요 또 구독자들 떨어져요. 이제 방송도 안 들어와요. 전라도 성도들 안 들어온다니까요? "전광훈이 개새끼, 이제 알았다. 이 자식아. 그래 이 자식아. 전라도를 치고 앉았냐? 이 자식아?" 그래. 들어오지 말아라. 이 개자식들아. 자, 이 방송을 듣는 모든 성도한테 내 물어볼게요. 문재인이 더 좋아? 전광훈이 더 좋아? 문재인이 더 좋냐? 너, 구원 못 받았어. 너는. 기독교인이 목사를 더 좋아해야지. 정신 나간 소리하고 앉았어요. 김밥이 옆구리 터지고 앉았다. "아이, 목사님 빨리 설교나 해요." 또 왜 정치 소리를 또 왜 하냐고? 나는 이 소리 하려고 태어난 사람이야. 천날 떠들어도 소용없어.

Ⅵ.
창세기 1장
: 창조로 나타난 그리스도

1. 손가락 선교로 5,200만 심령에 예수가 들어가게 하자

이야! 오늘은 실시간 예배를 기록을 세웠다. 기록. 세상에 너알아TV 하나만 해도 만 명이 넘었고. 이거 보라니까 이게 된다니까. 손가락 선교 열심히 해요. 이 5,200만의 모든 가슴속에 예수가 들어가는 길밖에 없어요. 예수가 들어가면요? 예수 한국 복음 통일 이루어져요. 좌파도 다 이겨요. 주체사상도 이긴다고. 부지런히 손가락 가지고, 여러분, 일주일 동안 일 많이 했다는 거, 여기 표시가 난다. 표시가 나. 다른 방송 전부 다 합치면 2만 명 이상 넘어갔겠다. 아멘. 박수로 하나님께 영광이야.

그리고 내가 왜 손가락 선교 열심히 하라고 하냐면 이거는 내가 괜히 하는 소리가 아니고 오늘 우리가 상고하는 〈성경을 알자〉 이 강의를 안 들으면요? 죽을 때까지 성경이 뭔지 모르고 죽는다고요. 틀림없어요. 그거는. 하나님이 저에게 주신 은사예요. 은사. 성경이 활짝 열릴지어다. 여러분, 둘째 날까지 완성할지어다. 자아가 파쇄될지어다. 자아가 죽을지어다.

2. 창세기 1장 - 7대 복음 사건

그러면 둘째 날 성경을 한번 읽어보시면. 창세기 1장 둘째 날 성경을 한번 읽어보겠습니다. 시작.

(창세기 1:6-8)

6. 하나님이 가라사대 물 가운데 궁창이 있어 물과 물로 나뉘게 하리라 하시고
7. 하나님이 궁창을 만드사 궁창 아래의 물과 궁창 위의 물로 나뉘게 하시매 그대로 되니라
8. 하나님이 궁창을 하늘이라 칭하시니라 저녁이 되며 아침이 되니 이는 둘째 날이니라

자, 여기 둘째 날. 그러면 다시 한번 여러분의 초점을 정리하고 이제 기도 들어가겠습니다. 골로새서 1장 16절에 보면 천지 만물이 지어질 때. 지어질 때가 언젭니까? 창세기지요. "빛이 있으라" 이지요? 지어질 때에 만물이 '그리스도를 위하여 그리스도에 의하여 그리스도의 것으로.' 창세기 1장을 바울 서신에 이렇게 표현하고 있어요. 모든 천지가 지어질 때 그리스도를 위해서 지어졌다. 복음을 위해서 지어졌다. 그리스도에 의하여, 그리스도의 것으로.

요것이 더 구체화 돼서 나타난 것이 창세기 1장입니다. 일곱 단계로 돼요. 일곱 단계. 아멘. 첫째 날 "빛이 있으라"가 예수가 사람으로 온다. 그렇다면 둘째 날도 당연히 예수지요. 셋째 날도 예수지요. 넷째 날도 예수지요. 다섯째 날도 예수지요. 여섯째 날도 예수지요. 일곱째 날도 예수지요. 예

수와 관계성이 없는 창세기 1장은 없는 것입니다. 아멘.

이것을 총체적인 그림을 말씀 도표를 한번 보여드릴 테니까, 이미 여러분의 손에 다 가지고 있는 그대로 자, 이렇게 정돈이 됐단 말이에요. 이렇게. 오늘 여러분 손에 이 도표 하나가 있다는 것은 감사하게 생각해야 해요. 감사해. 이 도표 없는 사람은 아무리 창세기 1장 읽어봐도 이게 하나님이 천지창조한 얘기밖에 안 보여요. 하나님이 창조를 통하여 그의 아들 예수를 말하려고 해요. 아멘. 창세기 1장의 도표가 이렇게 정돈되는 거예요. 아멘이십니까? 이거는 신학적으로 또 원어적으로 전체를 내가 다 조명했기 때문에. 아멘! '앗' 소리 못하는 거예요. '앗' 소리 못하는 거야.

오늘 여러분의 죽음까지 완성될지어다. 자아가 파쇄될지어다. 할렐루야. 그리고 이것도 단계별로 첫째 날이 없는 둘째 날은 안 와요. 건너뛰고 바로 셋째 날부터 오는 법은 없어요. 예수가 내 속에 와야지. 그다음에 나중에 자아 파쇄가 일어나는 거예요. 이게 순서별로 돼야 해요. 순서별로. 이해됐어요? 이해됐어요?

그리스도가 사람 속에 와서 하는 일곱 가지거든요. 창세기 1장의 복음의 메시지 이걸 하나님이 성경을 기록할 때 제1

장에다 기록한 것입니다.

3. 창세기 1장 – 성경 전체의 목차

성경 전체는 창세기 1장 속에 다 들어가 있어요. 여러분이 책을 사면 앞에 딱 넘겨보면 목차가 있지요? 목차? 몇 페이지부터 몇 페이지까지는 제목 있고 목차가 있어요. 책에 대한 구성이 나와 있죠? 성경도 동일해요. 성경도 창세기 1장이 이게 일곱 단계가 뒤에 요한계시록까지 나오는 모든 내용은 여기에 속해 있다는 것입니다. 믿습니까? 이것도 날짜별로 성경이 딱딱 맞게 돼 있어요. "빛이 있으라" 요것을 위해서 기록된 것이 요한복음입니다. 아멘. 두 번째 분리, 이걸 위해서 기록된 것이 출애굽기예요. 출애굽기가 뭐 하는 장이에요? 분리, 엑소더스(exodus), 탈출. 분리해 내는 거예요.

성경도 이렇게 구성돼 있어요. 뒤에 나오는 모든 성경은 창세기 1장에 여기 다 해당해요. 뒤에 나온 모든 성경은 창세기 1장 여기에 다 해당해요. 저 뒤에 나오는 성경의 권수, 모든 권수, 창세기 출애굽기 레위기 신명기, 모든 성경이 이게 몇째 날을 설명하기 위하여 나타났는지를 이것까지 눈치채는 사람은 굉장히 수준이 높은 사람이에요. 이해됐어요? 확실해요? 여러분 속에 예수가 지배할지어다. 아멘.

두 손 높이 드시고 “주님, 오늘도 내 속에 창세기 1장을 이루어 주시옵소서. 예수님, 내 속에 오시옵소서. 내 속에서 쳐내어 주시옵소서. 분리시켜 주시옵소서. 나는 아직도 옛 것을 버리지 못했습니다. 싹 버리게 하여 주세요.” ‘주여’ 삼창하며 기도하겠습니다. 주여! 주여! 주여!

4

드러나라

셋째 날, 부활

설교 일시 2022년 1월 30일(주일) 오전 11시

대　　상 사랑제일교회 주일 3부 예배

성　　경 고린도후서 12:1-4

1 무익하나마 내가 부득불 자랑하노니 주의 환상과 계시를 말하리라

2 내가 그리스도 안에 있는 한 사람을 아노니 십사 년 전에 그가 셋째 하늘에 이끌려 간 자라 (그가 몸 안에 있었는지 몸 밖에 있었는지 나는 모르거니와 하나님은 아시느니라)

3 내가 이런 사람을 아노니 (그가 몸 안에 있었는지 몸 밖에 있었는지 나는 모르거니와 하나님은 아시느니라)

4 그가 낙원으로 이끌려 가서 말할 수 없는 말을 들었으니 사람이 가히 이르지 못할 말이로다

Ⅰ.
성경을 알자

1. 모세가 쓰고 바울이 해석한 성경

<축복하소서>

축복하소서 축복하소서 예수님 오늘 축복하소서
고쳐주소서 고쳐주소서 예수님 오늘 고쳐주소서
만져주소서 만져주소서 예수님 오늘 만져주소서
나타나소서 나타나소서 예수님 오늘 나타나소서
역사하소서 역사하소서 예수님 오늘 역사하소서

기도하겠습니다. "주님, 촛대 사이로 다니시는 예수님, 꼭 저희들을 만져주옵소서. 고쳐주시옵소서. 응답하여 주세요. 주님이 우리와 함께 계시기 때문에 우리는 실감이 납니다. 행복합니다. 오늘도 충만케 하여 주세요. 2천 년 전에 주님이 육신으로 이 땅에 계실 때보다 더 강력한 일이 일어나게 하여 주옵소서. 예수님 이름으로 기도드리옵나이다. 아멘." 주먹 쥐시고 자, 주님이 우리와 함께 계십니다. 앞뒤로 다시 이것은 분명한 사실입니다. 할렐루야! 예배 찬송을 부르겠습니다. <복의 근원 강림하사>입니다.

찬송가 28장 <복의 근원 강림하사>

1. 복의 근원 강림하사 찬송하게 하소서
한량없이 자비하심 측량할 길 없도다
천사들의 찬송가로 나를 가르치소서
구속하신 그 사랑을 항상 찬송합니다

2. 주의 크신 도움 받아 이때까지 왔으니
이와 같이 천국에도 이르기를 바라네
하나님의 품을 떠나 죄에 빠진 우리를
예수 구원하시려고 보혈 흘려주셨네

3. 주의 귀한 은혜 받고 일생 빚진 자 되네
주의 은혜 사슬 되사 나를 주께 매소서
우리 맘은 연약하여 범죄 하기 쉬우니
하나님이 받으시고 천국 인을 치소서

아멘. 오늘도 전 세계에서 이 예배에 들어온 성도들을 축복합니다. 오늘 이 시간 이 예배를 기다리셨습니까? 오늘도 여러분, 충만하시기를 바랍니다. 여러분의 예배드린 영적 상태가 하늘 보좌까지 올라가시고 오늘도 '성경을 알자'하는 제목으로 말씀을 전하겠습니다. 하나님이 우리에게 주신 최고의 선물이 성경입니다. 그런데 이 성경이 잘 해독이 안 되어서 하나님이 우리에게 최고의 선물을 주셨지만, 우리의 영의 눈이 열리지 않아서 읽어도 모르는 거예요. 이번에 이 설교를 통하여 성경이 활짝 열리길 바랍니다.

성경은 이것은 어떻게 기록되었는가? 성경은 원래 모세가 쓴 겁니다. 모세가. 모세가 어떻게 성경을 쓸 수 있었을까? 시내산에 올라갔습니다. 시내산에 올라가서 무엇을 보게 되었습니다. 뭐 텐트 같기도 하고 장막 같기도 하고 거기 가서 어떠한 하나님의 설계도를 보게 되었습니다. 하늘의 구도입니다. 구도. 보고 내려와서 두 가지를 했지요. 하나는 모세오경 성경을 썼고 또 하나는 성막을 지었습니다. 그럼 하늘의 식양이라고 하는 것이 무엇인가? 출애굽기 25장에 보면 모세가 시내산에 올라가서 하늘의 식양을 봤다 그랬어요. 식양이란 말이 우리나라 말로 번역하면 설계도란 뜻입니다. 설계도를 보게 된 것입니다. 이 설계도를 보고 내려왔습니다. 그 설계도대로 한 것이 모세오경 다섯 권 성경을 썼고 그다음에 성막을 지었습니다. 이 설계도의 전체 주제가 그리스도입니다, 그리스도. 이것을 모세가 보고 왔어요. 그런데 모세가 이걸 기록했지만, 땅의 사람들이 몰랐습니다. 구약에 4천 년이 지났지만, 모세오경을 제대로 해독 못 했어요.

그러다 신약 시대에 와서 바울에 의하여 드디어 모세오경이 열리기 시작했습니다. 바울은 어떻게 모세오경을 알게 되었는가? 바울도 자기 실력으로 안 게 아니고 올라갔습니다. 셋째 하늘에 갔습니다. 사람이 죽어서 가는 바로 거기입니다. 고린도후서 제12장 1절을 다시 한번 보시면 바울의 실력으로 안 것이 아닙니다. 셋째 하늘에 올라가서 알게 된 것입니다. 한번 읽어보시면 시작.

(고린도후서 12:1-4)

1. 무익하나마 내가 부득불 자랑하노니 주의 환상과 계시를 말하리라
2. 내가 그리스도 안에 있는 한 사람을 아노니 십 사년 전에 그가 셋째 하늘에 이끌려 간 자라 (그가 몸 안에 있었는지 몸 밖에 있었는지 나는 모르거니와 하나님은 아시느니라)
3. 내가 이런 사람을 아노니 (그가 몸 안에 있었는지 몸 밖에 있었는지 나는 모르거니와 하나님은 아시느니라)
4. 그가 낙원으로 이끌려가서 말할 수 없는 말을 들었으니 사람이 가히 이르지 못할 말이로다

그가 낙원으로 끌려 올라가서 말할 수 없는 말을 들었다. 보게 되었다. 무엇을 보았을까? 모세가 시내산에 올라가서 본 건, 같은 걸 보게 되었습니다. 결국은 그 모든 것은 다 주제는 그리스도입니다. 모세와 같은 걸 보고 내려왔습니다. 역시 두 가지를 했습니다. 첫째는 바울 서신 13권을 썼습니

다. 로마서부터 히브리까지. 바울 서신 13권 이것을 기록했어요. 그리고 교회를 지었습니다. 무형의 교회. 지금 지구촌에 있는 모든 개신교는 바울이 설계한 것입니다. 바울 서신 위에서 지어진 것입니다. 특별히 핵심은 로마서입니다. 그래서 성경 전체를 보면 모세가 기록하였고 바울이 해석한 것을, 그것을 성경이라고 합니다.

2. 성경이 열려야 교회가 산다

문제는 모세가 썼고 바울이 해석을 했음에도 이 성경 바울이 성경 기록한 거 이천년이 넘었어요. 그리고 성경이 다시 덮여버렸어요. 바울이 다 말해놨는데도 이게 다 헛방 지르는 거예요. 그래서 결국 비극적인 사건이 일어났어요. 지금 지구촌에 개신교회가 이슬람한테 졌어요. 이유는 딱 하나입니다. 성경 때문에 진 겁니다. 내가 이슬람한테 졌다고 설교하니까 막 발끈해서 나한테 댓글 다는 사람이 많아요. 기분 나쁘다고 왜 목사님이 졌다 그러냐고. 그렇게 자존심 부린다고 진 게 뭐 이긴 게 됩니까? 유럽 전체는 벌써 이슬람 속으로 들어가 버렸다니까요. 현실은 현실대로 인정을 해야 되는 거예요. 인정하는 거 위에서 우리는 다시 새로 건축을 해야 해요.

왜 이런 일이 일어났을까? 왜? 지구촌이 한동안 유럽 전체는 다 기독교 나라였습니다. 다 기독교의 복음의 전성기 덴마크 스웨덴 노르웨이 그리고 핀란드 그리고 서독. 이야! 그거 다 개신교의 전성기 시대가 있었었습니다. 영국의 웨스트민스터 시대 때 대요리 소요리 문답 만들 때 그때는요? 이 유럽 전체가 그냥 교회가 국가고 국가가 교회고 교회가 직장이고 직장이 교회고 교회가 학교고 학교가 교회고 이게 구분이 안 됐다고요. 1930년도에 미국만 해도 교회 자체가 국가예요. 국가가 교회야. 학교가 교회야. 교회가 학교였어. 이 벽이 무너졌었다고요. 그런 시대가 있었다는 것이죠.

많은 사람이 날 보고 물어요. 목사님의 종착점이 어디냐고. 도대체 우리를 데리고 어디로 가려고 맨날 욕이나 해대냐고. "목사님이 어디만큼 가야 우리가 목사님 분량을 채우겠습니까? 목사님 입에서 욕 안 나오게 하려면 우리가 어떻게 해야 해요?" 바로 그 시대로 한번 가보자는 것이야. 아멘. 미국의 1930년대 시대로 한국 교회가 가보자는 것이죠. 그리고 덴마크 스웨덴 노르웨이의 복음의 전성기 거기로 한번 가보자는 것이죠. 거기를 가면 내가 욕 안 할게요. 그럼 내가 개새끼 소리 안 할게요. 미친년 머리 다 잡아 뜯어 버려 소리 안 할게요. 그때 가기 전까지는 난 계속해야 해요. 정신을 못 차리니까. 정신을. 정신을 못 차리면서도 자기는 정상으로 가는 줄 착각하고 있다고요. 이런 놈들은 욕을 먹어야 하는 거예요.

그래서 이제 첫째 날은 예수님이 사람 속으로 온다 이거예요. 육신으로 이 땅에 왔다가 십자가에 죽어서 부활 승천하여서 성령을 보내줘서 보혜사 성령으로 여러분의 속까지 들어오신다. 이게 첫째 날의 역사에요. 이해됐어요? 창세기 1장에 “빛이 있으라” 성경을 읽으면서 여기까지 성경을 못 보는 사람은 헛방이에요. 헛방. 여러분 헛방 되는 사람 없길 바랍니다.

빛이 오면 어떤 일이 생기겠어요? 세 가지가 물러가지요. 세 가지가. 첫째 땅이 혼돈하고 공허하고 흑암이 물러가요. 이 세 가지는 사람 속에 빛이 오지 않고 빛이 없는 사람은 둘 중에 하나예요, 둘 중에 하나. 중간은 없어요. 예수가 사람 속에 있든지 예수가 없는 자리는 반드시 사단이 점령합니다. 사단이냐? 예수냐? 중간은 없어요. 중간은 없어. 그래서 고린도후서 4장 4절에 보면 혼미한 영이 사람 속을 덮고 있다고 그랬죠. 고린도후서 4장 4절 다시 한번 읽어보시면 자, 보세요. 이게 창세기 1장을 읽는 원리란 말이에요. 시작.

(고린도후서 4:4)

그 중에 이 세상 신이 믿지 아니하는 자들의 마음을 혼미케 하여

봐요. 이 세상 신이 누굴까요? 사단이 이 세상 신이에요. 사단이 뭐 한다고요? 믿지 않은 자들의 마음을 뭐하여? 바로 혼돈, 혼돈, 혼돈. 예수가 없는 사람 마음은 다 혼돈이에요. 이해되시면 아멘. 그러니까 지금도 사단이 사람들 속을 꽉 틀어쥐고 있다 이거예요. 에베소서 2장 1절도 보면 똑같은 말씀입니다. 한 번 더 읽어보시면 여기 써 있습니다. 잘 보세요. 이게 예수 없는 자들의 마음을 말하는 거예요. 시작.

(에베소서 2:1-2)

1. 너희의 허물과 죄로 죽었던 너희를 살리셨도다
2. 그때에 너희가 그 가운데서 행하여 이 세상 풍속을 좇고 공중의 권세 잡은 자를 따랐으니 곧 지금 불순종의 아들들 가운데서 역사하는 영이라

지금도 예수 믿지 않는 모든 인간 속에는 빛과 어두움 중에 하나예요. 하나. 중간은 없어요. 빛이 켜지면 어둠은 물러가고 빛이 꺼지면 어둠이 들어오고. 그래서 결국은 이 사람들 속에는 혼미한 영이 공중 권세 잡은 마귀가 사람을 딱

틀어쥐고 있는 거야. 별짓 다 해도 안 나갑니다. 마귀가 사람 속에 들어온 마귀는 절대 안 나갑니다. 나는 수없는 귀신을 쫓아낸 경험을 가지고 있습니다. 아무리 말해 봐요. 나가는가? 달래도 안 돼요. 윽박질러도 안 돼요. 예수 부르면 나가요. 그렇게 예수의 이름에 위력이 있어요. 빛이 비치면 사단이 물러가요. 사단이 물러갈 때 그냥 물러가는 게 아니에요. 사단의 전유물인 혼돈을 가지고 가버려요. 공허도 가지고 가버려요. 흑암도 가지고 가버려요. 그럼 빛이 오면 반대로 바뀌지요. 혼돈은 질서로 바뀌죠. 질서로. 할렐루야! 아멘. 공허는 의미로 바뀌지요. 흑암도 물러가요. 삶의 의미로 돌아오는 것이지요. 혼돈 공허 흑암이 물러가면 예수 그리스도가 우리 속에 새 창조를 하기 시작합니다.

3. 나뉘게 하라 - 성화

1) 둘째 날의 복음 사건 : 예수의 죽음

이것이 일곱 단계로 계속 밀어 재끼면, 그럼 둘째 날이 되면 어떻게 될까요? 첫째 날은 예수가 사람 속에 오면 새 생명이 일어나고 둘째 날의 원리는 같은 것입니다. 첫째 날이 예수님이 이 땅에 오신다면 오신 뒤에 한 두 번째 복음 사건은 예수님이 십자가에 죽는다는 것이죠.

둘째 날이 왜 죽는다는 것이냐? 둘째 날은 물과 물이 나누어지라고 그랬어요. '물과 물이 나눠지다'가 둘째 날의 원리입니다. '나눠진다' 이것은 무엇을 말하는가? 이것은 예수님이 십자가에서 죽는다는 거죠. 왜 나눠진다는 것이 죽는다는 것이냐? 히브리 원어로 물과 물이 나뉜다는 말을 아람어를 거쳐서 헬라어를 거쳐서 라틴어를 거쳐서 영어를 거쳐서 이 언어를 추적해 들어가면 예수님이 십자가에 못 박혀 죽으실 때에 성전 휘장이 동시에 찢어졌어요. 나눠졌다고요. 거기를 향하고 있는 거예요. 성경은 굉장히 초과학적인 책입니다.

2) 우리 심령에 이루어지는 둘째 날 : 분리와 성화

그와 마찬가지로 예수님이 빛이 되어서 우리 속에 오시면 우리에게 구원을 일으키시고 두번째 날 예수님이 내 속에 오시면 예수님이 십자가의 죽으심의 원리로 우리를 나눈다는 것이죠. 세상과 하나님을 나누는 거예요. 다시 말해서 하나님이 기뻐하지 않는 것을 다 쳐낸다는 거예요. 여러분도 분리될지어다. 할렐루야! 세상과 하나님이 완전히 구분이 돼야 돼요. 주일 날도 구분이 돼야 돼요. 주일 날이나 다른 날이 똑같은 것이 아니고 소유도 구별이 돼야 되는 거예요. 하나님의 것과 내 것이 구별이 돼야 돼요. 십일조가 눈에 보이기 시작하는 거예요. 모든 것이 다 구별이 되기 시작합니다. 여러분도 오늘 구별이 될지어다. 그래서 사람 속에 성화가 일어나는 것입니다. 아멘. 할렐루야! 오늘도 여러분 속에 남아 있는 세상 찌꺼기를 싹 쳐내기를 바랍니다.

'내가 그리스도와 함께 십자가에 못 박혔나니 이제는 내가 산 것 아니요 내 안에 그리스도께서 사신 것이라 이제는 내가 육체 가운데 사는 것은 나를 사랑하사 나를 위하여 십자가의 죽으신 예수 그리스도를 믿는 믿음 안에서 사는 것이라 나는 날마다 죽노라'. 할렐루야! 그래서 이것은 분리되는 것을 말하는 것입니다. 성화되는 것을 말하는 겁니다. 아멘.

4. 드러나라 - 부활

1) 셋째 날의 복음 사건 : 예수의 부활

자, 이제 여기까지는 지난주까지 했고 이제 셋째 날입니다. 자, 이 원리에 따라서 첫째 날이 예수님의 탄생을 말한다면 둘째 날은 주님의 죽음을 말한다면 드디어 셋째 날의 순서가 왔습니다. 그럼 무엇일까요? 셋째 날의 원리는, 창세기 1장 9절 읽어보겠습니다.

(창세기 1:9-13)

9. 하나님이 가라사대 천하의 물이 한곳으로 모이고 뭍이 드러나라 하시매 그대로 되니라

10. 하나님이 뭍을 땅이라 칭하시고 모인 물을 바다라 칭하시니라 하나님의 보시기에 좋았더라
11. 하나님이 가라사대 땅은 풀과 씨 맺는 채소와 각기 종류대로 씨 가진 열매 맺는 과목을 내라 하시매 그대로 되어
12. 땅이 풀과 각기 종류대로 씨 맺는 채소와 각기 종류대로 씨 가진 열매 맺는 나무를 내니 하나님의 보시기에 좋았더라
13. 저녁이 되며 아침이 되니 이는 셋째 날이니라

요것이 셋째 날의 역사입니다. 여기까지가. 오늘부터 여러분에게도 셋째 날의 역사가 일어날지어다. 여기에 첫째는 이제 뭍이 드러나라 그랬습니다. 물속에 가라앉아 있던 땅덩어리가 위로 올라오라는 것입니다. 이건 예수님이 물로 세례를 받으실 때 세례 요한에게 세례를 받으실 때 물 속에 내려갔던 예수가 위로 올라오는 이 모습을 여기에 꽂고 있는 거예요. "뭍이 드러나라" 다시 말해서 그리스도의 부활입니다. 왜 이것이 부활인가? 로마서 6장을 보면 이 세례는 그리스도와 함께 죽었다 그리스도와 함께 부활하는 것을 말하기 때문에 오늘도 여러분 속에 부활의 영이 들어가야 합니다.

2) 우리 심령에 이루어지는 셋째 날 : 부활의 역사

이것은 순서별로 일어나는 것이죠. 제일 먼저 빛이 와야 하는 것입니다. 예수가 내 속에 들어와야 하는 거예요. 두 번째는 나뉘어야 하는 것입니다. 분리돼야 하는 것입니다. 쳐내야 하는 것입니다.

그다음에 일어난 것이 부활입니다. 예수만 부활하는 것이 아니고 여러분 속에서도 부활의 역사가 일어나야 하는 것입니다. 여기서 최초로 이제 생명의 역사가 일어나는 것입니다. 각종 열매 맺는, 각종 생명들이 일어나기 시작합니다. 여러분에게도 셋째 날의 역사가 일어나면 부활의 생명이 여러분의 개인, 가정, 사업 모든 하는 일에 부활의 생명이 일어난다는 겁니다. 예수님만 부활한 게 아니고 부활의 역사는 우리가 경험할 수 있다는 겁니다.

5. 날의 순서대로 임하는 심령의 새 창조

그러나 이 모든 것은 다 순서대로니 처음부터 부활이 오는 게 없어요. 일단 예수 영접이 먼저 일어나야 합니다. 그 다음에 십자가에 죽어야 합니다. 자아가 파쇄돼야 합니다. 그럴 때 우리에게 부활의 역사가 일어납니다. 할렐루야!

그래서 사람을 보면, 창세기 1장을 가지고 사람을 보면 금방 눈에 보이기 시작해요. 저 사람이 지금 몇째 날까지 갔는가? 금방 알아볼 수 있습니다. 둘째 날에 속한 사람은요 연단 속에 있는 거예요. 고통 속에 있는 거예요. 왜? 주님은 여러분의 옛사람을 죽이려고 고난 속으로 몰아넣는다는 거예요. 그럴지라도 낙심하지 마십시오. 머지않아서 부활의 역사가 일어납니다. 아멘. 〈이제 내가 살아도〉를 불러보겠습니다.

〈이제 내가 살아도〉

1. 이제 내가 살아도 주 위해 살고
이제 내가 죽어도 주 위해 죽네
하늘 영광 보여주며 날 오라 하네
할렐루야 찬송하며 주께 갑니다

(후렴) 그러므로 나는 사나 죽으나 주님의 것이요
사나 죽으나 사나 죽으나
날 위해 피 흘리신 내 주님의 것이요

2. 이제 내가 떠나도 저 천국 가고
이제 내가 있어도 주 위해 있네
우리 예수 찬송하며 나는 가겠네
천군 천사 나팔 불며 마중 나오네

Ⅲ.
창세기 1장
: 우리 심령에 임할 7대 역사

1. 성경의 원리 – 7대 복음

1) 성경은 전체도 부분도 다 7대 복음

창세기 1장이 열릴지어다. 이런 식으로 창세기가 진행되는데, 성경은 참 신기합니다. 결국 창세기 1장을 보면 이 원리가 결국 성막에 들어가는 원리하고 같아요. 복음은 이렇게 말해도 저렇게 말해도 원리는 같다는 것이죠. 제사장들이 성막에 들어갈 때 접근하는 과정이 결국은 같은 거예요. 창세기 1장과 같은 거예요. 7대 명절도 같은 거예요. 마치 뭐와 같으냐 하면 여러분, 수정이 있어요. 수정. 돌 중에 수정이라고 있죠? 다이아 같이. 수정은 생긴 모양이 똑같아요. 육각형으로 그렇게 돼 있어요. 그런데 이거를 망치 가지고 딱 깨봐요. 조각 난 것이 또 똑같은 모양으로 쪼개져요. 성경이 마찬가지예요. 성경 전체를 봐도 결국은 7대 복음을 말하는 거예요. 성경을 권별로 나누어 놔도 결국은 이 7대 복음을 말하는 것입니다. 성경을 장별로 다 찢어놔도 이것도 일곱 개의 과정을 말하는 것입니다. 성경의 원리가 이렇게 돼 있다는 것입니다. 이해됐으면 아멘. 할렐루야!

2) 창세기 1장의 원리 : 7대 복음

그러면 창세기 1장 도표를 한번 보시면, 성경 전체 모양이 이렇게 돼 있단 말이에요. 이제 도표부터 한번 보시면, 이게 창세기 1장의 원리를 내가 도표로 그려놨는데 이거는 원어로 히브리어로 분석해 봐도 이건 다 똑같은 거예요. 전체가 다 똑같은 거예요.

첫째 날은 빛이 온다는 것입니다. 이건 예수 그리스도가 탄생한다는 것입니다. 둘째 날은 예수님이 죽는다는 것입니다. 나눈다는 것은 주님이 죽으신다는 것입니다. 셋째 날은 "뭍이 드러나라." 부활을 말하는 것입니다. 넷째 날은 해와 달과 별을 만든다는 것입니다. 이것은 주님이 보좌 위에 앉으신다는 것입니다. 승천한다는 것입니다. 다섯째 날은 주님이 성령을 보내주셔서 오순절을 보여준다는 것입니다. 여섯째 날은 천년왕국이 임한다는 것입니다. 그리고 일곱째 안식일 날은 영원무궁케 한다는 것입니다. 이것이 창세기 1장의 원리입니다. 아멘. 여러분 속에도 창세기 1장이 임할지어다. 이게 다예요. 다. 아멘. 할렐루야! 이 도표를 주신 하나님께 영광의 박수.

세 가지 원리로 나타난다 그랬죠? 이건 첫째는 뭐냐? 자연에 대한 현상, 자연이 창조되는 과정. 둘째는 그리스도의 구속사. 예수가 이 땅에 와서 사람을 위해 하는 일곱 가지 역사, 이것이 창세기에 펼쳐졌다. 이걸 전체 합해서 복음이라 그래요. 복음. 그다음에 더 중요한 것은 신약 시대에 인간의 심령 속에 나타날 일곱 가지 주님의 역사를 말해요. 이게 나타날 때마다 현상이 일어나요.

2. 첫째 날의 현상 - 주여!

자, 첫째 날이 여러분 속에 임하기를 원하십니까? 원하시면 아멘. 예수를 영접하길 원하십니까? 예수가 여러분 속에 들어가기를 원하십니까? 들어왔는지 안 들어왔는지 어떻게 아느냐? 나타나는 현상이 있다니까요. 사람 속에 예수가 들어간 사람은 반드시 그 입에서 '주여' 소리가 나오게 돼요. '누구든지 주의 이름을 부르는 자는 구원을 얻으리로다.' '마음으로 믿어 의에 이르고 입으로 주님을 불러서 구원을 받느니라.' 그랬습니다. 입으로 주님을 '주여'라고 부르지 않는 사람은, 저 사람 속에 구원이 왔는지를 몰라요. 저 사람이 구원받았는지 예수가 저 속에 들어갔는지 이게 알 수가 없어요. 반드시 예수가 사람 속에 들어가면 들어갔다고 주님이 선포해요. 그 선포가 주님이 하는 게 아니고 여러분 입에서 "주님!"이 튀어나오게 돼 있어요. 한 번 따라 해 봐요. 주여! 그렇지! 이게 바로 여러분 속에 예수가 들어갔다는 거예요. 믿지 않은 자는 절대로 부를 수가 없어요. 이해되시면 아멘. 그러므로 여러분은 주의 이름을 부르기를 좋아하셔야 해요. 주 예수여, 어서 오시옵소서. 주 예수님, 역사하여 주시옵소서. 주 예수가 터져 나올지어다. 그 사람 속에는 반드시 구원의 역사가 일어나요. 아멘이십니까?

3. 둘째 날의 현상 - 아멘!

그다음에 둘째 날입니다. 둘째 날은 예수님이 궁창을 만드는 원리죠. 그러나 예수님이 이 땅에 와서 복음적으로는 나누어진다는 뜻이죠. 모든 것이 나누어지는 것입니다. 예수님이 십자가에 죽는다는 뜻입니다.

그런데 이것이 우리 사람 심령 속에 이루어질 때는? 찢어진다, 나눠진다, 내 자아가 파쇄된다 그럴 때는? 여러분 속에 입에서 아멘이 터져 나온다는 것입니다. 아멘 하지 않는 사람은 절대 자아가 안 죽는다고요. 왜 아멘을 안 하느냐 하면 내 생각이 맞다고 생각하기 때문에 아멘 안 하는 거예요. 여러분, 하나님 말씀이 부딪힐 때 입에서 아멘이 터져 나와야 해요. 아멘이라는 것은 뭐냐. 내 자아를 부인하고 나는 말씀 쪽으로 이사 가겠다는 거예요. 아멘. 다시 말해서 여러분의 자아를 십자가에 죽이겠다고 동의하는 거예요. 동의하는 그 말이 아멘이라는 겁니다. 아멘. 할렐루야! 여러분 입에서 아멘이 터져 나올지어다. 아멘 합시다. 아멘. 두 손 들고 아멘. 할렐루야! 아멘. 아멘 자주 하는 사람은 자아가 죽게 돼 있어요. 자아가 파쇄되게 돼 있어요. 아멘 안 하는 사람은요? 고집불통같이 생겨서? 고집불통이야. 그냥. 그냥 묵비권 행사하는 거야. '그래. 목사님이 그 말은 맞지만, 나는 그 말은 동의할 수 없어. 다 좋은데 목사님이 욕하는 건 난 절대 동의 못해.' 이게 뭐냐면 고집불통이야. 야! 이 개들아. 떠들고 난리야. 미친 여자들같이 떠들고 난리야. 아멘 하라면 아멘 하지. 왜 말이 많아? 너희들이 뭘 안다고 떠들어. 뭘 안다고. 성경을 전광훈 목사만큼 알아? 알아? 몰라? 그럼 고집을 버리고 아멘 하라면 해야지. 설교하다 보면 자기 생각하고 다르다고 해서 말이야. 다르다고 해서 입이 뾰쪽하고 5센티 튀어나와서 말이야. 뾰쪽해서. 응?

주사파 까면요? 주사파 까면? 주사파 까는데 네 입이 왜 튀어나오냐고? 너하고 주사파하고 하룻밤 잤냐? 이런 정신 나가서 떠들고 난리야. 주사파를 까면 아멘을 더 해야지. 주사파 까면 꼭 입이 5센티 나와서 말이야. 뾰쪽하게. 눈도 밑으로 깔아 뜨고. 그러니까 너 속에 있는 주사파 영이 안 떠나는 거야. 아멘을 소리를 질러야지. 그래야 주사파 영이 떠나가지. 그렇게 문재인이 좋으냐고. 나중에 문재인 은퇴하면 양산에 가서 둘이 붙어살아라. 에이, 더러운 새끼. 더러운 새끼. 삶은 소대가리 같이 생겨서 말이야.

이런 말을 할 때 입에서 아멘이 안 터지는 것은 뭐냐? 그거는 영이 저쪽 편이란 얘기지. 여러분 영이 저쪽 편 되면 돼? 안 돼? 더 큰 문제는 목사들이에요. 목사들. 목사들이 성경도 모르고 신학도 모르고. 이야~ 어제 우리 워커힐 행사했는데 이야~ 고세진 박사님이 나오시더니, 이야~ 천지창조 이후로 나는 욕도 아니에요. 욕도. 신학자가 욕을 질러대니까 이야~ 고세진 박사님이요, 보통 사람이 아니에요. 미국에 그냥 일반 대학 나온 게 아니에요. 시카코 대학에서 박사예요. 시카고 대학. 시카고 대학이라고 알아요? 한국에 사는 것들이 뭘 알아. 시카고 대학이 하버드하고 같은 수준이예요. 시카코 대학이 록펠러 재단에서 만든 거라고요. 록펠러 재단이 만든 학교가 스무 개도 넘어요. 그중에 제1호가 시카고 대학이에요. 거기서 박사를 땄다고요. 거기서 바가지를 뒤집어썼다고. 그리고 한국에 와서 액츠(ACTS)에서 총장 했어요. 아시아연합신학대학에서 총장 했다고. 대단한 사람이에요. 저 사람. 보통 사람이 아니에요. 저분이 나를 돕기 위하여 우리 교회에 왔는데 내가 데려온 것이 아니에요. 미국에서 유튜브를 듣다가 열 받아서 오셨어요. 왜 외로운 전광훈을 혼자 놔두냐, 이거예요. 한국의 신학자들이 뭐 하는 거냐고? 한국의 목사들이 뭐 하는 거냐, 이거예요. 그래서 지금도 그분이 미국의 코넬대학교 교수예요. 코넬대학교 교수라니까. 열 받아서 왔어요. 스스로 왔어요. 왜 왔냐고 물어봤어요. 왜 전광훈 목사를 외롭게 놔두냐는 거예요. 도대체 신학자들이 뭐 하는 인간들이냐는 거예요. 그래서 오셨어요. 오셨어. 하나님이 별사람을 다 보내주세요. 할렐루야! 그래서 어제 워커힐에서 딱 세워놨더니, 나 대신 욕 다 해버렸어요. 이제는 나한테 욕하는 거 말하면 안 돼. 세계 최고의 박사들도 저렇게 욕을 하잖아요. 나는 앞으로 욕에 대해서는 졸업장을 받으려고 그래요. 나 대신해 주는 사람들이 많이 생겼으니까. 불의에 대해서는 당연히 책망해야 하는 거예요. 불의를 놓고 책망을 안 해? 불의를 놓고? 불의를 놓고 책망 안 하는 것은 그거는요 목사도 아니고 아무것도 아니에요. 이해되시면 아멘. 이런 말이 부딪힐 때 여러분, 어제 고세진 박사님 연설한 거 잘라놓은 거, 그것만 다시 한 번 틀어보자고요. 한 번 찾아봐봐. 그러니까 이런 말이 부딪힐 때 아멘 해야 해요. 아멘 해야 여러분 속에 둘째 날이 이루어져요. 여러분의 자아는 무너지고 분리되고 옛사람은 죽고. 아멘. 그런 일이 일어날지어다. 일어나길 원하시면 아멘. 이게 바로 자아의 파쇄예요. 자아의 파쇄. 아멘이 터져 나와야 한다 이거예요. 이게 바로 신학자예요. 신학자. 이게 제대로 된 신학자란 말이에요. 제대로 된 지식인이에요. 그러니까 이런 말에 대해서 여러분이 아멘이 터져 나와야 해요. 두 손 들고 아멘.

이 말에 아멘이 안 터져 나오는 사람은 그 속에 예수가 없는 사람이에요. 그 속에 예수가 있는 사람은요, 절대로 문빠가 될 수가 없어요. 문재인을 쫄쫄 빨 수 있어? 없어? 전라도 아니라 전라도 할아버지라도 그 속에 예수의 영이 있는 사람은 절대로 문재인을 따를 수 없어요. 아멘. 할렐루야! 반드시 우린 이길 수 있습니다. 1,200만 성도, 30만 목회자, 25만 장로님들만 바로 이러한 말씀에 아멘이 터져 나오면 나라도 살고, 교회도 살고, 가정도 살고, 셋째 날의 빛이 비쳐 온단 말이에요. 다시 말해서 뭐냐? 부활의 역사가 일어난다고요. 둘째 날에 자아가 안 죽으니까 셋째 부활의 역사가 안 일어나는 거예요. 인생을 살아봤자 헛방이에요. 동해물과 백두산이 마르고 닳도록 살아봤자 복음도 모르고 그냥 죽는 거예요. 큰일 나는 거예요. 여러분들 속에는 예수가 들어가야 해요. 창세기의 진행이 이루어져야 해요. 이해됐으면 아멘. 여러분 입에서 아멘이 터질지어다.

4. 셋째 날의 현상 - 할렐루야

그다음에 도표를 또 보시면 세 번째 날이 부활입니다. 오늘 상고하는 말씀이에요. "뭍이 드러나라." 이 드러나라는 말은 원어 성경을 보면 히브리어하고 아람어하고 헬라어하고 라틴어하고 이걸 전부 조사를 해 보니까 첫 번째 드러나다는 말이 어디를 향하고 있는가? 자, 무교절 날이 되면 가장이 떡을, 무교병 떡을 만들어서 보자기에 싸서 이걸 땅속에다 묻어둬요. 3일 동안 묻어둬요. 이건 예수님이 죽어서 3일 동안 있다는 뜻이죠. 3일 동안 땅에 묻어놨다가 이제 드디어 초실절 날이 되면 부활절이 되면 그 묻어 놓은 걸 붓으로 쓸어요. 쓸어. 떡을 묻어놓은 것을 위에 쓸다가 하얀 보자기가 눈에 딱 보이면 이렇게 외쳐요. "드러났다!" 이렇게 외쳐요. 부활을 말하는 거예요. 할렐루야!

그래서 여러분과 저는 우리 속에 부활의 영이 임하여 여러분이 부활했다고 하는 것을 선포하는 선언이 나와야 해요. 그것이 성도들 입에서 나오는 말은 할렐루야예요. 할렐루야란 말이 쉽게 안 나와요. 아주 어색하다고. 그러나 부활의 영이 딱 입에 물리면 시시때때로 할렐루야가 나와요. 할렐루야! 두 손 들고 아멘.

따라서 합니다. 주여! 아멘! 할렐루야! 이거는 창세기 1장이 진행되는 성도들 속에만 일어나는 거예요. 감사하지요? 감사해요, 안 해요? 그래서 <할렐루야>라는 헨델의 메시아 노래 있잖아요? 이 할렐루야란 말이 승리하는 자에게서 나오는 말이에요. 여러분 속에서 부활이 시작되면 입에서부터 증상이 나타나요.

모든 것들이 다 그래요. 여러분 가슴속에 영적 현상이 어디까지 왔는지 우리가 알 수 없지요. 입으로 말하는 걸 보면 알아요. 따라서 합니다. 주여! 딱 보면 알아요. '주여'를 부르는 자 누구든지 주의 이름을 부르는 자는 예수가 그 속에 왔다고 하는 증거예요. 증거. 아멘.

다시 해요. 아멘. 이건 뭐냐. 자아가 녹았다는 것이에요. 누구든지 자기를 부인하고. 자기 자신을 부인한다고 하는 그것에 대해서 동의하는 말이 아멘 이에요. 아멘. 아멘 안 하는 사람은요, 절대 자아가 안 죽어요. 교회 10년 30년 50년 다녀도 자아가 전혀 안 죽은 사람들 보세요. 특징이 뭔지 아세요? 예배 시간에 아멘 안 해요. 왜? 자기 철학이 딱 잡고 있어요. 자기 생각이 딱 잡고 있으니까 아멘 안 한다고요. 그러니까 부활이 안 일어나지. 부활이 일어날 리가 없지. 인생을 살아봤자 헛방이에요. 전광훈 목사같이 부활해야지. 아멘.

나는 이 창세기 1장을 왜 이렇게 자세히 설명하느냐. 이건 내가 다 경험해봐서 그래요. 하나님의 성령이 이 코스로 나를 이끌어 왔어요. 나는 잘 알고 있어요. 여러분도 아멘이 터져 나와야 해요. 할렐루야가 터져 나와서 앞으로 남은 생애는 부활의 능력으로 살아가고 말이야. 가정도 부활 되고 심령도 부활 되고 자녀도 부활 되고 여러분이 하는 직업도 다 부활 되고 다 부활의 역사가 일어나야 해요. 아멘 이십니까? 손가락 나처럼 이렇게 만들어. 옆 사람 쳐다봐. 눈을 째려봐. 눈을 째려보면서 말해. 너는 몇째 날까지 왔냐? 물어봐요. 몇째 날까지 왔대요? 나는 시작도 안 했어. 아직. 그러니까 골치 아프지. 이거 골치 아프지. 설교해 나가는 이 순서대로 이루어질지어다. 아멘. 역사가 일어날지어다. <행군 나팔 소리로>를 불러보겠습니다. 주님, 역사하여 주시옵소서. 성령으로 강타하여 주세요. 아버지. 그러니까 제일 어려운 것이 뭐냐 하면 첫째 날 둘째 날까지가 힘들어요. 예수 영접과 자아의 파쇄. 이것만 되면 뒤에는요, 그냥 케이티 엑스(KTX) 타고 가는 거예요. 할렐루야! 아멘! <행군 나팔 소리로> 가겠습니다.

찬송가 402장 <행군 나팔 소리로>

1. 행군 나팔 소리로 주의 호령 났으니
십자가의 군기를 높이 들고 나가세

(후렴) 선한 싸움 다 싸우고 의의 면류관
의의 면류관 받아쓰리라
선한 싸움 다 싸우고 의의 면류관
예루살렘 성에서 면류관 받으리
저 요단강 건너 우리 싸움 마치는 날
의의 면류관 예루살렘 성에서

2. 악한 마귀 권세를 모두 깨쳐 버리고
승리하신 주님과 승전가를 부르세

3. 달려갈 길 다 가고 싸움 모두 마친 후
주와 함께 기쁨을 용사들아 누리세

<주님의 손길>

1. 주님의 손길 생명빛 되네 눈먼 자 광명 찾았네
놀라운 손길 날 위로하네 빛으로 인도해
놀라운 은혜 나에게 주사 새 생명 받았네
놀라운 손길 나 찬양하네 영원토록 찬양해
오 주 그 놀라운 주 손길 오 주 은혜로운 주 손길

(후렴) 놀라운 은혜 나에게 주사 새 생명 받았네
놀라운 손길 나 찬양하네 영원토록 찬양해

2. 주님의 말씀 능력이 되네 믿는 자 치료 받았네
놀라운 말씀 날 치료하네 빛으로 인도해
놀라운 은혜 나에게 주사 새 생명 받았네
놀라운 손길 나 찬양하네 영원토록 찬양해
오 주 그 놀라운 주 말씀 오 주 은혜로운 주 말씀

3. 주님의 보혈 속죄가 되네 갇힌 자 해방 되었네
놀라운 보혈 날 구원하네 빛으로 인도해
놀라운 은혜 나에게 주사 새 생명 받았네
놀라운 손길 나 찬양하네 영원토록 찬양해
오 주 그 놀라운 주 보혈 오 주 은혜로운 주 보혈

<모든 만민들아>

모든 만민들아 주를 찬양하여라
위대하신 우리 주님을
소리 높여 찬양해 우리 주 예수 찬양하라
찬미 주 할렐루야 찬미 주 할렐루야 할렐루야
찬미 주 할렐루야 찬미 주 할렐루야 할렐루야

<마지막 날에>

마지막 날에 내가 나의 영으로
모든 백성에게 부어 주리라
자녀들은 예언할 것이요 청년들은 환상을 보고
아비들은 꿈을 꾸리라 주의 영 임하면
자녀들은 예언할 것이요 청년들은 환상을 보고
아비들은 꿈을 꾸리라 주의 영 임하면
성령이여 임하소서 성령이여 우리에게 임하소서

Ⅳ.
창세기 1장의 약도를 들고 승리하는 인생을 살자

아멘. 부활의 영이 내려왔다. 할렐루야! 그래서 하나님의 설계도를 가지고 신앙생활을 하면 내가 지금 어디로 가려고 하는지 하나님은 다음 코스로 어디로 데려가려고 하는지 설계도를 손에 들고 있으면 등산 가는 사람이 약도가 손에 있으면 "이렇게, 이렇게 가면 나오는구나." 아멘. 약도가 있으면 내가 갈 길을 알게 되는 겁니다. 하나님의 창세기 1장의 약도가 여러분 손에 딱 들려져야 해요. “이렇게 가고 있구나.” 할렐루야! 반드시 여러분 속에 복음이 통달 될지어다.

특별히 그래서 첫째 날, 둘째 날이 제일 힘들어요. 첫째 날은 예수가 내 속에 오는 거거든? 여러분 속에 예수가 오기까지가 그게요, 만만치 않은 거예요. 물론 어떤 사람은 태어나 보니까 목사님 집에 태어났어요. 그런다고 여러분, 그 속에 예수가 영접될 줄 알아요? 지금요, 한국에서요, 목사 아들로 태어난 사람 중에 교회 안 다니는 애들이 10 프로도 넘어요. 교회 안 가요. 주일 날. 거봐요. 목사 아들로 태어났는데 예수가 속에 안 들어간 거지. 비극이지. 비극.

그리고 사단이 사람을 점령하고 있으면 예수가 그 속에 못 들어가요. 얼마나 방해가 심한지. 한 사람 전도해서 교회 와서 구원받게 하려면요? 영계 속에서는 전쟁이 붙어버려요. 악한 영과 성령이 한 사람을 놓고 전쟁이 붙어요. 꼭 주일 날 교회 가기로 약속해 놓고, 새끼손가락 걸고 선물까지 다 사줬는데, 그런데 꼭 주일 날 교회 오려고 하는데 토요일 날 시아버지가 죽어요. 이게 전부요, 한 영혼을 놓고 사단이 치열한 경쟁이 붙는 거예요. 영계 속에서 확인한 거예요. 갑자기 애가 아파서 응급실에 실려 가요. 왜 그런지 알아요? 그 사람 영혼 구원 못 받게 하려고요.

그래서 한 영혼이 교회에 와서 예수님을 영접하는 것은 기적이에요. 기적. 사람의 힘으로 되는 게 아니에요. 주님의 은총이에요. 사단이 얼마나 방해가 심한지 어떤 사람은요? 교회까지 왔다가도 들어오면 되는데 거기서 갑자기 핸드폰에 전화 한 통이 와요. 누구한테 오겠어요? 뭘 쳐다봐요. 아빠한테 온 거지. "너 어디 있어?" "나 교회 왔어." "교회고 지랄이고 미친년같이 어디로 가고 난리야." "아니, 옆집 아기 엄마가 자꾸 가자 그래서 왔다니까." "당장 안 와? 당장 안 들어와? 안 들어오면 이혼이야. 이혼." 이렇게 심해요.

한 영혼이 전도 받아 구원받는 과정에서 일어나는 현상들을 난 잘 알아요. 50년 목회해 봐서. 그러니까 여러분들은 이 자리에 와 앉아 있다는 자체가 기적이에요. 아멘. 하나님은 어떻게 하든지 여러분을 이 자리에 앉히려고 그래요. 구원받게 하려고 그래요. 사단은 저항하려고 그래요. 여기서 일어나는 여러 가지 현상이 있어요.

여러분은 이겼어요. 앞으로 5,200만의 영혼들이 다 구원받아야 해요. 그러기 위해서는 주위를 위하여 기도해야 하는 거예요. 그냥 전도만 해놓고 교회 가는 약속만 해놓으면 안 되고 계속 기도하여 영적인 어둠을 헤쳐줘야 해요. 사람의 힘으로는요, 교회 올 힘이 없어요. 절대로 불가능한 거예요. 은총이 임해야 하는 거예요. 아멘. 어떤 사람을 전도하기로 마음먹었어요. '내가 저 사람 전도해야겠다.' 그러면 악한 영들이 먼저 반응해요. 자, 이거 내가 다음 주에 이야기해줄게요. 무시무시한 일이 일어나요.

둘째 날도 마찬가지예요. 이 둘째 날은 내 자아가 죽는 거니까 이게 신앙생활 하면서 겪는 코스 중에 제일 힘든 코스예요. 하나님은 여러분의 자아를 찢으려 그래요. 분리시키려고 그래요. 분리시키기 위하여 여러분에게 시험도 오고, 환란도 오고, 고난이 오는 거예요. 절대 십자가가 여러분 속에 부딪히지 아니하면 절대 인간 자아는 안 죽어요. 여러분의 이 마음이 달래서는 안 돼요. 가르쳐도 안 돼요. 여러분들은 주님이 찢어야 해요. 찢기 위해서 자녀를 통하여 가정을 통하여 하나님이 여러분에게 이게 전부 여러분의 자아를 찢으려고 하나님이 고통을 준다고요. 아멘. 지금도 여러분 속에서 삶 속에서 고통이 온 사람은 딱 하나를 생각하면 돼요. '주님이 나를 찢으려고 하는구나.' 그렇게 알아차리면 돼요. 그리고 빨리 찢어지면 돼요. 빨리 분리되면 돼요. 그러면 모든 시험 환란이 물러가게 돼요. 이해됐어요? 할렐루야! 아멘.

그다음 뒤에 셋째 날 부활부터는 설명할 필요가 없어요.

왜? 그거는 좋은 일이니까. 펑펑 펑 터져 나가는 거예요. 다 체험합시다. 아멘.

두 손 높이 드시고 자, "주님, 주님이 내 속에 와서 일하여 주시옵소서. 나를 진행하여 주시옵소서. 주님의 설계도대로 주님, 내 속에서 역사하여 주시옵소서. 나를 새 창조하여 주시옵소서." '주여' 삼창하며 합심으로 기도하겠습니다.

<세상에서 방황할 때>

1. 세상에서 방황할 때 나 주님을 몰랐네
내 맘대로 고집하며 온갖 죄를 저질렀네
예수여 이 죄인도 용서받을 수 있나요
벌레만도 못한 내가 용서받을 수 있나요

2. 많은 사람 찾아와서 나의 친구가 되어도
병든 몸과 상한 마음 위로받지 못했다오
예수여 이 죄인을 불쌍히 여겨주소서
의지할 것 없는 이 몸 위로받기 원합니다

3. 이 죄인의 애통함을 예수께서 들으셨네
못 자국 난 사랑의 손 나를 어루만지셨네
내 주여 이 죄인이 다시 눈물 흘립니다
오 내 주여 나 이제는 아무 걱정 없습니다

4. 내 모든 죄 무거운 짐 이젠 모두 다 벗었네
우리 주님 예수께서 나와 함께 계신다오
내 주여 이 죄인이 무한 감사드립니다
나의 몸과 영혼까지 주를 위해 바칩니다

자, 아픈 사람은 아픈 데 손을 올리시고, 문제는 가슴에 손을 올리시고 로고스 되신 우리 주님께 기도드리겠습니다. "촛대 사이로 다니시는 주 예수님, 이 시간도 아픈 사람을 만져주세요. 고쳐주세요. 주님 손으로 얹어 주옵소서. 예수 그리스도의 이름으로 모든 질병을 고침을 받을지어다. 깨끗하여질지어다. 무거운 짐 진 모든 성도들을 풀어 주시옵소서. 내게 오라고 말씀하셨사오니 주님, 왔습니다. 무거운 짐을 풀어 주세요. 이번 한 주일도 기적이 일어나게 하여 주시고 가정에, 삶 속에, 자녀들에, 모든 직장 위에 주님의 손길이 임하게 하여 주옵소서. 예수님 이름으로 축복하며 기도하옵나이다. 아멘."

5

주관하라

넷째 날, 승천

설교 일시 2022년 2월 6일(주일) 오전 11시

대 상 사랑제일교회 주일 3부 예배

성 경 출애굽기 25:1-9

1 여호와께서 모세에게 일러 가라사대

2 이스라엘 자손에게 명하여 내게 예물을 가져오라 하고 무릇 즐거
운 마음으로 내는 자에게서 내게 드리는 것을 너희는 받을찌니라

3 너희가 그들에게서 받을 예물은 이러하니 금과 은과 놋과

4 청색 자색 홍색실과 가는 베실과 염소털과

5 붉은 물 들인 수양의 가죽과 해달의 가죽과 조각목과

6 등유와 관유에 드는 향품과 분향할 향을 만들 향품과

7 호마노며 에봇과 흉패에 물릴 보석이니라

8 내가 그들 중에 거할 성소를 그들을 시켜 나를 위하여 짓되

9 무릇 내가 네게 보이는대로 장막의 식양과 그 기구의 식양을 따라
지을찌니라

I.
성경을 알자

1. 전 세계에서 닥친 고난을 이기자

할렐루야! 우리 옆에 좌우에 다 같이 자, 우리는 이겼습니다. 앞뒤로 다시요. 감기를 이겼습니다. 코로나를 이겼습니다. 오미크론 이겼습니다. 다 이겼습니다. 할렐루야! 오늘도 전 세계에서 이 예배에 들어오신 성도들을 축복합니다. 어김없이 우리 주님은 약속을 이행하실 것입니다. '두세 사람 내 이름으로 모이면 나도 너희들 중에 있으리라. 두고 보아라. 내가 세상 끝날까지 항상 너희와 함께 있으리라.' 요한계시록 1장 그대로 촛대 사이로 다니시는 예수님이 오늘도 이 예배 가운데 다녀주시기 때문에 사람들만 모였다 헤어지는 어리석은 모임이 아니고 아벨의 제사처럼 하늘에 상달되는 예배를 오늘 이 시간부터 집행할 것입니다. 두 손을 높이 한 번 드시고 "촛대 사이로 다니시는 예수님, 한 번 나를 만져 주시옵소서. 오늘 나는 꼭 주님이 필요합니다. 나는 주님의 도움 없인 살 수가 없습니다. 오늘도 갈급한 영혼을 가지고 왔습니다." 다 같이 우리 '주여' 삼창하며 기도하겠습니다.

<축복하소서>

축복하소서 축복하소서 예수님 오늘 축복하소서
고쳐주소서 고쳐주소서 예수님 오늘 고쳐주소서
만져주소서 만져주소서 예수님 오늘 만져주소서
나타나소서 나타나소서 예수님 오늘 나타나소서
역사하소서 역사하소서 예수님 오늘 역사하소서

기도하겠습니다. "살아계신 주님, 촛대 사이로 다니시는 우리 예수님, 약속 그대로 이 시간에 우리를 만져주시옵소서. 우리를 고쳐주시옵소서. 주님이 우리와 함께 계심이 실감 나는 시간 될 수 있도록 한 사람도 그냥 돌려버리지 마시고 일대일로 강타하여 주시옵소서. 예수님 이름으로 기도드리옵나이다. 아멘." 주먹 쥐시고 다 같이 앞뒤 좌우로 다 같이 주님이 이 자리에 함께 계십니다. 앞뒤로 다시요. 이것은 분명한 사실입니다. 뭐가 분명한 사실이에요? 확실해요? 진짜요? 그럼 예수님하고도 악수 한번 하고 예배 시작하자. 안녕하세요. 사랑해요. 미치도록 좋아해요. 아멘. 주님이 병 다 고쳐주겠다. <자비하신 예수여> 450장을 불러보겠습니다. 주님!

찬송가 450장 <자비하신 예수여>

1. 자비하신 예수여 내가 사람 가운데
의지할 이 없으니 슬픈 자가 됩니다
맘이 어두웠으니 밝게 하여 주소서
저를 보호하시고 항상 인도하소서

2. 죄를 지은 까닭에 저의 맘이 곤하니
용서하여 주시고 쉬게 하여 주소서
천국 가고 싶으나 저의 공로 없으니
예수 공로 힘입어 천국 가게 하소서

3. 허락하심 이루어 사랑 항상 있도다
모두 이뤄 주심을 나는 믿사옵니다
구주밖에 누구를 달리 찾아보리요
복과 영생 예수니 더 원할 것 없도다

4. 거룩하신 구주여 피로 날 사셨으니
어찌 감사하온지 말로 할 수 없도다
주의 귀한 형상을 나도 입게 하시고
하늘나라 가서도 사랑하게 하소서

아멘! 할렐루야! 저도 감기가 와서요. 내 50년 설교하면서 목이 쉬어 본 게 처음이에요. 처음. 50년 동안 하나님이 보호해 주셨는데 아! 이번에 온 감기는 독한 놈이 와서요. 여러분들도 꼭 감기를 이기기를 바랍니다. 보니까 이게 뭐 증상은 심한 게 아닌데 목하고 콧물이 나와서 그런데 여기 동네 병원에 가서 양쪽 엉덩이에다 쌍 주사를 맞았어요. 쌍 주사. 쌍 주사 딱 맞고 약 먹으면 금방 낫더라고요. 나도 이제 한 8부 능선까지는 이겼는데 내일모레 가면 다 이길 것 같습니다. 자, 이와 같은 현상이 전 세계에서 다 일어나는데 가만히 기도하면서 보면 이게 드디어 7년 대환란으로 가려고 하는 전초전 같아요. 그러나 7년 대환란 가기 전에 한 번은 하나님이 기회를 더 줄 거 같아요. 이게 예행연습이에요. 예행연습. 7년 대환란 가면 이거에 백 배, 천 배가 오는 거예요. 다시 인류를 구원하기 위하여 한 번의 좋은 시간을 다시 줄 거 같은데 우리가 지금 하루하루 사는 자체가 하나님의 은혜입니다. 언제 주님 나라에 호출당할지 몰라요. 이번에 이 코로나 사태 때문에 청교도 목사님들 중에도 세 명이 하늘나라 가셨어요. 주님이 부르면 가야지 어떻게 하겠어요. 그러니까 여러분과 저도 언제 호출당할지 모르니까 하루하루를 허비하지 말고 말씀 잘 듣고 후회함이 없는 삶을 살아야 해요. "다시 너, 세상에 인간으로 다시 태어나서 똑같은 세상을 살아봐라. 또 한번 살아봐라." 해도 나는 내가 살았던 삶을 그대로 산다고 할 거예요. 그만큼 내가 빡세게 살았다는 거예요. 여러분도 다 그렇게 하기를 바랍니다. 아멘. 오늘도 전 세계에서 예배에 들어온 성도들을 축복합니다.

전 세계에서 닥친 이 고난을 다 이기시길 바랍니다.

2. 성경을 알아야 자기 분야의 정상에 선다

오늘도 같은 제목, '성경을 알자' 하는 제목으로 말씀을 상고하겠습니다. "아이, 목사님, 제목 좀 바꾸세요. 바꿔. 맨날 교회 오면 똑같이 말이야 똑같이 쓰고 앉았어. 에이 질려 버린다." 밥도 똑같은 거 맨날 먹잖아요? 밥을 하루 먹고 안 먹어요? 그러니까 똑같은 제목이 왜 계속 나오느냐. 여러분이 모르기 때문에 계속 나오는 거예요. 한번 설교해서 여러분이 다 알면? 아니, 설교할 게 얼마나 많은데요. 성경에. 특별히 나 같은 사람은 성경이 꽉 찼단 말이에요. 그러니까 나는 이 설교할 내용이 너무 많아서 시간이 없어요. 시간이.

그럼에도 불구하고 했던 걸 또 하고 또 하는 것은 왜 그러냐 하면 하나님은 성경 모르는 사람하고는 상종 안 해요. 하나님은 성경 모르는 사람하고 상대 안 한다니까요. 내가 첫 시간에 말씀드린 것처럼 역사는 거짓말하지 않습니다. 역사는 진실합니다. 2천 년 인류 역사 동안에 모든 분야에 정점을 찍은 사람이 있습니다. 무슨 영적인 분야뿐 아니라 인간이 하는 모든 세계에 정점을 찍은 사람들이 있다고요. 정치, 경제, 사회, 군사, 외교, 문화, 교육, 언론 뭐 할 것 없이 다예요. 그 사람들은 다 성경과 특별한 관계가 있는 것입니다. 여기에 대해서 반론이 있는 사람은 가져와 보세요. 이거는 요 인류 역사에 헌법 중의 헌법이에요.

3. 내 사역의 능력은 성경과 성령

그럼에도 불구하고 인간들이 자꾸 엉뚱한 데를 만지고 있어요. 성경과 특별한 관계를 가져야 자기가 하는 모든 분야에 정상을 때릴 수가 있다고요. 동의하십니까? 동의하시면 아멘. 서울대학 나온다고 정점을 때린 게 아니라니까요. 서울대학 안 나와도 전광훈 목사 보란 말이에요. 나는 정점을 때린 거 같아? 못 때린 거 같아? 반응 안 하는 사람들은 집에 가. 남들이 좀 좋은 말 해도 반응해 줘야지. 그럼, 전광훈 목사가 정점을 안 때리고 누가 때려요? 누가?

나는 기독교 2천 년 역사에, 몇 가지 주제에 정점을 때렸어요. 첫째는 목회자들 가르치는 거. 내가 10만 명을 가르쳤어요. 10만 명 있어요? 없어요. 조용기 목사님도 그렇게 못했어요. 그뿐이 아니지. 부흥회 하는 거. 난 부흥회를 정점을 때렸어요. 그다음에 애국 운동하는 거, 광화문 운동하는 거 전 인류 역사의 정점이잖아요?

그런데 많은 사람이 나한테 와서 자꾸 물어요. "전광훈 목사님, 비밀을 좀 알려 달라고. 혼자 써먹지 말고 공개 좀 하라고. 공개 좀. 목사님이 돈은 말이야. 남들한테 다 퍼주면서 말이야. 그 비밀은 왜 혼자 감춰 놓고 써먹냐고." 자꾸 나한테 이렇게 말해요. "없어." "아, 거짓말하지 말고 우리 같은 친구끼리 나눠서 쓰자고." 무슨 책을 읽었냐고 물어봐요. 나는 책 안 읽기로 유명한 사람이에요. 자꾸 물어요. 딱 나는 한 가지를 말한다면, 내 인생을 이렇게 만든 것은 성경이에요. 성경. 성경이라고. 거기에다 플러스알파(+α)를 붙인다면 성경을 기록한 성령이에요. 이 두 축이 나를 이렇게 만들었다고요.

"아이, 그거는 뭐 다 아는 건데, 그거 말고 진짜 비밀을 알려달라고." "없어. 없다니까 이것들아." 그렇게 말하면 어떤 사람은요? 나한테 쫓겨나서 집사람한테 가서 꼬셔요. 집사람한테 가서요? 빵 몇 개 사주고 "저기 전광훈 목사님이 숨어서 뭔 책을 읽습니까? 집에서?" 집사람이 뭐라고 하냐면 "없어요." "에이 씨. 부부간에 둘 다 거짓말하고 앉았네." 사실이에요. 사실. 그거는요, 이춘근 박사님한테 물어보면 알아요. 이춘근 박사님은요, 책의 도사예요. 도사. 책을 만 삼천 권 읽었어요. 만 삼천 권. 넘버(number) 붙여가면서 지금도 일기장이 계속되고 있어요. 만 삼천 권을 읽어가면서 일

기장 써가면서 책을 다 비치해 가면서. 그런데 이춘근 박사님이 내 설교를 딱 듣고 하는 말이 있어요. "목사님은 안 배우고도 다 아는 사람입니다." 물어보라고. 물어보라고. 그러니까 여러분들도 나처럼 정점을 때리고 싶어요? 그러니까 제발 헛방 지르지 말고, 자꾸 말이야 뭔 비밀이 있나 세미나 다니고 뭐 어디 다니고 돌아다녀봤자 되는 게 아니고. 집구석에 처박혀 살아도 이 성경 하나만 뚫어내라고요.

Ⅱ.
<성경을 알자> 설교의 위대성

1. 기독교 2천 년 역사에서 처음 있는 전광훈 목사의 청교도 말씀

그런데 문제는 이 성경이 어려워요? 쉬워요? 성경이 쉽다고 하는 놈은요 아직 철이 안 든 놈이에요. 읽을수록, 읽을수록 미궁에 빠져들어 가는 게 성경이에요. 그런데 바닥을 못 치는 거예요. 그러나 제 강의를 들으면 최소한 성경 천 번 읽은 효과가 일어나요. 그냥 내가 성경의 구조를 설명해 주니까요. 이만큼 이번에 주일에 우리가 진행하는 '성경을 알자'

이 강의는 이게 세계적 강의입니다. 우리 여기서 하는 모든 주제는 다 세계적이에요. 아니, 기독교 2천 년 역사에 처음이라니까요? 아멘!

2. 내게 주신 은사의 목적지는 여러분

그런데 한국에서 이 목사 중에서도 이상한 놈들이 전광훈 목사한테 무슨 은사가 와 있다는 걸 몰라요. 모르면 비극이에요. 비극. 전광훈 목사에게 무슨 은사가 왔다는 걸 아는 사람은 복이에요. 아는 사람은 사모하게 돼 있어요. 하나님이 전광훈 목사에게 주신 은사는 목적지가 전광훈이 아니에요. 여러분이 목적지예요. 여러분에게 주려고 나를 통과 시킨 거예요. 동의해요? 사도 바울도 말했잖아요. 내가 사도된 것은 나를 위함이 아니라고, 너희를 위하여 내가 사도 됐다고. 맞지요? 그러니까 여러분들은 하나님이 저에게 주신 은사에 대하여 활짝 열릴지어다.

내가 기도하다가 하도 세상이 엉뚱한 길로 가고 해서 내가 어제 금요일 날은 한국, 세계 최고의 신학자들을 내가 한 자리에 모았어요. 최고의 신학자들. 조직신학의 우리 손원배 목사님을 비롯해서 고고학의 고세진 박사님을 비롯해서 최고의 신학자, 역사 신학자들을 모아놓고 내가 토크(talk)를 시작했어요. 토크 하기 전에, 앞으로 이 토크는 이렇게 간다는 방향 설정을 하려고 내가 강의한 거, 설교한 거 중에 <생각의 3대 통로>. 한 번 따라서 해 봐요. 헬레니즘, 헤브라이즘, 오직 성령으로. 인류 역사가 지나온 3대 통로라는 겁니다. 이거에 대해서 이제 목사님들하고 박사님들하고 내가 계속 토크를 할 생각인데요. 왜냐하면 무너진 대한민국을 바로 세우려고. 특별히 무너진 한국교회를 바로 세우려고. 왜? 모르니까. 목사님들이 모르니까. 사회 지도자들이 모르니까. 대한민국이 뭔지 사회가 뭔지 쥐뿔도 모르는 인간들이 대통령 하겠다고 저렇게 미친 개지랄을 떨고 앉았으니까. 내가 기도하다가 '아이, 나 하도 답답해서 이거 내가 최고의 신학자들을 모시고 나는 몸도 안 좋지만, 토크를 하면서.' 대한민국의 특별히 지식인들, 지식인들이 맹꽁이들입니다. 지식인들이요 무식이 충만합니다. 성경 모르면 무식이 충만해요. 무조건. 할렐루야요? 토크를 시작했는데 박사님들이 다 끝난 뒤에 그래요. 특별히 서요한 목사님이 그래요. 이거는 3차원의 설교라는 거예요. 3차원의 설교. 자기들이 일생동안 신학 공부하고 파묻혀 살고 학교에서 강의했는데 포괄적인 전체 내용은 다 알지만 요렇게 딱 정돈을 못 한다는 거예요. 그래서 내가 대답했어요. 이거는 사람의 힘이 아니라 성령의 능력이라고요. 이렇게 딱 정돈을 한단 말이에요. 딱 정돈을. 할렐루야죠?

3. 순종하자

그래서 여러분들도 잔소리 말고 내가 하라고 하면 무조건 해야 해요. 아멘. 학교 가면 누구 말 잘 들어야 해요? 선생님? 알기는 뚫어지게 잘 알아요. 병원에 가면 누구 말 잘 들어야 해요? "엉덩이 내려." 그러면 내려야 해, 안 내려야 해? 유방 내리라고 하면 내려야 해, 안 내려야 해? "싫어요. 아이 무서워. 무서워."? 그러면 "뒤져라. 뒤져." 내가 집사람하고 결혼하고 나서 집사람이 배가 이상하다고 해서 최초로 내가 산부인과를 데리고 갔어요. 데리고 가서 저 선생님한테 넣고 나는 밖에서 기다리는데 뭐 선생님하고 집사람하고 둘이 있는 방에서 소리를 지르고 난리가 났어요. 의사 선생님이 우리 마누라를 성폭행하나 왜 그러냐? 하고 잠깐 기다렸더니 선생님이 나왔어요. 나보고 그래요. "남편이요?" "예." "들어오시오. 들어오시오. 나는 이 여자 진료 못 하겠어." 왜 그러냐니까 "아니 윗도리 벗으라니까 벗지도 않고 그냥 짜 매고 난리예요." 그래서 내가 "이 사람아, 벗어. 이 사람아, 벗으라면 벗어야지." 의사 선생님이 젖을 만져서 조물딱 조물딱 해봐야 "어? 여기 콩알이 하나 들어와 있네요. 어이구, 암의 초기입니다." 그래야지. 의사 선생님한테 가서 "사단아, 물러가라. 사단아, 물러가라." 이러면 되겠냐고. 참, 정말 난 인간들이 말이야. 그리고 내가 이 말을 왜 하느냐

하면 이 말을 끌어내려고 한 거예요. 교회에 오면 누구 말 잘 들어야 해요? 대답도 안 하고 난리들이야. 교회 오면 누구 말 잘 들어야 해? 맞지? 그래. 틀림없어. 여러분도 애들 손주들 자녀들 학교 보낼 때 가서 "선생님 말 잘 들어. 잘 들어." 해놓고 왜 너희들은 교회 와서 내 말 안 듣냐고. 애들한테 잔소리 해놓고 말이야. "그러면 목사님이 가르치는 게 다 진실입니까?"

그런 말을 할 줄 알고 예수님이 한 말이 있어요. 예수님이 이 땅 계실 때 제일 미워했던 사람이 누구냐. 바리새인이에요. 바리새인. 사두개인이에요. 사두개인. 율법사. 이게 주님이 이 땅에 계실 때 제일 미워한 사람이에요. 주님은 사두개인 바리새인 말만 나오면 예수님 입에서 거품을 물어요. 내가 욕하는 건 욕도 아니에요. 그거는. 내가 욕하는 건 자장가예요. 자장가. "사단아, 물러가라! 독사의 새끼들아!" 어떤 사람은 내가 욕하니까 그래요. 예수님은 전 인류를 사랑하라 그랬는데 왜 목사님은 그렇게 까냐고 날 보고 그래요. 성경을 어디 하나만 보냐고. 예수님이 요한계시록에 보면요, 사데교회 같은 교회, 니골라당에 대해서, 니골라당에 대해서는 이들은 사단의 무리라고 그랬어요. 사단의 무리. 교회 안에 있는데 사단의 무리라고 그랬어요. 교회 안에 있는 사단의 무리라고. "나도 그들을 미워하노라." 그랬어요. 예수가 십자가에 못 박혀 죽으시고 부활 승천해서 하나님 보좌 우편에 가 계신 예수가 지금도 나는 그들을 미워한다 그래요. 성경을 똑바로 알아야 해요. 예수도 사랑할 자를 사랑하는 거예요. 미워할 자는 미워하는 거예요. 앞으로 나하고 말싸움하려고 그러지 마요. 여러분은 아멘만 해요. 아멘만. 알았죠? 나는 예수님이 시킨 대로만 해요. 성경을 깊이 모르면 항상 엉뚱한 소리를 잘해요. 엉뚱한 소리. 주먹 다 쥐어 봐요. 엉뚱한 소리하지 맙시다. 앞뒤로 다시 해 봐요. 김밥 옆구리 터진 소리하지 맙시다. 해 봐요. 또 왼쪽으로 해 봐요. 귀신이 씻나락 까먹는 소리하지 마세요. 그거는 전라도 말이라서 내가 완전히 못 외워서 귀신이 뭐 까먹는다 그래요? 전라도 애들은 잘 아는데, 나는 잘 몰라요. 그러나 이 모든 것을 극복하려면 여러분, 키가 뭐냐. 성경을 알아야 해요. 성경을요. 성경이 뻥 뚫릴지어다.

Ⅲ.
성경의 원리를 알자

1. 모세가 쓰고 바울이 해석한 성경

1) 시내산에 올라가 하늘의 설계도를 본 모세

자, 그래서 이 '성경을 알자'에 대해서 내가 굉장히 강조하고 있는 겁니다. 성경은 이것은 누가 기록했냐? 모세가 썼다는 거예요. 모세. 누가 썼다고요? 여러분이 대답해 봐요. 모세가 어떻게 성경을 썼을까? 어디로 올라갔다고? 그렇지. 시내산. 시내산. 이제 좀 뭐 아네. 4주일 하니까 이제 입이 조금 열리는구만. 아이 참 나. 초등학생들도 구구단도 한 달이면 다 외워요. 여러분들은 돌대가리 같아서 말이야 했던 말 또 하고 또 하고. 시내산에 올라가서 무엇을 봤어요? 무엇을? 하늘의 식양을 봤어요. 식양을 이걸 원어 성경을 찾아보니까 설계도예요. 설계도. 하늘의 설계도가 하나 있더라는 거예요. 이 설계도의 주제가 뭐냐 하면 그리스도예요. 그리스도예요.

이것을 보고 내려와서 모세가 두 가지를 했다 그랬어요. 첫째는 성막을 지었어요. 성막을. 뭘 지어요? 자기 마음대로 지은 게 아니예요. 설계도대로 지은 거예요. 두 번째는 모세오경을 기록했어요. 믿습니까? 그래서 성경이 생긴 거예요.

그런데 모세가 쓴 이 성경을, 시내산에서 보고 온 성경을 아는 사람이 없어요. 여기에 전부 다 암호가 걸려 있어요. 암호. 전부 암호 코드가 걸려서 이걸 누가 아냐 말이야. 읽어봤자 십계명 정도만 눈에 들어 오지. '살인하지 말라. 간음하지 말라. 도적질하지 말라.' 그러니까 이게 인간에게 교훈을 주는 책인가 보다 이 정도로 알지, 하나님이 원래 하고 싶어 하는 설계도를 모른다는 거예요. 영의 눈이 닫혀 있기 때문에.

2) 삼층천에 올라가 모세와 똑같은 것을 본 바울

그러다가 이것이 신약시대 때 와서 바울에 의하여 성경이 열리기 시작했어요. 바울이 나타나기 전에는 이 성경이 열리지 않았어요. 일부분 열린 사람도 있지만 완전히 열리지는 않았어요. 결국은 그래서 성경이라고 하는 것은 모세가 썼고 바울이 해석한 거예요. 바울은 어떻게? 성경 기록 2천년 만에.

2천 년 동안 얼마나 인간들이 많이 살았어요. 아이, 성경 기록한 지 바울이 될 때 그때 1600년, 약 2천 년 됐는데 얼마나 많이 성경을 읽었냐고요? 제사장, 율법사, 서기관들은 얼마나 성경을 잘 아느냐 하면요? 서기관들은요? 성경 모세오경, 창세기부터 말라기까지를 한 자도 안 틀리고 안 보고 한 자도 안 틀리고 다 써요. 성경을 사본으로 베껴써요. 새로운 성경이 필요해서 베껴 쓰다가 말이야 안 보고 쓴다고요. 안 보고. 다 안단 말이에요. 쓰다가 한 자라도 틀린 게 있으면 그것만 고치는 게 아니고 다 쓰레기통에 버려요. 버리고 또 목욕재계하고 또 새로 써요. 이래서 성경의 전달이 일점일획도 성경이 틀리지 않고 전달해 내요. 그만큼 성경을 잘 아는 서기관들이 성경 원어 자체는 다 외워서 쓸 수 있는 사람들이란 말이에요. 그러나 내용은 모르는 거예요. 내용은. 기가 막히죠. 기가 막히죠. 만약에 내용을 알았으면 그들이 예수님을 십자가에 못 박았겠어요? 안 박았지? 그러니까 내용을 모르니까 성경 다 외우면서도 예수를 십자가에 못 박은 거예요. 오늘날 성도들도 똑같은 거예요. 성경 공부 동해물과 백두산이 마르고 닳도록 해봤자 헛방이에요. 성경 공부 그렇게 목숨 걸고 하면서도 십일조도 안 하는데? 십일조도? 십일조 안 한 사람은요, 성경 모르는 사람이에요. 십일조뿐이 아니에요. 내가 오늘 여러분 정체를 다 드러낼 테니까 꼭 합석할시어다. 두 손 들고 아멘. 할렐루야!

그러면 바울은 어떻게 그걸 알게 되었는가? 바울도 결국 인간의 실력으로 안 게 아니라 어디로 올라갔어요. 셋째 하늘에 갔어요. 셋째 하늘. 셋째 하늘에 올라가서 모세가 본 시내산에서 본 걸 똑같은 걸 봤단 말이에요. 할렐루야! 가서 이 시내산에서 모세가 본 걸 보고 거기서 바울이 까무러친 예요. "이야, 이걸 보고 내려갔구나." 이루 말로 형용할 수 없는 것을 봤어요. 역시 주제는 그리스도예요.

보고 내려와서 바울이 두 가지 했어요. 모세하고 똑같아요. 첫째는 바울 서신 13권을 기록했어요. 성경을 썼어요. 이거는 곧 모세오경의 해설집이에요. 구약 성경의 해설집이에요. 로마서부터 히브리서 전까지 13권이란 말이에요. 로마서부터 히브리서 전까지 이 13권은 그 내용은 뭐 다른 얘기를 많이 하는 거 같지만 모세오경에 대한 해석입니다. 이해됐으면 아멘. 그리고 바울도 뭘 지었어요. 모세는 성막을 지었지요. 성경 기록하고 성전을 지었어요. 바울도 기록하고 또 지었어요. 지은 것이 뭐냐면 교회예요. 교회. 무형적 교회예요. 무형적 교회. 지구촌에 있는 이 모든 교회들은 예수 그리스도의 교회임과 동시에 바울의 교회예요. 바울 서신에 따라서 그 설계도에 따라서 교회가 지어진 거예요. 바울 서신에 따라서 설계도를 따라서 짓지 않는 모든 교회는 이단이요, 삼단이요, 팔단이요, 구단이다. 교회라고 볼 수도 없어요.

3) 성경 기록 이후 2천 년 동안 닫힌 성경

그런데 문제는 오늘 이 시대에 모세가 썼고 바울이 해석한 이 성경이 다시 닫혔다는 것입니다. 기가 막힌 거예요. 기가 막힌 거야. 아니, 성경 기록된 지가 2천 년이 됐거든요. 그때 바울이 성경을 기록하고 나서 성경이 딱 닫혀 버렸거든요? 그러니까 신학교에서 강의하고, 목사님들이 그렇게 성경 공부시키고. 강남에 큰 교회 한 번 가 봐요. 얼마나 성경 공부를 많이 하는가. 그냥 할 일 없으면 교회 모여서 성경 공부하지요. 다 깡통이야. 깡통. 내가 볼 때, 다 깡통이야. 또 시험이 들어서 벌써 입이 5센티 나왔어. 5센티 나왔어. "아이 씨. 저 새끼가 말이야. 내가 교회 나와주니까 저 새끼가 말이야. 그냥 욕이나 하고 앉았고 날 망신이나 시키고 앉았고."

깡통이라는 것을 내가 왜 증명하냐면, 현재 지구촌 전체의 교회가 이슬람한테 졌어요. 대한민국은요, 이슬람보다 더 나쁜 주사파한테 졌어요. 누가 진 줄 알아요? 목사들이 졌다고요. 장로들이 졌다니까요. 차라리 밑바닥에 있는 성도들은 살아서 광화문에 뛰어나와요. "아아! 대한민국! 아아! 나의 조국!" 그래요. 목사, 장로 사식들이요? 아! 이 개들아. 교회 붙잡고 밥 먹고 사는 거지. 그게 뭘 목회라고 하고 앉았어? 소경이 돼서 소경을 인도하는 거야. 그러니까 왜 이 교회가, 세계교회 더하기 한국교회가 왜 무너졌느냐? 무너진 이유가 왜 그러냐? 성경 때문에, 성경. 성경에 눈이 감겨서 그래요.

2. 대한민국에서 성경이 열리다

그렇다면 여러분은 복 받으셨지요. 성경이 열리는 자리에 와 있으니까. 아멘. 동치미 국물도 한 그릇 드려야지. 옆 사람한테 너, 오늘 복 받았다. 저 집에서 유튜브로 예배드리는 사람도 그대로 따라서 해요. 너, 복 받았다. 너 혼자 소리 질러. 너, 복 받았다. 오늘은 벌써 7,600명 들어왔다. 오늘 보니까 2만 명 가게 생겼다. 자, 그래서 이제 성경이 열리는 때가 왔기 때문에 여러분에게는 감추인 것이 드러나지 아니할 것이 없고 활짝 열릴지어다. 할렐루야! 성경 열리면 다 열려요. 성경 열리면 인생도 열려. 가정도 열려. 자녀도 열려요. 시집 장가도 열려요. 성경 열리면 다 열려요. '내가 네 앞에 열린 문을 두었나니.' 빌라델비아 교회에게 주신 열린 문이 왜 나한테는 안 열릴까? 성경이 안 열리니까 열릴 리가 있냐, 이거예요. 전광훈 목사는요, 여기서 입으로 선포하는 건 다돼요. 나는 말만 하면 이 말을 천사들이 내려와서 "전광훈이 오늘 뭔 말했지? 저 말 했네? 저대로 이루자." 해서 천사들이 다 이루어버립니다. 내가 말을 선포하면. 또 시기 질투가 나서 또 "그것도 성경에 있나요?" 난 성경에 없는 말을 안 해요. 어린 사무엘이 하는 말은 하나도 땅에 떨어지지 않고, 사무엘이 한 말은 하나도 땅에 떨어지지 않고 여호와 하나님이 이루었다는 것이죠. 사무엘이 어린 나이에 유치부 다니는 애가 제사장 가족으로 들어갔다고요. 엘리 제사장이 갑자기 죽었네. 선생님이 죽었어요. 모든 제사장 권은 이제 사무엘한테 왔는데 애새끼 사무엘 말을 누가 듣겠어요. 이스라엘 다들 어른들 지도자들 말이야. 수염을 말이야. 유대인들 또 수염 길잖아요? 이렇게 길어서 사무엘을 부르면서 "아가야. 아가야." 이렇게 부르는데 사무엘이 그 사람들을 어떻게 통치하겠어요? 하나님이요, 사무엘의 입에서 나오는 빈말도 즉각 하나님이 현실로 이루어버려요. "할아버지, 나한테 까불면 죽어." 그러면 다음 날 죽어버리는 거예요. 그래서 그날 후부터 사무엘한테 발 발 발 떠는 거예요. 아멘이지요? 그러니까 성경이 열리는 사람은요, 다 열리게 돼 있어요. 아멘. 따라서 합니다. 주여! 열어주세요! '열려라. 에바다' 한 번 불러봐요.

<어두워진 세상 길을>

1. 어두워진 세상 길을 주님 없이 걸어가다
나의 영혼 어두워졌네
어느 것이 길인지 어느 것이 진리인지
아무것도 알 수 없었네
주님 없이 살아가는 모든 삶 실패와 좌절뿐이네
사랑하는 나의 주님 내 영혼 눈을 뜨게 하소서

(후렴) 열려라 에바다 열려라 눈을 뜨게 하소서
죄악으로 어두워진 나의 영혼을
나의 눈을 뜨게 하소서.

2. 아무것도 알 수 없고 아무것도 볼 수 없고
아무것도 들을 수 없네
세상에서 방황하며 이리저리 헤매일 때
사랑하는 주님 만났네
어두웠던 나의 눈이 열리고 막혔던 귀가 열리네
답답했던 나의 마음 열리고 나의 영혼 살리네

3. 전광훈 목사에게 열린 성경에 대한 원로 목사들의 일화

1) 조용기 목사

아멘. 할렐루야! 내가 이 기초 공사를 계속하기 위해서 여러분들에게 같은 말씀을 여러 번 드리는데 조용기 목사님이 은퇴하시기 전에 하루는 내가 찾아갔어요. 조용기 목사님은요? 앞으로 두고 보세요. 100년 안에 조용기 같은 사람이 안 나와요. 국내 아니라 외국 전체 합해서 조용기 같은 사람이 나올 가능성은 없어요. 아마 그 기록을 깰 수 있는 유일한 가능성은 전광훈 목사가 그것도 깬다는 것도 다 깬다는 게 아니라, 한 1 프로의 가능성이 있는 사람은 전광훈 목사가 1 프로의 가능성이에요. 1 프로 가능성. 그런데 내가 찾아가서 이렇게 말씀드렸어요. "어르신, 내가 은퇴한다는 신문을 보고 찾아왔습니다." "무슨 말을 하러 왔나?" "어르신이 이 상태로 은퇴하시면, 어르신은 지금까지 국내와 국외에 최고의 업적을 세웠지만, 그러나 어르신은 무디(D. L. Moodee), 스펄전(C. H. Spurgeon), 토레이(R. A. Torrey), 찰스 피니(C. G. Finney), 조나단 에드워즈(J. Edwards), 요한 웨슬레(J. Wesley)의 선까지 못 갑니다." 그랬더니 "왜 못 가나?" 그래서 "무디, 스펄전, 토레이, 찰스 피니, 요한 웨슬레, 조나단 에드워즈는 살아 있을 때보다 그가 죽어서 하늘나라 간 뒤에 실제로 더 큰 일이 일어났어요."

감리교 운동도 마찬가지예요. 요한 웨슬레가 천국 가고 나서 감리교가 전 세계를 뒤흔드는 기예요. 무디도 하늘나라 간 뒤에 무디 성경학교가 미국 전역을 다 흔들었고요. 그래서 사람은 살아 있을 때 일하는 거 보다 하늘나라 간 뒤에 더 큰 일이 일어나는 사람이 있어요. 할렐루야! 예를 들면 뭐 박정희 대통령 같은 사람 또 이승만 같은 사람. 살아있을 때 한 일보다 그가 해놓은 일 때문에 대한민국이 더 잘되는 거예요. 사람들은 살아 있을 때 일을 열심히 하는 사람이 있고 그가 죽으면 그대로 망하는 게 있고 어떤 사람은 별일 아닌 것 같은데 그가 죽은 뒤에 더 크게 일이 일어나는 사람이 있다고요. 여러분은 다 그런 사람이 될지어다. 그러려면 성경을 잘 알아야 해요.

"그럼 어떻게 하면 되나?" "어르신, 절대로 삼박자 구원 가지고는 안 됩니다. '내 영혼이 잘 됨같이 범사가 잘되고 강건하게 되리라.' 그거는요 실천신학 중에 하나밖에 안 됩니다. 그걸 가지고는 어르신이 만들어 놓은 이 거대한 틀이 대한민국 예수 한국 복음 통일 못 만듭니다." "그럼 어떻게 하면 되냐?" 그래서 "어르신은 마지막은 복음 위에 세워야 합니다." 그랬어요. "복음 위에 세워? 구체적으로 말해 봐." 그래서 내가 조용기 목사님한테 그때 펴놓고 바로 7대 명절을 비롯하여 그리고 창조로 나타난 지금 내가 설교하는 '성경을 알자' 이 도표를 보여주기 시작했어요. "이야! 신기하네. 나도 책이라고 하면 읽을 책 내가 다 읽었거든. 이야! 신기하다." 다음 주에 또 오라 그래요. 그래서 내가 6개월 불려 다녔어요. 그래서 나한테 소원이 뭐냐 그래요. 그래서 "이 바로 복음을 가르칠 수 있는 새로운 학교를 하나 만들어주세요." 그랬어요. "그러면 내가 조교를 하고 어르신이 총대장을 하세요." "다 집행해 줄 테니까 생각해 보고." 다음 주에 오라고 해요. 갔더니 한숨을 쉬면서 그래요. "하, 나는 못해. 나는 다 끝났어. 순복음 교회가 이제는 내 맘대로 안 움직여." 그래서 나도 울고 어르신도 울었어요.

2) 김홍도 목사

김홍도 목사님도 똑같아요. 내가 이 말을 또다시 하는 이유는 여러분이 설교를 똑바로 들으라고 하는 소리예요. 하루는 내가 금란교회 가서 부흥회를 하는데 설교를 마치고 당회장 실에 내려갔더니, 지금 금란교회, 아들 목사님, 김성민 목사님인가? 지금 담임 목사님 하는 아들 목사님, 그때는 어렸어요. 내가 금란교회 부흥회 하러 갔을 때 그 목사님은 중학생이에요. 중학생. 지금 저 금란교회 담임 목사님이. 그런데 그 중간쯤에 가서 이제 내가 부흥회를 하러 갔다가 오니까 당회장 실에서 목사님이 막 소리를 질러요. 왜냐? 아들을 놓고. 그래서 내가 민망해서 '부자지간에 왜 싸움이 붙었냐?' 그래서 내가 조금 저쪽에 비켜 있다가 목사님이 화가 좀 가라앉아서 밥 믹으러 가면시 그랬어요. "어르신, 왜 이렇게 어린 아들을 놓고 소리를 지릅니까?" "전광훈 목사 때문에 소리 지른 거야." "그럼 내가 언제 부자지간에 싸움을 붙였습니까?" "그게 아니라 조금 전에 전광훈 목사 설교한 거 내가 여기 모니터로 다 봤어. 봤는데 우리 아들이 장난치면서 안 보잖아. 그래서 박살 낸 거야. '너, 전광훈 목사 저 설교를 이해 못 해서는 절대로 금란교회 맡을 생각 하지 마. 어림도 없어.' 박살을 낸 거야. '전광훈 목사 설교하는 저것을 네가 해독 못 하면 절대로 너는 내 아들 아니야.'" 난리를 친 거예요. 아마 이 말을 들으면 지금 금란교회 당회장 목사님이 또 속상해 하겠다. '부자지간의 싸움을 다 까발리고 난리야.'

3) 정필도 목사

부산에 갔어요. 부산. 부산에 큰 체육관에서 이제 애국 집회 하려고 갔어요. 이제 예배를 드리는데 부산의 대장이 있어요. 부산의 대장, 부산의 대왕, 정필도 목사님이라고 수영로교회 목사님이십니다. 은퇴하셨습니다. 은퇴하셨는데 그 목사님과 이제 모여서 차를 마시게 됐어요. 내가 주 강사가 온다니까 그 어르신이 거기에 오픈(open) 설교하러 오셨다고 해요. 그래서 이제 밥을 먹으면서 이야기하시다가 내 옆에 와서 손을 딱 잡더니 "전광훈 목사, 내가 전광훈 목사 서울에서 설교하는 거 유튜브로 다 듣고 있다." 그래요. "그중에서 '성경을 알자'라는 걸 내가 들었다." 그래요. "기상천외하다." 그래요. 어르신한테 물어보라니까. 하시는 말씀이 그래요. "나 목회 헛했다." 그래요. 정필도 목사님, 수영로 교회, 부산 출신은 알 거예요. 순복음교회만 해요. 그분이 그 교회를 개척해서 그런 교회를 이룬 사람이에요. 은퇴했는데 젊은 목사 하나 데려다 놨는데 개판 치고 있어요. 지금 개판 치고 있는 거예요. 개판 치고 있는데 그래서 나보고 하는 말이 "이 '성경을 알자' 이걸, 나도 성경 꽤 읽었고 정말로 책도 꽤 읽었는데 말이야, 전광훈 목사가 이렇게 딱 풀어나가는 걸 보고 두 손 들었다." 그래요. 두 손 들었다고. 그러면서 하시는 말씀이 내가 은퇴해서 우리 교회에서도 설교를 잘 안 시켜주고 한국에서도 부흥회도 잘 안 불러주니까 외국에 선교지를 간대요. 선교지. 선교지를 다니면서 계속 설교하고 이제 강의하는데 전광훈 목사가 강의한 '성경을 알자' 이걸 해외 선교지에 다니면서 하는데 출판권이 전광훈 목사한테 있으니까 내가 계속 써먹어도 되냐고 묻더라고요. "어르신, 많이, 많이 써 잡수시오. 차라리 저작권은 어르신한테 있다고 하십시오." 난 항상 청교도 목사들한테 그래요. 누가 이렇게 강의하다가 "이거 전광훈 목사님하고 비슷한 거 하네." 그렇게 말하거든 "그거 전광훈한테 내가 가르쳤어." 이렇게 말하라고 해요. 그렇게 자존심을 세워가면서라도 제대로 좀 가르치라 이 말이에요.

이런 말은요? 조용기, 김홍도, 정필도 이 사람들 얘기만 아니라니까요? 한국교회에 내놓으라 하는 사람은 다예요. 다.

이제는 신학자들이 다 무너졌어요. 신학자들이. 아멘. 잘 들을래요? 안 들을래요? 안 들어요?

4. 성령의 채널로 듣자

그러면 "전광훈, 너는 어떻게 그렇게 안 배우고도 잘 아냐?" 성경은 성령이 기록한 거라고요. 저자가 성령이에요. 성령. 그분하고 가까워야 해요. 그분하고 가까우면 성령의 불이 오잖아요? 그래서 여러분도 성령세례 세게 받아야 해요. 강하게 받으라 이거예요. 따라서 합니다. 주여! 열어주세요!

마지막으로 한 번만 더 하면 내가 수 없는 약 480 테마(theme) 이상으로 내가 이렇게 도표 설교를 하는데 이런 거 할 때 단 하나도 집에서 내가 볼펜 가지고 미리 작성해 보고 '이렇게, 이렇게 해야겠다.' 단 한 번도 해본 적이 없습니다. 그 증인은 서미영한테 물어보라고요. 물어보면 안다니까. 모든 것은 그냥 성경책 하나만 들고 딱 올라오면 분필 손에 딱 들면 가만히 하나님의 성령이 이렇게 진행해요. 한 번 나를 통과한 성경에 대해서는 내가 알아야지요. 그래서 다시 리바이벌(revival)을 할 수 있어요.

성경을 알자. '성경을 알자' 이것도 처음 설교할 때는요? 대

책 없이, 대책 없이 그냥 성령을 의지하고, 그리고 성령이 이렇게 다 그렸어요. 성령이 이렇게, 이렇게 다 그리신 거예요. 아멘. 그래서 무조건 성령에 사로잡혀야 해요. 잡힐지어다. 그러니까 가르치는 사람도 성령으로 듣는 여러분도 성령으로.

한 예로 모세가 시내산에 올라가서 설계도를 봤죠? 보고 내려왔죠? 성막을 지었죠? 성경 기록했죠? 이거 모세 혼자 했냐고? 아니죠. 모세는 총감독자죠. 밑엣사람 시켜 먹는 거예요. 못 알아들어요. 못 알아들어. 모세는 말하는데 오홀리압과 브살렐이 못 알아들어요. "선생님, 뭐라 그랬어요?" "아이, 돌대가리같이 말귀를 못 알아들어요. 이 자식들아. 말귀도 못 알아듣는데 이 자식들아, 너희들이 서울대학 나왔어? 이 개새끼들아. 서울대학 나와서 이 자식들아, 설계도도 하나 못 그리냐?" "더 자세히 설명 좀 해봐요." "에이, 저리 가."

그래서 이 말이 안 되니까 "이리 대가리 갔다 대." 그래서 모세가 안수했어요. 안수하니까 드디어 모세 속에 있는 성령이 그들 속으로 싹 들어갔어요. 그때부터 모세가 한마디 하면 열 마디 하는 거예요. "내가 시내산에 올라갔거든." 그러면 벌써 듣는 사람 속에 공명이 일어나는 거예요. '어? 저런 걸 봤을지도 모른다.' "텐트 비슷한 걸 봤거든." '아 저렇게 봤겠구나.' 아멘. 그래서 모세가 한 말을 그들이 모세 말을 듣자마자 모세가 본 거 같은 그림이 이 속에 생겨나는 거예요.

설교는 그렇게 듣는 거예요. 내가 뭔 말을 하면요 여러분이 시내산에서 모세가 본 것 같은 그림이, 아멘, 사도 바울이 셋째 하늘에 올라가서 본 거 같은 똑같은 그림이 여러분 속에 자리가 잡혀야 해요. 요게 설교하는 사람과 설교를 듣는 사람이 둘이 서로 이것이 통로가 확보돼야 하는 거예요. 아멘 할렐루야!

그러니까 여러분이 내 설교를 듣다가 혹시나 하품이 나거나 자꾸 오줌 싸러 가고 싶거나. 그런다고 또 내가 오줌 싸러 가지 말라 소리는 절대 안 해요. 나도요 하도 오줌을 안 싸서요. 한 번 설교하러 올라가면 7시간 설교하죠. 이걸 30번 이상을 했어요. 하루는 서울대학병원에 갔더니 내 방광이 고장났다 그러더라구요. 하도 오래 참아서. 여러분들은 오줌 싸고 싶으면 나가서 싸요. 그 대신에 나가서 싸고는 꼭 돌아오라고요. 싸는 척하고 그 길로 해서 집으로 도망가면 돼요?

그러니까 나는 여기 설교를 해보면 나하고 주파수와 채널이 맞은 사람과 안 맞은 사람을 내가 알까? 모를까? 대번 알아버려요. 우리 집사람까지도 알아버려요. 집사람이라고 항상 채널이 나한테 맞는 게 아니에요. 내가 옛날에 개척교회할 때 집사람하고 싸울 때 머리 한방 딱 쥐어박아요. 그러면요? 예배 와서 반주는 하는데요? 눈을 거꾸로 뜨고 앉았어요. 반주하는데 눈을 거꾸로 뜨고 속으로 뭐라 그러는지 알아요? '잘 해 먹어라. 이 개새끼야. 목사가 사람을 때리냐, 이 개새끼야.' 그러니깐요? 이게 설교가 은혜도 안되고 그래서 난 절대 사람 안 쳐다봐요. 그때부터는 누구를 쳐다보냐? 바싹 익은 앵두만 쳐다봐요. 앵두만. 완전히 성령의 주파수가 맞은 사람. 아멘 제일 세게 하는 사람. 성도 중에서도 나한테 항의하는 사람이 많아요. "목사님, 왜, 목사님, 설교하다가 왜 그년만 자꾸 쳐다보냐고?" "몰라. 나도. 자꾸 눈이 그리로 가." "아니, 그년이 이쁘기를 해요? 어? 아니, 주걱턱까지 나와서 말이야. 여기 양쪽에 고구마 두 개 붙여서 말이야. 또 뭐, 그년이 무슨 헌금이라도 많이 해요? 난 이렇게 예쁘고 헌금도 잘하는데 왜 나는 안 쳐다보고 목사님이 말이야 못생긴 그년만 자꾸 쳐다봐요?" "몰라. 설교 하다 보면 자꾸 그리로 가. 그리로 가. 가."하는데 나중에 보니까 왜 가느냐 했더니 아멘 세게 하는 쪽으로 가더라고요. 그게 왜냐하면 주파수가 맞거든요. 주파수. 설교하면서 왔다 갔다 하면 불이 일어나요. 불이. 불이 일어난다고. 아멘. 할렐루야! 두 손 들고 아멘. 잘한다. 잘한다.

그래서 설교는 하는 사람도 잘해야 되지만 듣는 사람도 잘 들어야 해요. 아이고! 우리 며느리 양메리 간사 보면 이뻐 죽겠어요. 한마디 말하면요, 백 마디 알아들어 버려요. 진짜야. 진짜. 하루에 한 시간씩 내가 성경 가르치는데 나 이렇게 잘 알아듣는 애 처음 봤어요. 잘 알아듣는지 모르는지는 어디서 확인하냐면 자기 아버지 교회 가서 또 해요. 내가 가르치는 것을. 이야, 이게 보통 잘하는 게 아니에요. 할렐루야지? 또 우리 전에녹 전도사도요, 난 재가 내 설교를 하나도 못 하는 줄 알았어요. 왜냐하면 나하고 말을 안 하니까요. 이번에 며느리 교회 가서 설교하는 걸 보니까요 속은요 멀쩡하더라니까요. 차라리 나보다 더 잘해요. 왜냐하면 나는 중간에 욕을 많이 하는데 재는 욕도 한마디도 안 하고 군더더기 말 하나도 안 해서 심플(simple)하게 딱 해요. 한 가지 부족한 것은 성령의 폭탄만 세게 받아버리면. 여러분들도 성령의 폭탄을 받으세요. 아멘. 할렐루야! 따라서 합니다. 주여, 열어주세요.

그러면 이제 여기까지 설교는 지난주에까지 다 한 거예요. 이제 새로 시작해요. 새로. "아! 목사님 참! 다 끝난 줄 알고 성경 덮었는데 다 끝난 줄 알았는데 이제 또 시작이에요?" 원래 이렇게 하는 거예요. "목사님, 감기 왔으니까 빨리 짧게 하고 들어가세요." 더럽게 남의 사정을 알아주고 난리야.

나는 순교해도 괜찮아요.

Ⅳ.
모세와 바울 외에
하늘의 설계도를 본 사람

1. 아브라함

자, 그래서 설계도를 보고 성막과 성경을 썼는데 모세 보다 먼저 한 사람이 있어요. 모세 보다 이 시내산의 설계도를 먼저 본 사람이 있어요. 모세는 나중에 봤다고요. 성경에 보면 먼저 본 사람이 수도 없이 많은데 확실하게 딱 굳혀 있던 사람이 아브라함이에요. 아브라함이 하늘의 설계도를 먼저 봤어요. 아브라함이 하늘의 설계도를 보고 아브라함이 본 것을 땅으로 끌어 내려서 만든 것을 뭐라 그러냐? 살렘이라고 해요. 살렘. 살렘성을 만든 거예요. 똑같은 걸 보고도 이 땅에 와서 짓는 것은 조금씩 달라요. 그런데 주제는 다를까? 같을까? 다 그리스도예요. 살렘. 살렘. 아브라함에 의해 살렘성이 시작된다. 아브라함은 모세보다 훨씬 앞의 사람이죠. 이해됐죠?

2. 다윗

그러고 나서 나중에, 뒤에 또 본 사람이 많아요. 다윗이 봤어요. 다윗. 다윗도 하늘나라에서 봤어요. 봤는데 이 다윗은 '살렘'으로 본 게 아니라 '예루'까지 붙였어요. '예루'. 그래서 예루살렘을 보게 됐어요. 그걸 보고 이 땅에다 끌어내렸어요. 끌어내려서 이 땅에다가 예루살렘을 건설했어요. 자기 맘대로 지은 게 아니에요. 하늘의 설계도대로 지은 거예요.

그러니까 모세오경이나 성막이나 살렘성이나 그리고 다윗이 만든 예루살렘성은 근본적인 설계도는 같을까? 다를까? 똑같은 거예요. 전체 주제는 그리스도예요. 그리스도. 이해됐어요? 그래서 성경에는 이렇게 본 사람들이 많아요. 본 사람들의 특징이 뭐냐? 하늘의 설계도를 본 사람은 공통되는 특징이 가만히 못 있어요. 무조건 본 것을 이 땅에다가 끌어내어서 본 것을 이 땅에서 지으려고 해요. 못 말려요. 못 말려. 누가 시켜서 하는 게 아니에요. 못 견딘다니까요. 이와 같이 여러분들도 하늘의 끝을 보시면 본 사람들은 가만히 있지를 못해요. 목숨 걸고 달라붙어요.

3. 사도 요한

그리고 이것을 본 최후의 사람이 사도 요한이에요. 사도 요한은 여기다 '새' 자를 붙여요. '새'자. 새 예루살렘. 똑같은 거예요. 다 똑같은 거야. 따라 해봐요. 아브라함, 모세, 다윗. 따라서 합니다. 바울. 따라서 합니다. 요한. 전체 주제는 다 뭐냐면 다 그리스도예요. 그리스도의 모든 호칭이, 모든 호칭이 이건 살렘으로 돼 있고 이건 성막으로 돼 있고 그러는데, 하나님이 최후의 이름을 컨펌 한 것이 뭐냐? 새 예루살렘이에요. 이게 원래 본명이에요. 본명. 그래서 요한계시록 21장에 보면 그 새 예루살렘이 하늘로부터 내려오는 겁니다. 아멘. 그날이 올 줄 믿습니다. 할렐루야!

4. 하늘의 설계도를 본 사람들의 공통점

그래서 본 사람들은 무조건 이 땅에 와서 뭔 일을 해요. 일을 하는 건 뭐를 해도 정치를 하든지 뭐 정치, 경제, 사회, 군사, 외교, 교수 뭐 공장에서 일을 하고 뭐 부엌에서 밥을 하든지 뭔 일을 하든지 그 사람들은 주제가 그리스도예요. 그리고 하늘의 설계도를 땅에다 구축 해나요. 아멘. 새 예루살렘이 땅으로 내려온 것이 뭐냐. 교회예요. 교회. 신약시대 때는 교회예요.

그러니까 새 예루살렘에 대해서 그림자로도 본 사람은 무조건 그 사람은 교회를 만들려고 그래요. 그 사람을 떼어내서 따로 떼어놔도 군대를 보내놔도 거기서 또 교회를 만들어요. 금방 몇 명 모여서 교회를 만들어요. 해외 이민을 시켜놔도 금방 또 교회를 만들어요. 본 사람들의 본능이에요. 본능. 여러분도 그렇게 할지어다. 본 자만이 할 수 있는 거예요. 열릴지어다. 우리는 이렇게 하늘나라 가서 못 보잖아요? 못 봤기 때문에 본 사람들의 글을 잘 읽어보면 모세가 대표로 보고 내려왔어요. 사도들이 보고 내려왔어요. 보고 내려와서 쓴 그 글을 잘 보면 여러분도 하늘에서 직접 본 것과 같은 효과가 일어나요. 아멘. 주여! 열어주세요.

V.
하늘의 설계도의 첫 적용
: 천지창조

1. 그리스도를 위하여 지어진 만물

자, 여기서 이제 중간에 키가 있어요. 이 모든 설계도는 그리스도인데 설계도대로 하나님이 첫 번째 하는 일이 뭐냐? 천지창조예요. 천지창조한 것이 제일 먼저 한 일이었어요. 물론 〈만유 회복〉할 때 이 세상이 창조되기 전에 천사의 나라가 먼저 있었다고 했어요. 그거는 빼고. 그거 빼고 나서 이 세상의 모든 창조는 천지창조부터 시작됐지요? 그 천지창조를 하나님이 그냥 즉흥적으로 한 게 아니에요. 전부 설계도에 따라서 천지를 창조해 나가기 시작한 거예요. 이해가 됐어요? 성경에 어디 있다 그랬어요? 골로새서 1장 16절. 만물이 그리스도를 위하여. 따라서 합니다. 위하여. 그러니까 창세기 1장 설계도의 해독을 하는 거예요. 해독을. 만물이 그리스도를 위하여 그리스도에 의하여 그리스도의 것으로 지어졌다. 믿습니까? 그러니까 만물이 다 그리스도를 위하여. 왜? 그리스도가 설계도니까.

그러니까 창세기 1장에 하나님이 천지를 창조할 때 "빛이 있으라." 누구를 위하여 지었다고요? 전부 그리스도와 관계가 있는 거예요. "물과 물이 나눠지라." 이게 전부 그리스도와 관계가 있는 거예요. 만물이 그리스도를 위하여 지어졌으니까. 아멘. 활짝 열릴지어다. 따라서 합니다. 주여! 열어주세요!

2. 천지창조보다 설계도가 먼저

그래서 천지창조가 이루어진 일곱 단계, 첫째 날, 둘째 날, 셋째 날 이 모든 것들은 하나님의 설계도가 창조를 통하여 나타난 거예요. 내가 물어볼게요. 창조가 먼저예요? 설계도가 먼저예요? 다시. 다시. 창조가 먼저예요? 설계도가 먼저예요? 여러분도 집을 다 지어놓고 설계도 그려요? 아니지? 뭐부터 먼저 그려요? 똑같은 거예요. 그럼, 창세기 1장의 천지창조가 먼저예요? 설계도가 먼저예요? 그거는요 에베소서와 빌립보서, 골로새서에 나와 있어요. 천지 모든 만물이 만들어지기 전에. 창세 전에. 뭐 전에요? 창세 전에. 창세 전에 하나님이 설계도를 먼저 그렸다고요. 이해되시면 아멘.

그래서 창세 전에 그려놓은 설계도대로 하나님은 진행을 계속할 거예요. 우리가 창세기 1장을 읽을 때 이런 앞에 있는 오픈 강의를 안 듣고 창세기 1장을 읽으면 헛방이에요. 헛방. 어떻게 그러냐. '아, 하나님이 6일 동안 천지를 창조하셨고 마지막 날 쉬었네. 첫째 날 빛을 만들었네. 둘째는 궁창을 만들었고, 셋째는 땅을 만들었고 넷째는 해와 달과 별을 만들었고 그다음 생명을 만들었네.' 이렇게밖에 안 보인단 말이에요. 그러나 이런 오픈 강의를 듣고 성경이 왜 기록되었고 천지창조가 왜 기록되었는가? 그리스도를 말하기 위하여. 그리스도를 선포하기 위하여.

모든 것은 다 그리스도를 설명하려고 천지창조도 섭리도 통치도 역사가 이루어지는 과정도 이건 창세기뿐이 아니고 창세기부터 요한계시록까지 다 모든 것이 다 그리스도를 설명하려고 그래요. 그리스도를 설명하려고 하나님은 진행하셨다고요.

지금도 우리 가운데 하나님의 역사를 진행하는데 똑같은 거예요. 그리스를 위하여. 여러분이 이 세상에 태어난 거 누구 때문에 태어났어요? 그리스도를 위하여 태어난 거예요. "에이, 목사님, 진짜 다 은혜스러운데 그건 틀렸다. 우리 엄마 아빠가 사랑놀이하다가 내가 실수로 태어났는데요?" 돌대가리 같은 소리를 하고 있어. 사랑놀이하는 것까지도 하나님 설계도에 다 들어가 있어요. 하나님의 설계도에 안 들어가는 건 하나도 없어요. 그래서 여러분들이 왜 태어났느냐? 그리스도 때문에 태어난 거예요. 그리스도를 위하여, 그리스도에 의하여, 그리스도의 것으로. 아멘.

여러분, 이세 교회 나왔죠? 여기 왜 나왔어요? 그리스도를 위하여, 그리스도 때문에. 아멘. 그래서 하나님의 전체적인 의도와 여러분의 의도, 이것이 딱 맞으면 나머지 일은 다 돼요. 다. 하나님이 다 시온의 대로를 열어줘요. 그냥 다 잘 되게 돼 있어요. 개인, 가정, 자녀, 학교, 사업도 다 잘 되게 돼 있어요. 하나님의 의도하고 같이 줄을 맞추면요. 깨달아졌어요? 깨달아졌으면 아멘.

3. 일곱 개로 구성된 하나님의 설계도

그런데 이 하나님의 설계도가 복잡하지 않아요. 딱 일곱 개예요. 일곱 개. 일곱 개가 하나님의 설계도로 돼 있어요. 그리스도는 일곱 개예요. 일곱 개. 이 일곱 개가 뭐냐면 그리스도 중에서도 다 말하는 게 아니고 이거 복잡하게 하려면요? 100년을 공부해도 그리스도가 누군지를 다 몰라요. 그러나 하나님이 우리에게 요것만큼은 꼭 알아주라고 하는 거예요. 성경이 신구약 66권이 이게 두꺼워요. 한 번 읽으려면요? 제일 빨리 읽어도 40일 읽어야 해요. 읽어도 뭔 말인지 몰라요. 그런데 이 성경이 왜 이렇게 복잡한지 알아요? 두꺼운지 알아요?

그런데 성경은요 이 모든 내용을 하나님이 우리에게 하고 싶은 일곱 마디를 하고 싶은 겁니다. 여러분들이 성경을 알아 주기를 하나님이 기다리는 거예요. 여러분은 주님 재림할 때까지 해도 성경 다 몰라요. 나도 다 몰라. 그러나 하나님은 일곱 개는 알아주라는 거예요. 이게 하나님의 설계도예요.

VI.
첫째 날
: 창조주가 사람으로 오신다

1. 하나님의 소원 - 7대 복음을 알아달라

첫 번째가 뭐냐면 이 세상을 창조하신 하나님이 사람으로 이 땅에 내려간다 이거예요. 이게 하나님이 우리가 알아주기를 원하는 첫 번째 사건이에요. 여러분들이 하나님을 안다 안다 하는데 뭘 안다고 하느냐? 이 세상을 창조하신 하나님이 사람의 육체의 옷을 입고 마리아의 배를 빌려서 사람의 모습으로 태어났다. 이 말을 해주길 하나님은 기다리는 거예요. 한번 해 드릴래요? 하나님이 여러분 입에서 뭐 다 그렇게 해주기를 원하는 게 아니에요. 하나님이 그리스도가 이 세상에 와서 우리 죄인을 위하여 무엇을 할 것인지 그걸 알아달라는 거예요. 이것 때문에 성경이 기록된 거예요. 이것 때문에. 아멘. 이해됐어요?

그러니까 여러분들이 하나님의 의도를 아는 사람은 성경 백번 천번 읽은 거보다 효과가 더 좋은 거죠. 반대로 하나님이 우리가 알아주길 원하는 일곱 개, 그리스도에 대한 일곱 개를 모르면 성경 다 외워도 바리새인들처럼 사두개인들처럼 율법사들처럼 주님 앞에 뭐라는 소리 듣는 줄 알아요? 사단이라 그래요. 사단. 성경 다 외워서 쓰는데도 사단이라고 그래요. "사단아, 물러가라." 그래요.

이 말을 알아듣는 자는 복이 있도다. 하나님은 꿈에도 소원이 우리에게 일곱 가지를 알고 살라는 거예요. 뭘 해도 좋아. 뭐 가정 살림을 해도 좋고, 돈 벌어도 좋고, 사장을 해도 좋고, 교수를 해도 좋고, 뭔 일을 다 하되 먼저 알아줘야 할 것을 알아주고 난 뒤에 그다음에 하라는 거지요.

2. 하나님의 제1성 - 하나님이 사람으로 이 땅에 온다

첫 번째 사건이 뭐냐. 하나님이 사람으로 이 땅에 내려왔다, 이거예요. 이것이 바로 "빛이 있으라"예요. 하나님의 제1성이에요. 제1성. 믿습니까? 노래를 한 번 불러봐요. '살아계신 주'를 불러봐요.

<주 하나님 독생자 예수>

1. 주 하나님 독생자 예수 날 위하여 오시었네
내 모든 죄 다 사하시고
죽음에서 부활하신 나의 구세주

(후렴) 살아계신 주 나의 참된 소망 걱정 근심 전혀 없네
사랑의 주 내 갈 길 인도하니
내 모든 삶의 기쁨 늘 충만하네

2. 주 안에서 거듭난 생명 도우시는 주의 사랑
참 기쁨과 확신 가지고
예수님의 도우심을 믿으며 살리

3. 그 언젠가 주 뵐 때까지 주를 위해 싸우리라
승리의 길 멀고 험해도
주님께서 나의 앞길 지켜주시리

<성령 받으라>

1. 성령 받으라 성령 받으라 예수 내게 말씀하셔서
성령 받으라 성령 받으라 예수 내게 말씀하셔서
할렐루야 성령 받았네 나는 성령 받았네
할렐루야 성령 받았네 나는 성령 받았네

2. 은사 받으라 은사 받으라 예수 내게 말씀하셔서
은사 받으라 은사 받으라 예수 내게 말씀하셔서
할렐루야 은사 받았네 나는 은사 받았네
할렐루야 은사 받았네 나는 은사 받았네

3. 능력 받으라 능력 받으라 예수 내게 말씀하셔서
능력 받으라 능력 받으라 예수 내게 말씀하셔서
할렐루야 능력 받았네 나는 능력 받았네
할렐루야 능력 받았네 나는 능력 받았네

<주 하나님 독생자 예수>

3. 그 언젠가 주 뵐 때까지 주를 위해 싸우리라
승리의 길 멀고 험해도
주님께서 나의 앞길 지켜주시리

(후렴) 살아계신 주 나의 참된 소망 걱정 근심 전혀 없네
사랑의 주 내 갈 길 인도하니
내 모든 삶의 기쁨 늘 충만하네

아멘 할렐루야! 하나님이 우리에게 제일 하고 싶은 말이 뭐라고요? "하나님이 사람으로 이 땅에 온다." 하나님이 우리에게 제일 하고 싶은 제1성이에요. 제1성. 그것을 표현하기 위하여 "빛이" 뭐 하라? "있으라."

3. 빛이 있으라 - 하나님이 사람으로 오신다

이거는 자연의 빛이 있으란 뜻이 아니에요. 이 자연 빛, 해와 달과 별은 오늘 내가 하려고 하는 네 번째 날 가야 만들어져요. 첫째 날 "빛이 있으라"고 하는 것은 요한복음 1장이 말하는 빛이에요. '참 빛 곧 세상에 와서 각 사람에게 비치는 빛이 있다. 그가 세상에 계셨으며 세상은 그로 말미암아 지은 바 되었으되 세상이 눈치를 채지 못했다. 그러나 눈치를 채는 자에게는 영접하는 자에게는 하나님의 자녀가 되는 권세를 주셨다.' 그러니까 하나님이 사람으로 이 땅에 온다. 요것만 받아들여도 바로 하나님의 자녀가 된다는 거예요. 이야! 하나님 자녀 되는 게 쉬워요. 할렐루야!

하나님의 자녀가 되는 문턱이 첫 번째 문을 통과하는 것이 뭐냐? 하나님의 자녀가 되는 첫 번째 문은 예수 그리스도는 사람이 아니고 이 세상을 창조하신 분이다. 만물이 그로 말미암아 지은 바 되어 지은 것 중에 단 하나도 자연이 스스로 있는 게 아니라 그로 말미암아 지어졌어요. 그가 누구라고요? 그가 누구라고? 그리스도예요. 예수. 예수. 할렐루야! 이것을 하나님이 알아주길 바라는 것입니다.

그러니까 하나님도 제일 말하고 싶은 말이 이 말이에요.

하나님이 사람으로 내려간다, 이거예요. 우리가 하나님에 대하여 제일 알아주길 원하는 것도, 이것을 이해해 달라는 거예요. 이것을 알아달라는 거예요. 다 알아 달라는 소리 안 해요. 하나님은 신구약 성경 다 외우라 소리 안 해요. 이 세상을 창조하신 하나님이 사람으로 내려갔다!

4. 복음의 첫 단추를 부인하게 하는 사단의 계략

그런데 지금 지구촌뿐 아니라 대한민국에는 목사들, 이 개새끼들도 예수님이 마리아가 바람피워서 났다 그래요. 그런 놈들한테 욕을 해야 해, 안 해야 해? 야! 이 개새끼야! 네가 목사야? 이 개자식아. 이 개새끼야. 장로교 중에 어떤 교파 있지요? 수유리에 있는 기장 있죠? 기장? 바로 날 고발 잘하는 애가 속한 거기. 김용민, 도올 전부 다 그 교단에 속한 거예요. 그 교단은요 아예 예수는 누구냐? 마리아가 바람피워서 났다 그래요. 저게 교단이냐고. 저게 교단이냐고. 앞으로 내가 한기총 회장 다시 해서 저거 전부 기독교에서 제명시켜 버려야 해요. 다 제명시켜 버려야 해. 이 새끼들. 그래서 한기총 대표회장 내가 다시 하려고 그래요. 아멘. 미친놈들이지. 세상에. 주님의 복음의 첫 단추를 꿰고 지나가려고 하는 거예요.

이 사단도요 이게 굉장히 위력이 있다는 걸 알기 때문에요. 하나님이 사람으로 이 땅에 왔다, 이것이 복음의 첫 단추예요. 이것을 여러분이 외치는 순간에 사람 속에 있는 사단이 떠나가게 돼 있어요. 사단이 자기가 떠나가기 싫어서 계속 마리아가 바람피워서 예수가 태어났다고 부추겨요. 사단이 인간을 계속 가지려고요. 여기에 승부가 있어요. 승부가. 이해되시면 아멘.

5. 예수를 영접하면 혼돈, 공허, 흑암이 물러간다

그래서 사람으로 이 땅에 오신 예수가, 하나님이 사람으로 이 땅에 오신 분이 예수인데 이것을 받아들이면 바로 세 가지가 물러가요. 따라서 합니다. 혼돈, 공허, 흑암.

절대 예수의 빛이 사람 속에 들어가기 전에는 절대로 못 이겨요. 혼돈 못 이겨요. 돈이 많다고 혼돈을 이겨요? 공허를 이겨요? 돈 많은 사람이 자살 먼저 해요. 최진실이 여러분, 인기가 없어? 돈이 없어? 자살해 죽을 때 돈 150억을 통장에 남겨놓고 죽었어요. 나는 돈이 5천만 원 있어도 자살 안 하겠다. 그런데 150억 놓고 자살해요? 이야. 노무현 봐요. 대통령까지 해먹은 사람이요. 그냥 가만히 존재만 해도 한 달에 천만 원씩 국가가 말이야 죽을 때까지 줘요. 대통령까지 했으니 뭐 말만 하면 대통령 끝난 뒤에도 기자들이 다 받아 써요. 그러면 예수님 재림할 때까지 살아야 할 거 아니에요? 그런데 왜 자살하냐고? 공허한 거예요. 공허한 거. 여러분들은요 왜 자살 안 하는 줄 알아요? 정상을 못 가봤기 때문에. 턱에 기어 올라가려고 정신이 없어서 막 그러니까 여러분은 자살할 자격도 없는 거예요. 막상 돈 한번 가져보라니까. 가지면요 다 자살해요. 정상에 가면 자살해요. 그러니까 예수가 없는 사람은 정상에 가면 돼? 안 돼? 그래서 다 자살해요. 다 자살해. 헤밍웨이도 자살해. 니체도 자살하고, 셰익스피어도 자살하고. 부와 명예와 돈, 이쁜 여자 다 가진 사람들이 다 자살해요. 왜 그러냐? 왜? 이 속에 사단을 못 이기는 거예요. 따라서 합니다. 혼돈, 공허, 흑암. 사단이 사람 속에 있을 때 나타나는 현상이에요.

6. '주여'를 불러 사단을 몰아내자

이것을 쫓아내기 위한 것은 간단해요. 여러분 속에 예수를 받아들이면 돼요. 예수를 받아들이는 것도 복잡할 게 없어요. 그냥 입에서 '주여'를 부르면 돼요. 주여. '주여'를 부르는 순간에 영이 바뀌어 버려요. 영이. 사단의 영에서 예수의 영으로. 다시 한번. 주여! 얼마나 쉬워? 얼마나 쉬워? 할렐루야! '주여'만 부르면 영이 바뀐다니까요. 영이. 끝까지 '주여'

안 부르는 인간들이 많아요. '주여' 해보라고 그러면 입을 꾹 다물고 응 응 응 그래요. 뭐가 응 응 응 이야. 어떤 사람은 남편을 말이야 잔소리하고 달달 볶아서 10년 만에 우리 교회 처음 오게 했어요. 앞에 앉혀 놨네. 집사님이. 옆구리 콕 찌르면서 "똑바로 들어. 목사님 말 똑바로 들어." 앞에 앉혀놨어요. 내가 계속 그랬어요. "'주여!' 하세요. '주여!'" 안 해요. 끝까지 안 해. "아니, 다 했는데 선생님 혼자 안 했잖아 지금. '주여!' 하라고요." 내가 강제로 하게 하니까 "주여" 해놓고는 히히 웃어요. 그렇게 '주여'가 그렇게 힘들까?

그러나 여러분은 '주여' 해놓고 기뻐요? 감사해요? 할렐루야야? 이게 주님이 제일 좋아하는 말이에요. '주여'란 말은 뭐냐. 이 세상을 창조하신 하나님이 사람으로 왔다! 이것을 공개적으로 선포하는 거예요. 선포하는 거. 신앙 고백 중에 제일 짧은 신앙 고백이 '주여'예요. '주여'. '전능하사 천지를 만드신' 다 안 해도 괜찮아요. 그냥 '주여'만 불러도 돼요. 따라 해봐요. 주여! 그렇지. 뭐 그런다고 뭐 돈이 드냐? 뭐냐? 돈 안 주고도 불러도 되는데 말이야.

주여 부르면 병 나아요. 주여 부르면요, 문제 해결돼요. 왜? 예수가 사람 속에 확 들어오니까. 들어오면 예수님은 자기 집을 수리하게 돼 있어요. 여러분의 육체는 예수님의 집이에요. 집. 예수님이 자기 집을 수리하려고 병 고친다고요. "주여"만 부르면 병 고쳐요. 아멘. 할렐루야! 예수님이 여러분 속에 들어와서 집을 짓고 살기를 원해요? '주여'를 불러줘야 해요. 다시 해봐요. 주여! '주여'는 아무리 세게 불러도 부작용이 없어요. 시시때때로 불러도 돼요. 시시때때로. 아멘. 믿습니까?

Ⅶ.
둘째 날의 역사
: 죽음과 분리

1. 물과 물이 나뉘라 – 예수의 십자가 죽음

그다음에 두 번째 날이 뭐냐? 물과 물이 나눠진다는 겁니다. 나눈다는 것은 뭐냐? 예수님은 십자가에 죽는다는 것입니다. 우리에게는 뭐냐? 자아를 쳐낸다는 것입니다. 분리예요. 분리. 분리해야 된다는 거예요. 아멘. 이스라엘 백성을 애굽에서 분리시키는 거예요. 둘째 날은 분리의 날이에요.

여러분들도 이게 복음의 두 번째 단추예요. 첫째는 뭐냐? 이 세상을 창조하신 하나님이 사람으로 온다! 둘째는 그가 십자가에 죽는다! 십자가에 죽는 예수를 우리가 알게 되면 우리는 분리된다는 것입니다.

2. 둘째 날을 알면 분리의 역사가 일어난다

물과 물이 분리되는 것처럼 세상과 내가 분리돼요. 하나님의 것과 내 것이 분리돼요. 십일조를 분리할 수 있어요. 둘째 날 가야 십일조가 분리되는 거예요. 주일 날도 분리돼요. 주일날도. 주일날은 뭐 하는 날이라는 것을 이 사람은요, 아예 그냥 몸에 배어버리는 거예요. 어제그저께 강연재 변호사 나한테 뒤지도록 혼났어요. 내가 뒤지도록 혼냈어. 왜냐하면 어머니가 돌아가셨거든. 애들 볼 사람이 없으니까 주일날 유튜브로 예배드렸다 그래. "너 죽을래? 나한테." "어유, 난 이렇게 무서운 줄 몰랐네. 이렇게 무서운 줄 알았으면 전광훈 목사 옆에 안 오는 건데 말이야." 그래서 이게 주일 날이 뭔지도 모르는 인간들이 뭘 교회를 다닌다고 난리야. 부모가 죽어서 장례식 관 속에 넣어놓고도 주일날 예배드리러 와요, 안 와요? 주일 날은 목숨 걸고 지켜야 하는 거예요. 아멘. 주일 날을 가지고 아직도 뭐 바쁘다고 안 오고 뭐 한다고 안 오고. 그래서 뭐 코로나 때문에 안 온다고. 야야, 코로나 때는 와서 예배당 바깥에 거기서도 말이야 유튜브 틀어 놓고 거기서 서서 예배를 드려야지 말이야. 이스라엘 백성들이 통곡의 벽에 와서 하는 것처럼 말이야. 아멘. "갔더니, 뭐, 사랑제일교회 갔더니 들어오지도 못하고 본당에 못 들어오고 바깥에서 추워서"? 쫓겨나서도 거기 벽에 붙어서 예배 해야지. 주일날 개념도 모르고 말이야. 여러분은 둘째 날의 역사가 일어나야 해요.

십자가에 죽은 예수를 네가 아느냐? 그 현상은 뭐냐? 그 사람이 분리되는 걸 보면 알아요. '아, 저 사람의 삶이 그대로 분별이 되는 거구나. 아, 저 사람은 십자가에 죽은 예수가 누군지를 아는구나.' 할렐루야! 아멘. 믿습니까?

두 번째 날 십자가에 죽은 예수를 내가 설교할 때 여러분이 부담 없이 여러분 속에 들리고 받아들이길 원하면 입에서 아멘이 터져야 하는 거예요. 아멘 안 하는 사람은요? 다른 재미있는 거 예화를 하거나 재밌는 얘기를 할 때는 막 웃고 하다가도 '십자가에 달려서' 그러면 아멘 안 해 버려요. 참 이상해. '십자가에 달려서' 불러 봐요.

<울어도 못하네>

(후렴) 십자가에 달려서 예수 고난 보셨네
나를 구원하실 이 예수밖에 없네
십자가에 달려서 예수 고난 보셨네
나를 구원하실 이 예수밖에 없네

3. 간증 - 내가 겪은 둘째 날

아멘 할렐루야! 목걸이만 목에다가 걸고 다닌다고 십자가를 아느냐고? 때려치워. 내가 이번에 불 집회할 때도 얘기했지만요? 내가 결혼할 때 돈이 하도 없어서요? 왜? 부도났으니까. 우리 어머니 아버지가 7천만 원의 부도를 내놨으니 장가 갈 돈도 없는 거예요. 우리 매형이 나한테 돈을 100만 원 빌려줬어요. 대구에 있는 매형이 장가 비용으로 쓰라고요. 그런데 이걸 가지고요. 집사람 뭐, 또 뭐, 우리 아버지 뭐, 한복 해 오라 뭐 하는데 돈을 주고 나니까 돈이 없어요. 그래서 저 사람한테 이제 예물을 주는데 금반지 한 돈짜리 해주고 그다음에 또 목걸이 세 돈인가 해주고. 그래서 이제 겨우 그걸로 때워서 줬는데 그것도 좋다고 저 사람이요 막 곽에다 넣어서 하루에 한 번씩 꺼내 보는 거예요. 그 금반지 한 돈짜리가 좋다고. 그래서 내가 "그게 뭐 좋냐?" 그러니까 이거는 돈이 문제가 아니라 뜻이 중요하다는 거예요. 처음에 저 사람이 나한테 말할 때 금반지도 해주지 말고 구리반지 해 달라고 했어요. 구리반지. 구리반지 길거리 가다가 리어카에서 사자고 해요. 당신만 사주면 그걸로 됐대요. 저 사람이 내 사정을 알고.

그래서 개척교회를 하다가요, 돈이 떨어져서요? 세상에! 12월 24일이 됐어요. 12월 24일이 됐는데 우리 교회 성도들이 수군수군해요. 내 밑에 있는 부목사가 하나 있었어요. 부목사가 있는데 부목사 월급 안 준다고 막 난리예요. 월급을 왜 못 주냐? 너희들이 헌금을 안 해서 못 주지. 개 같은 년들아. 그러면서요, "우리가 헌금한 거 목사님하고 사모님 다 떼어먹고!" 그래요. 사실 헌금 몇 푼 나오지도 않아요. 교회 월세도 다 못 줘요. 그런데 성도들은요 항상 엉뚱한 소리 해요. 그중에 제일 소리 세게 한 년이 누군지 아세요? 수석 여전도사 김이숙 저년이에요. 저년이요 성도들한테 다니면서 그래요. "아이고! 우리 헌금한 거 목사님이 다 떼어먹고 사모님이 다 떼어먹고 말이야. 그리고 우리 불쌍한 우리 부목사님." 성도들은 항상 약한 자의 편을 들어요. 나는 배불리 먹고 부목사는 굶는 줄 알고. 천만의 말씀이에요. 여기 지금 우리 성도 중에서도 지금도 그런 인간들 많아요. "목사님은 헌금하니까 많이 처먹어서 배가 뽈록 나오고 말이야 우리 전도사님들은 말이야 불쌍해." 전도사님들 내가 돈 줄 거 다 줘요. 에이 씨! 내 깔 거 이번에 다 까버려야겠다. 우리 교회 교역자들 내가 집 다 사줬어요. 집 다 사줬어요. 됐나? 정신 나간 소리하고 있어. 불쌍한 사람 전광훈 하나밖에 없어. 떠들고 난리야. 지도자가 되면 자기는 어렵고 굶어도 밑에 사람은 챙기는 거예요.

지도자는 죽고 난 뒤에 그 이유를 아는 거예요. 박정희가 뭐라 그랬어요? "나에게 침을 뱉으려거든 무덤에 와서 침을 뱉으라. 내 죽은 뒤에 가야 대한민국이 내가 누군지를 안다." 그래서 〈내 무덤에 침을 뱉어라〉는 자서전이 박정희 자서전이에요. 내가 죽기 전에는 너희들이 내가 얼마나 나라를 위해서 고생했던 걸 모른다, 이거예요. "내 무덤에 침을 뱉어라. 날 비판하고 싶어? 날 흉보고 싶어? 내가 죽은 무덤에 와서 침을 뱉어라. 내 무덤에 들어갈 때까지는 날 씹지 마라. 알았지?" 박정희가 그랬단 말이에요.

그러니까 내가 목회를 해보면요 속 바가지로 썩어요. 자기한테 이해 안 되는 건 무조건 나를 원망하고 비판하고 난리에요. 개 발광을 다 떨어요. 어유. 나는 어려워서 말이야, 우리 한나 5살 때 말이야, 그 어린애를 말이야, 세상에! 교회이 강대상 옆에 베다니 방에다 가둬놓고 말이야, 주일학교 선생님한테 맡겨놓고 집사람은 나하고 부흥회 하러 가서 난사투를 벌이고 있는데요. 갔다 왔더니 하루는요 우리 교회 여전도회에서요 세상에! 뭐라 그러는 줄 알아요? 목사님하고 사모님하고 부흥회 갔다 온다고 거짓말하고 외국에 놀러 갔다 왔다 그래요. 속 썩어요. 속 썩어. 천하에 못 할 것이 목회예요. 목회. 진짜요 하나님이 없으면 목회는 인간이 할 일이 아니에요. 목회보다 목사님보다 더 어려운 사람이 사모님이에요. 나는 여기서 소리라도 지르지. 사모님들은 소리도 못 질러요. 그래서 사모님들이 암 병 걸려서 빨리 죽어요. 뭐 어디서 풀 때가 없으니까. 오만 원망 다 들으니까.

그때도 말이야 12월 24일 성탄절이 됐는데, 내일이 성탄절인데 교회가 술렁술렁하는 거예요. 성도 몇 명 되지도 않아. 성도 50명. 50명. 50명 되는 교회도 술렁술렁하고 말이야. "목사님하고 사모님하고 우리 헌금한 거 둘이 다 처먹고 말이야 불쌍한 우리 부목사님한테는 한 푼도 안 주고." 떠들어요. 그래서 내가 집사람을 전당포에 데리고 갔어요. "반지 빼." 그래서 이 사람이 한 돈짜리 썩어 빠질 반지를 뺐어요. "목걸이 풀어." 풀었어요. 전당포에다 팔아먹었어요. 그래서 돈 15만 원을 찾았어요. 그래서 내가 부목사한테 줬어요. "자, 이거 사례비 줬으니 절대 성도들한테 다니면서 슬픈 표정 짓지 마요. '아, 나는 사례비도 안 받았어.' 그 소리 좀 하지 말고." 그리고 내가 집사람 거 팔아서 줬다 소리 안 했어요. 내가 돈 줬으니까 가지고 가라고 했어요. 자, 그러면 그 부목사 사모는 그다음부터는 불평해야 해, 안 해야 해? 계속 심방 다니면서 씹어요. 뭐라고 하냐면 헌금 한 거 목사님 사모님이 다 가지고 우리는 안 준다고 계속 씹는 거예요. 내가요. 내가 이런 얘길 하려면 설교를 못 한다니까. 내가 분통이 터져서.

그런데도 보십시오. 나는 그런 십자가를 지고 내 자아를 파쇄하고 억울함을 다 참고 저 자신을 부인하고 주님만 따라오니까 결국은 나는 승리하잖아요? 아멘이십니까?

4. 환란을 통해 우리 자아를 찢으시는 하나님

여러분들도 십자가가 여러분 속에 딱 부딪힐 때 원망하지 말아요. 힘들다고 하지 말아요. 전광훈 목사처럼 해요. 그러면 부활이 찾아와요. 지금 하나님이 여러분의 자아를 찢으려고요. 두 번째 날을 통과시키고 있는 거예요. 자아를 찢어서. 왜? 여러분의 자아가 있는 상태에서 하나님이 부활을 주면 안 돼요. 큰일 나버려요. 큰일 나버려. 여러분의 자아를 찢어서 자아가 십자가에 죽은 뒤에 그다음에 하나님이 축복을 줘요. 믿습니까?

그러므로 하나님의 말씀도 설교도 모든 환경도 하나님이 나를 찢으려고 나한테 다가올 때는 여러분이 거부하면 안 돼요. 주님의 찢김에 당해줘야 해요. 입에서 아멘이 터져야 해요. 할렐루야! '주님이 나를 찢으려고 하는구나. 내 자아를 죽이려고 하는구나. 그래서 우리를 부도냈구나. 그래서 가정을 어렵게 하였구나.' 여러분의 삶 속에 오는 모든 환란은 여러분의 자아를 찢으려고 하는 거예요. 찢으려고. 이게 복음이에요. 복음.

그래서 그런 사람들한테 위로도 할 필요 없어요. 그러니까 뭐, 성도들이 어려움 당했다, 사업이 어렵다고 가서 목사님들이 위로 찬송을 불러 가면서 "괜찮습니다. 우리 주님이 더 좋은 것을 주시려고." 그 말은 맞기는 맞지. 그러나 나는 딱 볼 때 그래요. '너는 찢어져야 해. 너는 돈 다 날아가야 해. 쫙 빨아야 해. 쫙 빨아야 해. 왜? 잘 나갈 때 너 십일조도 안 했잖아.' 나중에 돈 수백억 다 달리고 난 뒤에요. 부도나고 난 뒤에 와서 그래요. "이럴 줄 알았으면 내가 십일조라도 할 걸." 그런 예비 후보자들은 지금 잘하라고요.

어쨌든 총 결론으로 나한테 어려움과 환란과 고통이 올 때는 목적지가 뭐냐? 나를 찢으려고 합니다. 내 자아를 십자가에 못 박으려고요. '십자가에 달려서' 다시 불러 봐요.

찬송가 343장 <울어도 못하네>

1\. 울어도 못하네 눈물 많이 흘려도 겁을 없게 못하고
죄를 씻지 못하니 울어도 못하네

(후렴) 십자가에 달려서 예수 고난 보셨네
나를 구원하실 이 예수밖에 없네

2\. 힘써도 못하네 말과 뜻과 행실이 깨끗하고 착해도
다시 나게 못하니 힘써도 못하네

3\. 참아도 못하네 할 수 없는 죄인이 흉한 죄에 빠져서
어찌 아니 죽을까 참아도 못하네

4\. 믿으면 하겠네 주 예수만 믿어서 그 은혜를 힘입고
오직 주께 나가면 영원 삶을 얻네

아멘 할렐루야! 두 번째 날 현상이 온 사람은 다른 거 할 것 없어요. 무조건 자아를 죽여야 해요. 그래야 세 번째 날이 와요. 이게 복음의 메들리예요. 복음의 메들리. "목사님, 나는요 고통 하나 없어요. 잘 가고 있는데요." 잘 나가는 것도 두 가지예요. 예수가 그 속에 첫째 날이 안 와서 잘 나가고 있는 거예요. 나중에 한 방에 무너지니까 기다려봐요. 그러니까 예수가 내 속에 오면 반드시 예수님은 나를 찢으려

고 달려들어요. 왜? 거기에 자아에 사단이 붙어서요. 사단을 쫓아내려면 자아를 처리해야 해요. 이해됐어요?

5. 셋째 날 – 부활의 역사

그래서 이제 셋째 날이 오는 거예요. 셋째 날은 부활이에요. 부활. 복음의 짜임새가 요렇게 짜졌어요. 모든 성경이 다 이렇게 돼 있어요. 창세기부터 요한계시록까지 전체 내용이 사건만 달라요. 가정의 사건, 전쟁 사건, 모든 사건만 다르지, 하나님이 말하고자 하는 것은 바로 일곱 개예요. 이 복음을 이렇게 말하고 저렇게 말하고 국가를 통하여 말하고 개인을 통하여 말하고. 아멘. 그러니까 여러분들은 이 말을 잘 알아들어야 합니다. 그러면 세 번째 날 부활이 일어나는 거예요. 부활이.

사실은 첫째 날, 둘째 날만 잘하면 세 번째 날은 이제 잘되는 거니까 신경 안 써도 돼요. "뭍이 드러나라." 아멘. 그때부터 이제 부활의 역사가 일어나요. 자녀도 잘되고, 가정도 잘되고, 개인도 잘되고. 할렐루야! 믿습니까? 모든 것들이 다 잘되게 돼 있어요. 여러분도 부활의 역사가 일어나야 해요. 믿습니까?

Ⅷ.
넷째 날, 주관하라
: 승천 후 보좌에 앉으심

1. 해, 달, 별 – 직임과 직분

그러면 이제 드디어 네 번째 날이에요. 부활이 일어나면, 예수님이 부활하셨잖아요? 네 번째 날이 뭐냐? 예수님 부활한 후에 승천하여 하나님 보좌에 앉는 거예요. 그것이 바로 네 번째 해와 달과 별이에요. 왜 해와 달과 별이 왜 이것이 주님의 보좌에 앉음이냐? 이게 직임과 직분을 말하는 것입니다. 그러면 이건 해설하기가 쉽지요. 해, 그러면 뭐냐? 이것은 바로 요셉이 꿈을 꿨을 때 해 그러면 아버지를 말하는 거예요. 달, 그러면 뭐예요? 엄마. 별, 그러면 누구예요? 형제. 이게 뭐냐?

이 세상에 태어날 때 의미 없이 태어난 사람은 한 명도 없어요. 여러분, 여기에 의미 없이 인간으로 우연히 태어난 사람은 하나도 없어요. 하나님이 사람을 이 땅으로, 엄마 뱃속을 통하여 밀어낼 때 "너는 세상에 태어나서 무슨 일을 하다가 어떻게 하다가 죽어서 하늘나라로 오라." 이걸 하나님이 다 계획을 세워놨다니까요.

2. 넷째 날이 임해야 천직을 안다

그런데 하나님이 이 세상에 나를 사람으로 태어나게 한 그 이유를 언제 가야 아느냐? 네 번째 날 가야 알아요. 네 번째 날 이 복음의 네 번째 순서가 돼야 알아요. 하나님이 나에게 주신 천직이 있어요. 천직. 뭐가 있다구요? 죽을 때까지 천직을 못 찾고 죽는 사람들이 있어요. 그거는 비극이에요. 자기의 직분이 해인지 달인지 아니면 별인지 헤매다가 인생 끝나버려요.

그러니까 하나님의 복음을 받아들여서 예수님을 영접하고 자아를 십자가에 못 박고 부활의 영이 들어가면 여러분들이 앉을 자리를 주님이 딱 갖다 놔버려요. 목회하는 사람은 목회의 자리에 갖다 놓고, 김학성 교수님처럼 교수님 할 사람은 교수님 자리에 갖다 놓고, 무엇을 하든지 다 성직이에요. 목회자들만 성직이 아니고. 이게 프로테스탄트 특별히 청교도 신앙은요 평신도들이 세상의 직분이라도 그것이 다 성직이라고요. 목사님만 성직이 아니에요. 주님에 의하여 주어진 모든 직분은 다 성직이에요. 다 성직. 이해됐어요? 그런데 성직이라고 하는 것은 뭐냐? 목회하는 게 성직이 아니고 하나님이 이 땅에 태어날 때 "너는 뭐 하다가 오라"고 정해 놨다니까요. 그 자리를 찾아간 것이 성직이에요. 찾았어요?

'나는 이제 하나님이 나를 세상에 보낼 때 하나님 원래 계획한 자리에 나는 와 있다.' 와 있다는 사람 손 들어봐요. 봐요. 몇 명 안 되잖아요. 몇 명 안 되잖아. 아직도 제대로 제대로 못 찾았단 얘기지. 주옥순이 손 들었어. 맞아. 주옥순은요 사명이 윤미향을 죽이는 사명이야. 그러니까 제 자리에 찾아왔어. 내가 볼 때 주옥순 아니면 누구도 저 일을 해낼 사람 없어요. 그러니까 제자리 제대로 찾아 들어간 거 같아. 찾아 들어간 거치고는 참 힘든 자리에 찾아갔다. 힘든 자리. 그러나 이제 좋은 날이 올 거예요. 이제. 정권이 바뀐 뒤에 이제 장관 한번 해 먹어라.

3. 천직 - 하나님이 정해준 자리

1) 이 세상에 내보내실 때 할 일을 정해두신 하나님

그래서 하나님이 정해준 자리가 있을까? 없을까? 시간이 많이 지났으니까 내가 간결하게 한방에 설명해 줄게요. 동양 사람들은요, 아기를 가지면요, 여자들이 아니면 또 할머니들이 아니면 고모가 아니면 누가 대신 태몽 꿈을 꿔요. 태몽 꿈 얘기 들어봤어요? 자기가 태어날 때 태몽 꿈을 기억하는 사람 손들어봐요. 전부 여기는 짐승들만 모여서 참, 태몽 꿈도 모르는 인간들이 말이야. 태몽 꿈이란 게요. 이게 예언성이 있어요. 예언성. 내가 옛날에도 설교하다가 얘기했지만, 엘에이 다저스(LA Dodgers) 박찬호가 한국에 최초로 한양대학 다니다가 대학 2학년짜리가 말이야 스카우트 돼서. 엘에이 다저스의 유니폼이 하얀색이잖아요. 하얀색 입고 처음 거기 밑에서 마이너리그에서 고생하다가 본 게임이 이제 참 주역 선수로 가서 첫 등판 하는데 난리 났어요. 우린 그냥 우리나라 택시 운전사들이 운전을 안 했다니까요. 그거 보려고. 나도요 부흥회 하다가 중지하고 봤다니까요. 엘에이 다저스가 주로 11시에 해요. 엘에이가 저녁 시간이면 여기 11시잖아요? 11시에 가면 부흥회 가면 낮 공부할 시간이잖아요? 그래서 어떻게 해. 내가 배 아프다고 하고, 안 갔지. 엘에이 다저스 그거 보려고 말이야. 이야, 참 눈물이 나더라. 또 김연아가 말이야 가랑이 딱 들고 말이야 금메달 딸 때요? 고속도로를 달리다가 내가 차를 옆에 세웠어요. 세우는 거야. 통성기도 했다니까. 통성기도. "주여! 아버지! 만점 받게 하여 주시옵소서." 그런데 김연아가 금메달 딸 때 내가 울었어. 차 안에서. 그러다가 부흥회 또 지각했어요. 내가 이렇게 스포츠를 좋아해요. 좋아하는데. 그런데 이제 내가 그 말 하려고 하는 것이 아니라 박찬호의 엄마가 그 경기 끝난 뒤 한국에 와서 방송국에서 불러내서 토크를 하는데 "아들을 어떻게 키웠습니까?"하니까 박찬호 엄마가 뭔 소리 하냐면 태몽 꿈 얘기를 하는 거예요. 박찬호를 낳을때에 하얀 백조 한 마리가 잔디 위에. 잔디 위에. 야구장이에요. 야구장. 거기서 하얀 백조 한 마리가 가운데서 날갯짓을 했다고. 그래서 박찬호가 첫 게임에서 승리하는 걸 보면서 현장에서 보면서 바로 태몽 꿈 생각을 했다고 해요. 그때 돼서 그 생각을 처음 했다 그래요. 이와 같이 이 태몽 꿈이 의미가 있다니까요.

시간 관계상 내 태몽 꿈에 대해서 나중에 얘기해 줄게요. 기상천외한 태몽 꿈을 우리 엄마가 꿨다고요. 기상천외. 내가 살짝 해줄까? 우리 엄마가요 내 어릴 때 공부를 하도 못하니까요. 맨날 "네 아비를 닮아서 이 새끼야. 같이 죽자." 그러다가 가끔 엄마가 웃을 때가 있어요. "내가 너를 낳을 때 태몽 꿈을 꿨는데 보통 삶을 살 애가 아닌데." 그래서 뭔 꿈을 꿨냐니까 우리 동네 제일 뒤에 가면 거기 가면 샘이 하나 있어요. 그 물이 우리 동네 제일 골짜기 위에 있어요. 아무리 가뭄 들어도 골짜기에 샘이 펑펑 맑은 물이 새는데, 우리 엄마가 꾼 태몽 꿈은 그거예요. 거기서 나무꾼과 선녀 있죠? 엄마는 천사를 못 보시. 예수 안 믿으니끼. 나무꾼과 선녀가 하얀 옷을 입고 그 샘에서, 한 놈 올라갔대요. 그게 내 태몽 꿈이에요. 내 태몽 꿈. 그러면서 날 보고 그래요. "이 새끼야, 공부만 잘하면 보통 애가 아닌데, 이 새끼야." 아들이 양, 가만 맞아서 오니까. 양, 가를 맞든 뭐, 나하고 죽자 하든 간에 결국은 우리 엄마의 태몽 꿈대로 내가 이루어졌어요.

내가 왜 이 태몽 꿈 얘기를 왜 하느냐 하면 이거는 직접적 성경 계시는 아니더라도 간접적인 계시로 여러분들이 이 세상에 태어나기 전에 하늘의 하나님이 여러분을 왜 사람으로 이 땅에 내보냈는지 이런 일을 하고 오라고 미리 정해놨다는 거예요. 정해놨다는 거야. 아멘.

2) 우리의 천직 : 예수 한국 복음 통일

자, 이 사실을 알아야 해요. 이 사실을. 할렐루야요? 여러분들이 지금요, 세상에서 뭐 교수를 하든지 뭐 국회의원을 하든지 우연히 하는 게 아니에요. 하늘의 계획에 따라서 진행이 되고 있는 거예요. 아멘. '그럼, 나는 하늘의 계획이 뭐 개뿔이네. 씨! 정말 살아봐도 지금도 별거 없는데.' 아니지. 앞으로 두고 봐요. "에이, 목사님, 그래봤자 내 나이가 80살 됐는데." 괜찮아요. 가장 좋은 직분이 한 가지 남아 있어요. 예수 한국 복음 통일을 위하여 여기에 중심에 한 번 서란 말이에요. 아멘. 하나님의 직분 중에 최고의 직분이에요. 세상 직분과 비교할 수가 없어요. 한번 해보실래요? 진짜요?

그러니까 하나님이 여러분을 데리고 들어오기 위해서 그래서 첫째 날을 주시고 둘째 날을 주시고 셋째 날을 주시고 네 번째 날이 되면 이제 하나님이 여러분에게 시킬, 완전히 정상, 본래 본론, 내가 본론 해답은 미리 알려 줬어요. 여러분에게 최고의 마지막 직분이 뭐냐? 예수 한국, 뭐라고? 복음 통일. 거기에 서는 거예요. 나하고 같이 한번 해보실래요? 이건 대통령보다 더 나은 자리예요. 국회의원보다 더 나은 자리에요. '아따, 목사님 말이야 끼워서 맞춰도 기가 막히게 맞추고 말이야. 참, 사람을 홀려도 말이야 저렇게 홀리고 앉았어.' 홀리는 게 아니에요. 이게 성경이라니까요. 성경. 봐요. 요셉의 꿈을 보라고. 되기도 전에 벌써 해와 달이 자기한테 절하는 걸 봤어요? 안 봤어요? 열 한 별이 절하는 거 봤어요? 안 봤어요? 그대로 됐어요? 안 됐어요? 그와 같다고요. 그와 같다고.

4. 우리 최후의 직분은 새 예루살렘

반드시 여러분도 애굽의 총리대신이 될 날이 와요. 곧 총리대신이 되는 날이. 그게 뭐냐? 여러분과 저의 마지막 직분 최후가 새 예루살렘이에요. 세상 모든 수고 끝나 우리 장막 벗고서. 아멘. 얼마나 신나요? 여러분의 최후의 직분이 새 예루살렘이에요. 왕 같은 제사장이라고요.

그걸 위하여 주님이 첫째 날, 둘째 날, 셋째 날, 넷째 날, 이 복음 학교에 집어넣어서 여러분을 지금 조련해 나가는 중이에요. 여러분을 조련하는 목적은 이 땅의 직분이 마지막이 아니고, 새 예루살렘에서 주님과 함께 왕 노릇하는 거라고요. 거기가 여러분의 최고의 직분의 자리라고요. 이것까지 이해되는 자는 복이 있도다. 나머지 뒤에 이제 4일 지났죠. 5일, 6일을 통하여 이 복음에 대한 마지막 목적 지점이 왜 새 예루살렘으로 설계되어 있는지 내가 다음 시간에 또 알려줄 테니까요. 다음 주에도 빠지지 말고 꼭 와요. 알았지? 다음 주에 안 올 사람 손 들어 봐. 안 올 사람 있으면 머리를 다 잡아 뜯어 버려. 인간으로 살 필요가 없지. 다음 주에 꼭 올래요? 그래야 복음 학교의 마지막 일곱 번째까지 안식년까지 가지요. 복음이 이렇게 짜져있다고요. 이렇게 순서별로 짜져있다고요. 믿습니까? 〈세상 모든 수고 끝나〉예요. 손뼉 준비.

찬송가 223장 〈세상 모든 수고 끝나〉

1. 세상 모든 수고 끝나 우리 장막 벗고서
모든 근심 걱정 사라진 뒤에
주를 뵙고 성도 함께 면류관을 쓰리라
새 예루살렘에서

(후렴) 성도들이 함께 올 때 기뻐 노래하리라
새 예루살렘 새 예루살렘
호산나를 높이 불러 왕의 왕을 맞으리
새 예루살렘에서

2. 가는 길이 외로워도 주 날 붙드시리니
시험 환난 근심 걱정 없으며
주를 믿고 따라가면 주의 뜻을 알리라
새 예루살렘에서

3. 내가 세상 작별하고 눈물 흔적 거둔 뒤
주의 찬란하신 영광 비칠 때
나를 구속하신 주를 기쁨으로 뵈오리
새 예루살렘에서

4. 아름다운 그곳에서 구속받은 성도와
사랑하는 주를 만나 뵈올 때
주의 영광 노래하며 영원토록 살리라
새 예루살렘에서

5. 복음의 설계도의 목적지 - 새 예루살렘

아멘. 한 주일 여러분, 집에 갔다 오면 잊어먹을까 봐 내가 5분만 설교를 더 하려고요. 더 해도 돼요? "네가 언제 우리한테 물어보고 했냐?" 나도 이게 가끔 겸손할 때가 있어요. 이 상태로 여러분, 갔다 오면 다음 주 와서 새로 또 시동 걸려면 또 앞에 얘기 또 새로 다 해서 가야 하니까 아예 5분만 더할 테니까요. 그래서 우리가 이제 어느 정도 눈치가 아무리 둔한 사람도 이 복음의 설계도를 보면 창세기 1장을 보면, "아하, 목적지가 새 예루살렘이구나." 이제 감이 잡히는 거예요.

첫째 날 예수님이 이 땅에 사람으로 오신 것도 마지막은 뭐냐. 천년왕국을 하려는 거예요. 믿습니까? 천년왕국에서 죽은 사람들이 하늘에서 내려오고 그때 살아있는 사람 우리는 바로 들어가요. 바로. 바로 들어가서 하나님의 한 대단원 아담부터 주님 재림할 때까지 여기서 생산된 모든 사람은 두 가지 중 하나에 가게 돼 있어요. 하나는 지옥 음부, 하나는 새 예루살렘 이렇게 가게 돼 있다는 거예요.

그러니까 내가 왜 5분 더 가르치려고 하냐면 여러분들이 이 땅에 태어나서 이제 지금 와서 설교 들으면 어떤 분들은요, 낙심하는 사람도 있어요. "아유, 내가 나이가 팔십인데 말이야 언제 나는 직분도 못 찾고. 지금 난 손주 보는 게 내 직분인데, 손주 보는 거 이것이 내가 현재하는 직분인데 그럼 내 마지막 직분이 뭐냐?"

보세요. 이 요셉의 꿈을 통하여 나타난 사건을 보면, 첫 번째가 해예요. 해. 해는 아버지를 말하는 거예요. 야곱을 말하는 거예요. 맞지요? 맞잖아. 그건 설명 안 해도 아시잖아요. 그래서 요셉이 꿈을 꾸고 나서 달은 누구야? 엄마지. 별은 누구야? 형제간들이지. 그런데 열한째 별은 자기란 말이에요. 해와 달과 별이 열한째 별한테 절을 했다, 이 말을 듣고 형들이요? "이 도톨방구 새끼야. 이거는 꼭 입만 열면 얄미운 소리만 하고 앉았어. 개새끼야." 막 쥐어박는 거예요. 쥐어박는 거야. 이해돼요? "이 새끼는 엄마도 없는 새끼가 말이야 떠들고 난리야. 이 자식아. 내가 너를 잘해줄 수가 없어. 말하는 게 꼭 얄미운 소리만 하고 앉았어. 진짜로, 야! 우리가 너한테 절하겠냐?" 그때 하늘의 하나님은 그걸 웃고 있었어요. 빙그레 웃고 있었어요. 반드시 그렇게 되리라. "그래. 우리 열한 별, 형제들은 너한테 절을 한다고 치자. 그런데 개자식아. 엄마 아빠가 어떻게 너한테 절을 해. 해와 달이. 이 개자식아. 살려주면 안 돼. 땅에다 묻어 버리자."

구덩이에 묻은 것이 바로 요셉의 꿈을 이루어 주는 도우미가 된 거예요. 도우미가. 결국은요 이 세상은요 하나님의 뜻대로 되게 돼 있어요. 그래서 요셉을 하나님이 계속 끌고 가서 어디로 끌고 가요? 결국은 총리대신을 만들었잖아요. 요셉이 총리대신이 되니까 바로 왕이 금반지를 다 내어

주고, 인장 반지, 버금 수레를 타고 이게 바로 요셉의 마지막 직분이에요. 그게 바로 천년왕국이란 말이에요. 여러분이 천년왕국에 들어가면요, 바로 버금 수레 탄다고요. '주님의 보좌에 함께 앉게 하여 주리라.' 인장 반지 준다고. 그래서 여러분들이 나이가 팔십이 되든지 구십이 되든지 문제가 아니에요. 우리의 최후의 직분은 뭐냐? 바로 새 예루살렘. 믿습니까?

그래서 이 땅에 있는 영적인 직분과. 영적인 직분하고 세상 직분하고는 같아요? 달라요? 그러니까 이 세상에 태어나서요 뭐 대통령을 해 먹고 뭘 다 해 먹어도 나중에 죽은 뒤에 지옥 아랫목에 들어가 있어요. 참, 얼마나 비극이야. 이 땅에 태어나서요. 가정부를 하고 파출부를 하고요, 식모살이를 해도 최후의 직분이 여러분, 새 예루살렘이에요. 할 만해? 안 해? 이것이 복음이에요. 모든 지구촌에 있는 목사님들이 이렇게 복음을 가르쳐야 하거든. 이렇게 안 가르치니까요. "교회 와서 새벽 기도 작정 기도하세요. 20일 동안 하면 아빠 사업이 잘됩니다." 그래서 20일 동안 기도했어요. 그런데 안 돼요. "에이, 나, 교회 그만둬버려." 복음을 잘못 가르치는 거예요. 이미 여러분들은요 이 새 예루살렘 학교에 올라탔어요. 열차에 올라탔다고요. 여러분, 내리지도 못해요. 이미 케이 티 엑스(KTX)에 여러분을 하나님이 집어넣어 버렸어요. 이 복음 학교에 집어넣어서 여러분의 의지와 관계없이 주님이 여러분들을 새 예루살렘에 왕으로 갖다 세워버린 거예요. 아멘. 두 손 들고 아멘. 할렐루야! 교회 다닐 만하지?

이렇게만 말해도 또 어둠이 틈타요. “그러면 이 땅에 있는 동안 맨날 고난만 당하고 요셉이처럼 말이야 구덩이에 팔리고 말이야 맨날 그 짓만 하고 마쳐야 합니까?” 아니고. 아니라니까요. 이 땅에 있는 동안에 새 예루살렘을 예행연습을 시키는 거예요. 요셉도 버금 수레 타고 총리대신 된 것이 죽어서 된 게 아니잖아요. 이 땅에 있을 때 새 예루살렘의 모형을 이루어 내잖아요? 다윗도 마찬가지예요. 여러분과 저도 이 땅에서 복음만 잘 붙잡으라고요. 7대 복음. 7대 복음. 아멘. 첫날부터 일곱 번째까지 7대 복음을 잘 잡으면! 오늘 내가 4일째까지 했어요. 4일째는 직분이라 그랬어요. 직분. 직분이 하늘로부터 내려온다 그랬어요. 절대 지금 여기에 청년 중에 아르바이트 뛰고 그건 너희들 직분이 아니야. 하나님이 준비해 놓고 있다고. 그런데 여러분들이 아직도 자아가 파쇄 안 되고 안 찢어지니까 계속 딜레이(delay) 되는 거예요. 딜레이 되는 거야.

주님 앞에 복음이 순서별로 딱 되면 주님이 정해준 자리로 하나님이 인도해 주세요. 아멘. 할렐루야! 믿습니까? 김학성 교수님이 한국의 최고의 헌법학자고 교수했고 기록을 세웠지만, 이것도 최후의 직분이 아니에요. 이제부터 시작이에요. 시작. 김학성 장로님이 나를 만났기 때문에 이제 하나님이 계획한 모태신앙 돌아가신 어머니가 일생 동안 눈물 흘렸던 마지막 목표점이 다가오고 있어요. 지금. 내가요, 얼마나 조련사로서 뛰어나냐 하면 여러분의 마지막 위치를 내가 끌어다 붙이는 은사가 있어요. 나를 만난 사람은 100 프로 성공해요. 내가 최후의 성공까지 끌어간다니까요. 아멘이십니까? 한번 해보실래요? 진짜 해보실래요?

두 손 높이 들어요. "주님, 우리가 복음 열차를 탔습니다. 창세기 1장을 잘 따라가서 반드시 최후에 승리하게 하여 주시옵소서." '주여' 삼창하며 기도하겠습니다.

아픈 사람은 아픈 데 손을 얹으시고 가슴에 손을 얹으시고 기도하겠습니다. "주님, 주님의 설계도를 알아차렸습니다. 주님이 나를 어떻게 쓰시려고 이 땅에 사람으로 보냈는지 그 의도를 알게 되었습니다. 나는 마지막 바로 새 예루살렘 천년왕국에서 주님과 함께 왕 노릇할 것입니다. 이 땅에 있는 동안에도 예행 연습할 것입니다. 주님, 나를 이끌어 주시옵소서. 내 몸이 병들었습니다. 고쳐주세요. 주님이 나에게 왜 병을 주셨는지 내가 이제 오늘 알았습니다. 내 자아를 찢으려고 주님, 오늘 박살 나겠사오니 병을 고쳐주세요. 나사렛 예수 이름으로 명하노니 병마는 떠나갈지어다. 무거운 짐도 다 물러갈지어다. 주님, 나는 무거운 짐을 지고 있습니다. 이런 어려운 일이 나한테 왜 왔는지 나는 몰랐습니다. 주님이 나의 자아를 찢으려고 어려움이 온 줄 알았습니다. 이제 주님 앞에 완전히 찢어지게 하여 주세요. 부활의 영을 부어주옵소서. 하늘의 직분을 부어주시옵소서. 예수님 이름으로 기도드리옵나이다. 아멘."

6

번성하라

다섯째 날, 오순절

설교 일시 2022년 2월 13일(주일) 오전 11시

대　　상 사랑제일교회 주일 3부 예배

성　　경 창세기 1:1-3

1 태초에 하나님이 천지를 창조하시니라

2 땅이 혼돈하고 공허하며 흑암이 깊음 위에 있고 하나님의 신은 수
면에 운행하시니라

3 하나님이 가라사대 빛이 있으라 하시매 빛이 있었고

Ⅰ. 성경을 알자

1. 촛대 사이로 다니시는 예수님을 만지자

자, 주먹 인사 하십시다. 우리 다 같이 손을 드시고 옆에 좌우 다 같이 우리는 이겼습니다. 앞뒤로 다시 하겠어요. 우리는 이겼습니다. 할렐루야! 우리가 기다리는 예배가 다시 돌아왔습니다. 이제 전 세계 도처에서 이 예배에 들어오신 여러분들은 이 예배를 통하여 촛대 사이로 다니시는 예수님을 만져야 합니다. 예수님을 한번 만져봐야 합니다. 오늘도 그 역사가 예배를 통하여 이루어질 것입니다. 두 손을 높이 드시고 '주여' 삼창하며 기도할 때, "주님, 촛대 사이로 다니시는 예수님, 이 예배 중에 나타나 주시옵소서. 우리를 만져주시옵소서. 병든 자를 만져주세요. 문제 있는 자를 만져주세요. 우리의 무거운 짐을 풀어주세요." 다 같이 우리 '주여' 삼창하며 기도하겠습니다.

<두 손 들고 찬양합니다>

두 손 들고 찬양합니다
다시 오실 왕 여호와께
오직 주만이 나를 다스리네
나 주님만을 섬기리 헛된 마음 버리고
성령이여 내 영혼 충만하게 하소서
주님 앞에 내 생명 드리리라

<아버지 사랑합니다>

아버지 사랑합니다 아버지 경배합니다
아버지 채워주소서 당신의 축복으로

예수님 사랑합니다 예수님 경배합니다
예수님 채워주소서 당신의 사랑으로

<성령이여 우리게>

성령이여 우리게 임하여 주옵소서
주님의 큰 능력을 내 심령 속에
주님은 생명수 결코 마르지 않는
나를 다스리시는 나의 구세주
성령이여 우리게 임하여 주옵소서
주님의 큰 능력을 내 심령 속에

<내가 원하는 한 가지>

내가 원하는 한 가지 주님의 기쁨이 되는 것
내가 원하는 한 가지 주님의 기쁨이 되는 것

나 주님의 기쁨 되기 원하네 내 마음을 새롭게 하소서
새 부대가 되게 하여 주사 주님의 빛 비추게 하소서
내가 원하는 한 가지 주님의 기쁨이 되는 것
내가 원하는 한 가지 주님의 기쁨이 되는 것

겸손히 내 마음 드립니다 나의 모든 것 받으소서
나의 맘 깨끗게 씻어 주사 주의 길로 행하게 하소서
내가 원하는 한 가지 주님의 기쁨이 되는 것
내가 원하는 한 가지 주님의 기쁨이 되는 것

<내 마음에 주를 향한>

내 마음에 주를 향한 사랑이
나의 말엔 주가 주신 진리로
나의 눈에 주의 눈물 채워주소서
내 입술에 찬양의 향기가
두 손에는 주를 닮은 섬김이
나의 삶에 주의 흔적 남게 하소서

하나님의 사랑이 영원히 함께 하리
십자가의 길을 걷는 자에게
순교자의 삶을 사는 이에게
조롱하는 소리와 세상 유혹 속에도
주의 순결한 신부가 되리라
내 생명 주님께 드리리

아멘, 기도하겠습니다. "주님, 감사합니다. 기다렸던 예배를 또 허락하여 주심을 감사합니다. 오늘 예배드린 모든 성도를 주님, 일대일로 만져주시고 병든 육체는 다 고쳐주시고 눌린 자는 자유함을 주시고 문제는 풀어주셔서 주님이 우리와 함께 계시는 증거를 보여주시옵소서. 촛대 사이로 다니시는 예수님, '두세 사람이 내 이름으로 모이면 나도 너희들 중에 있으리라.' 이렇게 말씀하신 분이 누구십니까? 주 예수님이심을 믿습니다. 주님은 그 말씀 그대로 분명히 이 자리에 함께 계심을 믿습니다. 예배를 통하여 실감 나게 하여 주세요. 한 사람도 그냥 돌려보내지 마시고 일대일로 체험하게 하여 주세요. 예수님 이름으로 기도하옵나이다. 아멘." 주먹 쥐시고 자, 옆에 좌우에 다 같이 주님이 이 자리에 함께 계십니다. 앞뒤로 다시요. 이것은 분명한 사실입니다. 할렐루야! <다시 사신 구세주>를 불러보겠습니다. 주님께서 이 시간도 역사하실 줄 믿습니다.

찬송가 151장 <다시 사신 구세주>

1. 다시 사신 구세주 나 항상 섬기네
온 세상 조롱해도 주 정녕 사셨네
그 은혜로운 손길 부드러운 음성
내 평생 주님 함께 늘 계시네

(후렴) 예수 예수 늘 살아 계셔서
주 동행하여 주시며 늘 말씀하시네
예수 예수 내 구세주 예수
내 맘에 살아 계시네 늘 살아 계시네

2. 온 세상 살펴보니 주 사랑 알겠네
내 맘이 아플 때도 주 사랑 알겠네
이 세상 풍파 이길 힘 주시는 주님
마침내 영광중에 주 오시네

3. 주 믿는 성도들아 다 기쁜 노래로
주 예수 우리 왕께 다 찬양 드리세
이 세상 소망이요 참 친구 되시는
주 예수 영원토록 찬양하세

할렐루야! 예수님 사랑하시번 아벤 합시다. 진 세계에서 예배에 들어오신 성도들을 축복합니다. 저 유럽 성도들을 축복합니다. 남미 성도들을 축복합니다. 그리고 또 북미, 캐

나다, 미국 성도를 축복합니다. 또 아시아에 있는 모든 성도를 축복합니다. 오늘은 통역이 바뀌었습니다. 통역하는 우리 양메리 간사가 몸이 좀 안 좋아서 걱정하지 마시고 좋은 쪽으로 몸이 안 좋습니다. 좋은 쪽으로 몸이 안 좋아서 오늘 또 우리 다빈이가 통역하러 나왔습니다. 다빈이도 목사님 딸로 태어났어요. 전 지구촌에 있는 목사님들이 자식을 잘 키워놨어요. 하나님의 일을 할 수 있도록. 할렐루야! 그래서 이제 미국에서 공부하고 한국에서도 공부하고 이제 영어를 아주 완벽하게 하는 또 이런 재능을 받았습니다. 앞으로 당분간은 이제 다빈이가 통역할 것입니다. 겁나지? 이 자리가 보통 무서운 자리가 아니야. 벌벌 벌벌 떨리지, 지금? 네가 지금 뭔 말하는지도 모를 거야. 예배 마치고 이제 유튜브로 들어보면 '아 내가 저렇게 했구나' 이제 그때 알게 될 거야. 이리로 오라고요. 이리로 오라고. 예쁘게 생겼죠? 그렇지? 예쁘게 생겼어. 주님의 아들, 딸들은 다 생긴 것도 예쁘게 생겼어. 이제 앞으로 또 각 대륙의 언어별로 내가 통역을 따로 한번 해보려고. 아주 천재적으로 스페니쉬(Spanish)를 천재적으로 잘하는 애가 있습니다. 내가 과거에 저 잠실동교회에서 한 주일 동안 남미의 스페니쉬 권에 있는 목사님들을 모시고 일주일 동안 목회자 집회를 한 적이 있습니다. 그 형제도 또 목사님 아들이에요. 스페니쉬로 일주일 내 통역하는데 영어로 하는 거 보다 더 잘해요. 더 잘해. 내가 전혀 불편함이 없어요. 그다음에 또 일본에 내가 부흥회 하러 가면 자매님이 있는데 그냥 내가 한국말로 하는 거 보다 자매님이 통역하는 게 더 은혜스러워요. 왜냐하면 내 영성에다가 자기 영성을 입혀서 통역을 해버려요. 역사가 일어나지요. 중국에 또 있어요. 중국에. 앞으로 이제 돌아가면서 중국말로 한 주일 하고, 스페니쉬로 한 주일 하고, 전 세계 언어로. 왜냐하면 우리 이 예배가 지금 전 세계화가 됐습니다. 기독교 2천 년 역사에 이런 예가 없었어요. 오늘도 여러분들은 복된 자리에 이 자리에 오셨습니다. 할렐루야! 이런 자리에 오셨다는 걸 아시고 이 예배에 참여하셔야 합니다. 이건 주님 재림 직전에 주님의 재림을 대비하려고 이런 일을 일으켜 세웠습니다. 광화문 운동도 마찬가지예요. 주님 재림 직전에 마지막 일을 하시려고 하나님이 광화문 운동을 일으켜 세웠습니다. 거기에 여러분도 선발된 것입니다. 선발된 걸 믿으시면 아멘. 두 손 들고 아멘. 자, 주먹 쥐시고 옆 사람한테 물어봐요. 너, 그거 알고 앉아 있냐? 물어봐. 안대? 모른대? 알기는 뭘 알아. 내가 보니까 다들 히쭈구리 해서 앉아 있고만. 자, 여러분 인생 일대에 정말 후회함이 없는 삶을 살기를 바랍니다. 지나간 삶은 개판처럼 살았어도 전광훈 목사를 만난 이후에는 정말로 "다시 내가 인간으로 이 땅에 태어나서 다시 인간 세상을 살라고 해도 나는 똑같이 다시 산다!" 그러한 기록을 남기기를 바랍니다. 전광훈 목사를 만난 후에는 다 그런 일이 일어나야 해요.

2. 성경 모르는 사람은 쓰시지 않는 하나님

그렇게 하려면 제일 조건이 뭐냐? 성경을 알아야 해요. 성경을. 하나님은 성경 모르는 사람은 사용 안 합니다. 여러분, 크게 쓰임 받기를 원해요? 진짜요? 그러면 제일 조건이 뭐냐? 성경을 알아야 해요. 성경 모르는 사람은 주님이 절대 사용 안 한다 이거예요.

그럼 성경이란 무엇인가? 이게 쉽고도 어려워요. 성경 기록이 마친 지가 2천 년 됐거든요. 성경은 모세가 쓴 겁니다. 그리고 이 모세가 시내산에 올라갔습니다. 하나님의 설계도를 받았어요. 여기서 하나님의 설계도를 보고 이 땅에 내려와서 모세오경 성경을 기록한 것입니다. 그리고 그것을 건축해요. 성막을 건축했습니다.

이것이 성경인데 이것을 이해하는 사람이 없었습니다. 수도 없는 사람이 성경을 연구하고 구약의 율법사, 서기관, 제사장들이 목숨 걸고 성경을 연구해도 성경이 뭔지를 몰랐다고요. 그러다가 드디어 신약시대 때 와서 사도 바울에 의하여 드디어 성경이 열리기 시작합니다. 그래서 성경은 모세가 기록했고 바울이 해석한 겁니다. 이것을 성경이라고 하는 것이죠. 그럼 바울은 어떻게 성경을 알게 되었는가? 역시 셋째 하늘에 올라갔어요. 그래서 사람이 볼 수 없는 걸 보게 됐어요. 모세가 시내산에 올라가서 본 것처럼 결국 뭐냐 하면 하나님의 설계도를 보게 된 것이에요. 그래서 성경을 알게 되면 하나님이 이 세상을 왜 만들었는지 역사를 왜 운행하시는지 앞으로 이 세상 마지막에 무슨 일이 있을지 하나님의 설계도를 이해할 수 있다는 거예요. 할렐루야!

그래서 성경을 알아야 한다는 것이에요. 어떠한 집단 속에서도 그 오너(owner)의 의도를 모르면요? 열심히 하면 할수록 오히려 망치는 겁니다. 회사 같으면 회사에 있는 모든 직원들은 그 오너, 사장님의 의도를 알아야 해요. 의도를 모르면요, 많이 일할수록 회사를 망치는 거예요. 국가도 마찬가지예요. 국가를 운영하는 사람들은 국가를 책임진 대통령의 의도를 알아야 해요. 의도를 모르면요 차라리 가만히 있는 게 훨씬 나아요. 교회도 마찬가지입니다. 교회는 목사님의 의도를 알아야 해요. 의도를 모르면 교회 안에서 열심히 충성하고 봉사하는 것이 오히려 교회를 망치게 되는 거예요.

3. 하나님의 설계도를 알아야 하나님의 일을 할 수 있다

그런데 오늘날 한국교회를 보면 많은 목사님이, 주의 종이 하나님의 의도를 몰라요. 왜 모르냐? 성경을 모르기 때문에. 그러니까 열심히 목회하고 금식하고 철야하고 하는 것이 오히려 한국교회를 무너뜨리는 게 되는 거예요. 열심히 한다고 되는 게 아니에요. 열심히 하기 전에 하나님의 설계도를 먼저 알아야 해요. 설계도를 알면 살짝 움직여도 하나님의 일이 돼요. 여러분 다 그렇게 뻥 뚫리기를 바랍니다. 결국은 모세와 바울을 알아내야 해요. 모세와 바울을 모르면 여러분이 하는 모든 일들이 하나님의 일을 방해 놓는 게 돼요. 방해. 방해꾼 되지 말기를 바랍니다. 그것이 무슨 일부러 방해 놓는 것이 아니고 자기는 하나님의 일에 도움이 될 줄 알고 열심히 하는 것이 하나님 앞에는요, 그것이 방해가 된다 이거예요. 내 표현으로 말하면 뭐냐. 금순이가 된다. 금순이. 금순이 알죠? 설명 안 해도 되지요? 모르는 사람들은 들은 사람한테 미리 물어봐요. 다시 주먹 쥐어 봐요. 자, 옆에 좌우 다 해봐요. 금순이가 되지 맙시다. 뭐가 되지 말자고요? 금순이가 되면 안 돼요. 하나님의 설계도를 모르면 자기가 주님을 위하여 열심히 한다고 해도 그것이 방해꾼이 된다, 이거예요.

그러면 하나님의 설계도는 어떻게 나타나는가? 시내산에서 모세에 의하여 나타났습니다. 모세가 하나님의 설계도를 보게 되었어요. 내가 지금 감기가 완전히 다 안 나아서 목이 지금 안 좋습니다. 지금 한 90 프로 나았는데 이번에 온 감기는요 보니까 보건소에 가서 내가 코로나 걸렸는가 해서 검사해 봤더니 코로나 아니라고 해요. 병원에 가서 검사했더니 독감도 아니라고 해요. 그럼 뭐냐니까 일반 감기래요. 일반 감기. 웬 놈의 일반 감기가 이렇게 센지 말이야. 아따, 요즘 감기도요 예수님 재림할 때 되니까 요것들도 감기들도 완전히 총력전을 벌이는 거 같아. 여러분들 감기 걸리지 마세요. 걸리는 사람들은요. 무조건 약을 먹으라고요. 코푸시럽을 먹으라고요. 코푸시럽. 그래서 나도 한두 주일 동안 열심히 약 먹어서 이제 기도도 하고 그래서 다 나았는데 한 10 프로 남았는데 여러분들도 다 감기를 이깁시다. 자, 그래서 지금 내가 설교하기가 좀 힘든데 내가 살살 악을 안 쓰고 설교해도 여러분은 큰 은혜 받아야 해요. 내가 목소리를 살살 설교해도. 그 대신에 네가 통역을 세게 해야 해. 소리 빽빽 질러가면서 해. 알았지? 목소리 톤을 더 높여. 계속 소리를 꺅꺅 질러가면서 해. 이번 통역하고 난 뒤에 다음 시간에는 보면 목쉬어서 말을 못하도록 해야 해요. 자, 이게 통역이 쉬운 게 아닙니다. 이게 쉬운 게 아니야.

Ⅱ.
설계도와 천지창조

1. 설계도대로 지어진 만물

그래서 이 모세에 의하여 하나님의 설계도가 드러났는데 시내산에 올라가서 하나님의 설계도를 보니까 하나님이 천지를 창조하는 것이 그냥 우연히 한 게 아니고 전부 하나님의 설계도를 가지고 만들었다는 거예요. 그 설계도의 모든 총체 주제는 다 그리스도예요. 그리스도. 그래서 골로새서 1장 16절에 보면 이게 하나님의 설계도가 여기 나타나 있어요. 우리 한목소리로 한번 읽어보겠습니다. 시작.

(골로새서 1:16-17)

16. 만물이 그에게 창조되되 하늘과 땅에서 보이는 것들과 보이지 않는 것들과 혹은 보좌들이나 주관들이나 정사들이나 권세들이나 만물이 다 그로 말미암고 그를 위하여 창조되었고
17. 또한 그가 만물보다 먼저 계시고 만물이 안에 함께 섰느니라

그러니까 하나님의 설계도가 어떻게 돼 있냐? 모든 천지 만물이 그리스도를 위하여 지어졌다는 거예요. 이게 하나님의 설계도예요. 천지 모든 만물이 다 그리스도를 위하여 생겨났으니까. 그 안에는 여러분도 포함되어있는 거예요. 여러분, 이 땅에 사람으로 왜 태어났느냐? 누구를 위하여? 마귀를 위해서? 여러분 자신을 위하여? 아니고 그리스도를 위하여 태어났다는 거죠. 그리고 그렇게 만든 사람이 누구냐? 그리스도예요. 그리스도. 그리스도에 의하여 그리고 모든 전체 결과는 다 그리스도에게 돌아가는 거예요. 그리스도의 것으로. 따라서 합니다. 그리스도를 위하여, 그리스도에 의하여, 그리스도의 것으로. 이렇게 하나님의 설계도가 돼 있다, 이거예요. 사람뿐이 아니고 이 땅에는 존재하는 모든 전체가 다 이 설계도 때문에 생겨난 것이에요. 믿습니까? 여기에 줄을 안 서면 그건 인생 헛사는 거예요. 살아봤자 의미가 없는 거예요. 이해되시면 아멘.

2. 창세 전에 천지창조를 일곱 단계로 설계하심

그래서 하나님이 만든 그 설계도를 다시 한번 짚고 넘어가야 해요. 하나님이 만든 설계도가 창조 전일까요? 후일까요? 다시. 다시. 하나님이 만든 설계도가 이 세상을 창조하기 전일까요? 후일까요? 다시. 전이요? 후요? 에베소서에 보면 이 모든 천지 만물이 창세 전에, 창세 전에 하나님이 설계를 그렸다 그래요. 이 세상에 집도 마찬가지지요. 집을 다 지어놓고 설계도 그리는 사람 없지요. 짓기 전에 구상을 먼저 하는 거지요. '이렇게 지어야겠다.' 하나님도 마찬가지예요. 천지를 창조하기 전에 하나님의 구상이 먼저 끝났어요. 천지창조를 내가 일곱 단계로 지어야 하겠다. 왜 하나님이 천지창조를 첫째 날 둘째 날 일곱째 날 일곱 개로 나누어서 창조했을까요? 하나님은 천지창조를 통하여 그의 주제인 그리스도를 선포하려고 했던 거예요.

이런 설교를 안 들으면 여러분들은 창세기 1장을 읽으면 천지창조 얘기밖에 안 보여요. '첫째 날은 빛을 만들었고, 둘째 날은 궁창을 만들고, 셋째는 땅을 만들고, 넷째는 해와 달과 별을 만들었다.' 그런 정도는요 유치부 애들도 다 알아요. 유치부 애들도. 유치부 애들 계단 공과에 보면 유치부 애들도 그렇게 그림으로 그려져 있어요.

그런데 이상한 것은 참, 이게 비극이 뭐냐. 유치부 애들이 창세기 1장 읽는 거 하고 목사님들이 성경 창세기 1장 읽는 것이 수준이 같아요. 기가 막히지. 목사님들이 창세기 1장 읽는 거 하고 장로들이 읽는 거 하고 유치부 애들이 읽는 것이 수준이 같다니까요. 전국에 25만 장로님들이 계시는데

"창세기 1장이 뭐요?" 그러면요. 천지창조 얘기라 그래요. 더 이상 이야기를 못 해요. 이런 사람들요, 바울 만나면 뒤지도록 맞아요. 바울한테 박살 나버려요.

그러면 사도 바울은 뭐라고 말했는가? 하나님이 천지창조를 일곱 단계로 하실 때 왜 하나님이 일곱 개로 하셨으며 왜 7일로 나눠서 만들었는가? 그리고 첫째 날 "빛이 있으라," 왜 제일 먼저 빛이 있으라고 했는가? 첫째 날 "빛이 있으라". 이거는 자연적인 빛을 말하는 게 아니에요. 자연적인 빛은 4일째 가야 만들어요. 해와 달과 별은 4일째 가야 만들어요. 그럼 첫째 날 제일 먼저 한 "빛이 있으라," 이 빛은 자연의 빛을 말하는 게 아니고 이 세상을 창조하신 하나님이 예수 그리스도가 이 세상에 사람으로 온다, 그것을 선포하는 것이 첫째 날의 선포예요.

Ⅲ.
창조로 나타난 그리스도

1. 요한복음 1장 - 첫째 날의 빛은 예수의 빛

그 해석은 어디에 씌어 있나요? 제일 먼저 요한복음 1장 1절에서 했습니다. 요한복음 1장 1절에 보면 요한복음 1장 1절이 첫째 날을 해석하는 원리예요. 원리. 창세기 1장을 해석하는 모든 성경이 뒤에 다 박혀 있어요. "빛이 있으라," 이게 도대체 무슨 말인가? 사도 요한은 요한복음 1장 1절에서 '태초에 말씀이 계시니라 이 말씀이 하나님과 함께 계셨으니 이 말씀은 곧 하나님이시니라 그가 태초에 하나님과 함께 계셨고 만물이 그로 말미암아 지은 바 되었으며 지은 것이 하나도 그가 없이는 된 것이 없느니라. 단 하나도 이 세상에 모든 하나도 그가 없이 된 것이 없느니라.' 그가 누구예요? 예수. 예수 없이 이 세상이 된 것이 없다 이거예요. 믿습니까? 동의하시면 아멘. 이 세상의 모든 것은 다 예수가 만든 거예요. 예수 없이 된 것이 없어요. 그가 없이 된 것이 하나도 없다 그랬어요. '그 안에 생명이 있었으니 이 생명은 사람들의 빛이라. 빛이 어두움에 비치되 어둠이 깨닫지 못하더라. 하나님께 보내심을 받은 사람이 났는데 이름은 요한

이고 그가 이 세상의 빛에 대하여 증거하고, 증거 하려 함이라. 그는 이 빛이 아니요. 이 빛에 대하여 증거하러 온 자라.' 자, 이제 키는 9절에 있습니다. 9절. 자, 9절 보세요. '참 빛 곧 세상에 와서 각 사람에게 비취는 빛이 있었나니' 10절 시작. '그가 세상에 계셨으며 세상은 그로 말미암아 지은 바 되었으되 세상이 그를 알지 못하였고' 그다음에 또 '자기 땅에 오매 자기 백성이 영접지 아니하였으나' 12절 다시 읽으시면 '영접하는 자 곧 그 이름을 믿는 자들에게는 하나님의 자녀가 되는 권세를 주셨으니' 그러니까 뭐냐? 창세기 1장에 '빛이 있으라.' 따라서 합니다. 빛이 있으라. 이것은 뭐냐 하면 이 세상을 창조하신 하나님이 사람의 육체의 옷을 입고 이 땅에 오신다는 것입니다. 이게 복음의 첫 단추예요. 하나님이 모든 인간에게 하고 싶어 하는 첫 번째 말이 이 말이에요. 그래서 첫째에다 박아 넣어놨죠. 할렐루야! 이것이 하나님이 사람에게 하고 싶은 첫 번째 말이라니까요. 그러니까 여러분들도 첫 번째 하고 싶은 말을 이해해 줘야 해요. 여러분과 제가 이 세상 모든 것을 다 알기를 원치 않아요. 다 알면요, 골치 아파요. 골치 아파. 그런데 하나님이 이거만큼은 꼭 알아줘야 한다는 거예요. 첫 번째 선언이 뭐냐? '이 세상을 창조하신 하나님이 육체의 옷을 입고 이 세상에 사람으로 내려간다.' 아멘 할렐루야! 받아들이실래요? 이해됐어요? '살아계신 주' 우리 찬송 한 번 불러봐요.

<주 하나님 독생자 예수>

1. 주 하나님 독생자 예수 날 위하여 오시었네
내 모든 죄 다 사하시고
죽음에서 부활하신 나의 구세주

(후렴) 살아계신 주 나의 참된 소망 걱정 근심 전혀 없네
사랑의 주 내 갈 길 인도하니
내 모든 삶의 기쁨 늘 충만하네

2. 주 안에서 거듭난 생명 도우시는 주의 사랑
참 기쁨과 확신 가지고
예수님의 도우심을 믿으며 살리

3. 그 언젠가 주 뵐 때까지 주를 위해 싸우리라
승리의 길 멀고 험해도
주님께서 나의 앞길 지켜주시리

2. 그리스도의 7대 복음을 알자

1) 둘째 날의 역사 : 예수가 십자가에 죽으심

아멘. 하나님이 두 번째로 우리가 알기 원하는 것은 둘째 날의 역사입니다. 물과 물이 나누어지라. 이것은 하나님이 창조 뒤, 이 세상을 창조하신 하나님이 사람으로 오셔서 우

리를 위하여 고난을 당하시고 고난의 절정인 십자가에 죽는다는 거예요. 그래서 이 나눠진다는 말은 예수님이 십자가 지실 때 성전의 휘장이 나눠졌어요. 예수님이 십자가에 죽는다는 것이 두 번째 복음이에요. 이것을 선포하기 위하여 둘째 날이 나타난 것이에요. 이해됐으면 아멘. 할렐루야! 두 손 들고 아멘. 아멘.

2) 하나님의 소원 : 7대 복음을 알아다오

하나님이 여러분들에게 정말로 알아주길 원하는 것이 뭐냐? 예수가 사람으로 이 땅에 내려가서 왜 십자가에 죽었는지 그것을 좀 알아달라는 거예요. 그거 알아 달라니까 말이야 쓸데없는 것만 자꾸 알려고 그러면 안 돼요. 이해되시면 아멘. 성경을 천 번 읽어도 헛방이에요. 성경이 말하는 것은요, 복음을 말하려고 그래요. 예수 말하려고 그래요. 예수. 예수가 막 지저분한 거 그런 것이 아니고 딱 예수에 대해서 일곱 개를 알기를. 일곱 개. 믿습니까? 오늘 여러분들은 하나님의 소원을 들어주십시오. 이것만 여러분이 알아주시면 하나님이 뿅 가버려요. 에스더에게 말한 대로 하나님이 나타나서 "그대의 소원이 무엇이뇨, 나라의 절반이라도 주겠노라." 하나님 앞에 나라의 절반이라도 한번 받아보실래요? 진짜요? 40일 금식해도 안 돼요. 그러나 이거 일곱 개 알아주시면 하나님이 여러분한테 빠져든대요. 빠져들어. 믿습니까? 하나님이 여러분에게 홀딱 반해서! 저 아하수에로 왕이 에스더한테 반해서 미쳤지. 미쳤어. "내가 나라의 절반이라도 주겠다," 이거지. 하나님도요 한번 기분이 내키면요, 정신을 못 차려요. 정신을. 아멘입니까? 이해되시면 아멘. 베드로한테도 봐요. 예수님이 정신을 못 차리잖아요. "바요나 시몬아, 복이 있도다. 천국 열쇠 너에게 주리니 네가 열면 닫을 사람이 없고 닫으면 열 사람이 없다." 이 말은 뭐냐. "앞으로 너 시킨 대로 내가 다 해 줄게." 그 말이거든요. 베드로한테 "앞으로 너 시킨 대로 내가 다 해 줄게". 여러분도 여러분이 시키는 대로 하나님이 다 해주길 원해요? 그러니까 하나님은 우리가 이 일곱 개를 다 알면. 아멘. 이것이 성경이에요. 성경.

그러니까 예수님이 십자가에 왜 죽었는지 그것을 알아주는 것이 하나님의 소원이에요. 하나님의 소원. 오늘 우리는 그것을 알려고 이 예배에 다시 모인 거예요. 깊이, 깊이, 깊이. 계속, 계속, 계속. 여러분들의 모든 질문에 하나님의 대답은 하나예요. 하나. 여러분이 하나님께 질문할 게 많죠? 또 요구 사항도 많아요. 기도 제목도 많고. 우선 여기에 있는 여러분들 중에서 여자 남자를 나눠서 말하면 여자 백이면 백 뭐라 그러냐. "네 소원이 뭐냐?" 그러면 "주여, 내 새끼 잘 키워주세요." 그거예요. 그거. 남자들은요 짐승끼가 있어서 그렇게 말 안 해요. 남자들은요 자기 야망을 말해요. "주여, 내가 하는 사업 잘되게 하여 주세요." 여자들은 안 그래요.

그러니까 하나님을 향하여 다가올 때 무엇을 말하든지 여러분의 수백 가지 질문을 말해도 하나님이 대답하는 것은 딱 하나라니까요. 한번 해 봐요. "주여." 다시요. "주여! 돈 줘요." 아니 노골적으로 해봐요. 그냥. "주여, 물질을 주시옵소서. 주시면 내가 하나님께." 그러지 말고 바로 그냥 원색적으로. "주여, 돈 줘요." 그러면 주님의 대답을 한번 들어보실래요? 내가 주님 대신 여러분에게 전달할게요. "내 아들 예수를 알아라." 하나님 대답은 딱 하나라니까요. 따라서 합니다. "주여! 내 자식 잘 키워 줘요." 주님 대답은 뭐라고 하실까요? "내 아들 예수를 알아라." 딱 이거 하나예요. 아멘. 따라서 합니다. "주여, 사업 잘되게 해 주세요." 그럼 뭐라 그럴까? "내 아들 예수를 알아라." 따라서 해봐요. "주여, 병 고쳐줘요." 그럼 주님이 뭐라고 말할까? "내 아들 예수를 알아라." 다야. 다. 여러분의 질문은 수백 가지 수천 가지 되어도 하나님의 대답은 딱 하나예요. 하나. "내 아들 예수를 알아라." 그래서 내 아들 예수가 누군지를 선포하기 위하여 창세기 1장이 나타난 것이에요.

3. 탄생, 죽음, 부활, 승천

셋째 날을 보십시오. "뭍이 드러나라." 물속에 땅덩어리가 숨겨져 있었는데 "드러나라." 이것은 세례 요한에게 예수님이 세례를 받을 때 물속에 들어갔다가 다시 올라올 때를 딱 꽂고 있는 것입니다. 이건 다 그리스도의 부활을 말하는 거예요. 부활. 세례는 그리스도와 함께 죽고 그리스도와 함께 살아나는 걸 부활이라고 그래요. 그러니까 이게 다 예수란 말이에요.

그러니까 여러분들이 그동안 들었던 그 모든 순서별로 그대로 돼 있어요. 첫째 날은 하나님의 아들 예수가 사람으로 오신다. 둘째 날은 십자가에 죽으신다. 셋째 날은 뭐냐? 부활하신다. 부활하셨으면 그다음이 뭐예요? 승천해야지. 승천. 승천하셔서 보좌 우편에 앉아야지요. 이것이 네 번째 날이란 말이에요. 해와 달과 별을 만들었어요. 이거는 직분을 말해요. 직분. 그러니까 하나님이, 예수님이 이 땅에 오셔서 부활 승천하셔서 하나님 보좌 우편에 앉으셔서 지금도 여러분과 저를 위해 대제사장 역할을 해 주시는 거예요. 이것이 네 번째 날의 해와 달과 별이 주는 의미라 이거예요. 이와 같이 예수 그리스도가 하실 일곱 가지 사건 그것이 바로 창세기 1장의 행진이란 사실이 믿어지시면 아멘 할렐루야!

4. 7대 복음을 잊어버린 교회

1) 복음을 잊어버린 천주교회

그런데 2천 년 동안의 교회 역사를 보면 한 시대에 대단했던 교회들이 결국은 복음을 잊어버려서 다 망해요. 대표적인 교파가 천주교예요. 천주교의 전성시대는요, 이 지구촌 전체를 다 장악하고 있었어요. 천주교의 전성기 중세는요, 사제들이 교회로 말하면 목사님들이죠. 신부님들이 천하를 덮었어요. 천하를. 꼼짝도 못 해요. 성도들이 꼼짝도 못 해. 이 천주교는요, 고해성사라는 제도를 가지고 있어요. 고해성사는 교회에 가면 자기가 죄지은 것을 하나님 앞에 고백할 것을 신부님한테 커튼 가려놓고 하는 거예요. "내가 10살 때 우리 아버지한테 성폭행을 당했습니다. 내가 10살 때 우리 오빠한테 성폭행당했습니다." 이 모든 말들을 다 신부님한테 해야 해요. 안 하면 구원을 못 받아요. 구원을. 이렇게 제도를 가지고 있다고요. 속으로 생각한 것까지 잘못한 모든 것을 신부님한테 고백한다니까요. 그러니까 신부님은 다 알고 있어요. 모든 성도의 비밀을 다 알고 있어요. 그 대신에 신부님들은 하늘나라 갈 때까지 그 사람의 비밀을 보장해야 해요. 고해성사한 걸 까발리거나 하면요, 완전히 처형당해버려요. 왜냐하면 하나님으로 믿고 고백했으니까. 자, 그러니까 가톨릭(Catholic)은 신부님한테 못 덤벼요. 꼼짝 못

하도록 제도를 만들어 놨어요. 만약에 김학성 장로님이 나한테 까불었다 그러면 김학성 장로님이 와서 나한테 고해성사를 했단 말이에요. "내가 열다섯 살 때 여자를 성폭행한 적이 있습니다." 그러면 내가 이걸 까발려 버려요. "김학성이 개자식, 너 열다섯 살 때 말이야 성폭행했지." 그러니까 무서워서 천주교는요 꼼짝을 못 하는 거예요. 신부님한테. 이렇게 강제로 율법으로 묶어놨어요. 천주교는. 이해돼요?

개신교는요 그렇게 안 해요. 사람한테 하지 말고 하나님한테 직접 하라 그래요. 직접. 이해되시면 아멘입니까? 그러니까 천주교가 그와 같이 강력하게 그래서 천주교는 지금까지 단일 체제로 가는 거예요. 왜? 덤비지를 못하게 만들어놨어요. 성도들이 반란을 못 하게 만들어 놨다니까요. 그러한 강력한 천주교가 모양은 강력한 체제를 지금도 가지고 있지만 천주교가 망한 이유는 왜 그러냐. 복음을 잃어버렸기 때문이에요. 그러니까 복음을 잃어버리면요, 망하게 돼 있는 거예요. 이해되시면 아멘.

2) 복음을 말하지 않아 망해가는 한국교회

개신교는요, 그렇게 안 해놔도 개신교는 부흥이 됐어요. 왜? 복음이 있기 때문에. 목사님들이 설교할 때마다 계속 이 일곱 가지를 말하니까. 이 세상을 창조하신 하나님이 사람으로 오셨다! 하나님이 기뻐하는 말을 계속 질러주니까. 그런데 문제는 지구촌에 또 지금 종교개혁에 의한 이 개신교가, 장로교도 마찬가지 감리교도 성결교도 다 제2의 천주교가 돼서 복음을 잃어버렸어요. 잃어버렸어. 목사님들 설교에 복음이 없어요. 복음이. 왜 목사들이 복음을 말 안 할까? 복음을 말하면요, 너무 시시하다고 생각해요. 했던 말을 왜 자꾸 또 할 필요가 있냐, 이거예요. '예수님이 십자가에 달려 죽었다' 그걸 뭐 한 번 했으면 됐지 그걸 왜 자꾸 하냐고. 이래서 제2의 천주교가 돼 버렸어요. 그래서 한국교회가 다 망하는 거예요.

전광훈 목사는 뭐냐? 필요 없어요. 전광훈 목사 뭐 설교 수준이 있다, 없다? 필요 없어. 나는 주님이 원하는 말만 해주면 돼. 사람의 눈치 볼 필요도 없어. 주님이 원하는 말만 계속 질러대면 돼. 여러분이 듣기 싫든지 말든지 필요 없어. 이 세상을 창조하신 하나님이 사람으로 오셨다! 이것만 계속 떠들어 대면 돼. 믿습니까? 돌아가신 순복음교회 조용기 목사님도 이 원리를 알았기 때문에 설교를 백 번 해도 계속 같은 말 또 하는 거예요. 그러니까 세계적인 교회가 되지요. 그런데 많은 목사님이 유혹에 넘어져요. 유혹에. 설교를 수준 높은 거를 하려고 자꾸 다른 말을 한단 말이에요. 자꾸 다른 말을 만들어서 원고 써서 주일날 읽어대는 거예요. 그것은 처음 사람이 들을 때는 수준 있게 들려도 주님이 버리는 거예요. 주님이. 주님께 버림당하면 안 된다, 이거예요. 여러분은 이 사실을 아시고 오직 복음에다가 중심을 박아놔야 해요. 이해되시면 아멘. 두 손 들고 아멘. 주여! 믿습니다. 할렐루야! 아멘.

Ⅳ.
다섯째 날, 번성하라
: 확대의 역사

1. 다섯째 날 - 예수가 성령을 부어주심

그래서 이제 5일째가 되면. 자, 성경 한번 읽겠습니다. 자, 다섯째 날 한목소리로 한번 읽어보겠어요. 시작.

(창세기 1:20-23)

20. 하나님이 가라사대 물들은 생물로 번성케 하라 땅위 하늘의 궁창에는 새가 날으라 하시고

21. 하나님이 큰 물고기와 물에서 번성하여 움직이는 모든

생물을 그 종류대로 날개 있는 모든 새를 종류대로 창조하시니 하나님의 보시기에 좋았더라

22. 하나님이 그들에게 복을 주어 가라사대 생육하고 번성하여 여러 바다 물에 충만하라 새들도 땅에 번성하라 하시니라

23. 저녁이 되며 아침이 되니 이는 다섯째 날이니라

자, 이게 다섯째입니다. 그럼, 다섯째는 뭘 말할까? 그동안에 지나온 복음의 순서를 보면 '창조하신 하나님이 사람으로 오신다,' 둘째 날은 '십자가에 죽으신다,' 셋째 날은 '부활하신다,' 넷째 날은 '승천하여 하나님 보좌 우편에 앉으신다,' 직분을 말하는 거니까. 그다음 순서는 반드시 무엇이겠어요? 하나님이 오순절에 성령을 부어주셔서 다섯째 날을 통하여 확대한다는 거예요. 확대. 아멘. "생육하고, 번성하라. 충만하라." 확대한다는 거예요.

2. 확대의 역사는 오직 성령 세례를 통해서

그러니까 여러분들이 확대되는 것은 언제 가야 확대되느냐? 다섯째 날 가야 확대가 돼요. 여러분의 영향력과 하는 일들과 모든 것들의 이 확대되는 현상은 5일째 가야 해요.

5일째도 사람의 힘으로 되는 게 아니라, 오순절에 의하여 되는 거예요. 성령 안 받으면요, 절대로 확대가 안 돼요. 성령 받으실래요? 다섯째 날은 뭐냐? 오순절을 말하는 거예요. 오순절. 아멘. 예수님 제자들이 넷째 날까지 다 했어도 오순절 성령 안 받으니까 생육, 번성, 충만이 안 일어나잖아요? 여러분도 마찬가지예요. 여러분의 사업이 번성 하길 원해요? 자녀들도 잘되길 원해요? 아멘. 그러려면 여러분에게 성령이 강타해야 해요. 성령 받아야 하는 거예요.

그런데 한국교회 90 프로 이상이 성령 받을 필요가 없다고 목사님들이 성도들을 가르치니 한국교회는 신세 망치는 거예요. 망하는 거야. 망하는 거야. 망할 수밖에 없는 거예요. 반드시 성령 받아야 하는 거예요. 성령이 아니고서는 절대로 여러분이 확대될 수 없어요. 이제 하나님이 여러분을 확대하길 원해요. 그런데 해줘야 할 일이 있어요. 성령 받아야 하는 거예요. 성령 받으실래요?

이렇게 하나님의 복음을 딱 잡고 가야 나머지 일들이 다 잘 되지! 복음을 잃어버린 상태에서 자기가 유명한 사람 되려고 공부를 뭐 목숨 걸고 열심히 하는데 헛방이에요. 다 헛방. 아침부터 저녁까지 돈 벌어봤자 헛방이에요. 어느 정도 또 될 수도 있어. 그러나 네가 벌어놓은 돈, 네가 한 푼도 못

써. 결국 성이 다른 며느리한테 다 넘겨야 해. 누구한테? 며느리 고년한테 다 넘겨야 한다고. 나도요, 이렇게 새빠지게 일하고요, 이렇게 해서 마련한 이 모든 것은요, 전에녹이 못 가져요. 메리가 다 갖는다니까요. 결국은요 메리한테로 다 간다니까. 그러니까 여러분들이 잘 깨달아야 해. 두 손 들고 아멘. 내가 왜 메리를 선택했을까? 내 이 모든 것을 에녹한테 넘겨줘도 에녹이가 못 지켜요. 옆에 성이 다른 년이 하나 붙어버리면요 한 방에 무너져버려요. 그래서 내가 내 며느리 찾는 데 20년 걸렸어요. 20년 걸려서 찾은 거야. 여러분도 참고하시기를 바랍니다. 왜 아멘이 갑자기 줄어들었어. 이 말이 복음이라니까. 며느리가 다라니까. 장가보내 보면요, 그 새끼는요 그거는 내 아들 아니에요. 그때부터. 뭐라고? "맞습니다"? 그거는 또 어떻게 알았지? 틀림없이 그렇게 돼요. 그래서 성령 받은 며느리를 구해야 해요. 성령 받지 않는 며느리 구하면요, 헛방이에요.

성령 받는 거에 대한 증거가 수도 없이 많이 있지만 제일 확실한 것은 뭐냐? 방언이에요. 방언. 일단 방언 받은 거 물어봐야 해요. "너 방언할 줄 알아? 캔 유 텅(Can you tongue)?" 영어로 방언이 텅(tongue)이에요. 텅. 나도 영어 두어 마디는 할 줄 알아요. 텅이 원래 혓바닥이란 말이야. 그래서 새 방언을 말하며 그동안 여러분이 말하던 바벨탑 언어는 없어지고 오순절의 언어로 돌아서야 해요. 그런 며느리가 집에 들어와야 여러분이 그동안 일해 놓은 것이 다 역사가 일어나요. 아멘 〈성령 받으라〉예요. 손뼉 준비.

〈성령 받으라〉

1. 성령 받으라 성령 받으라 예수 내게 말씀하셔서
성령 받으라 성령 받으라 예수 내게 말씀하셔서
할렐루야 성령 받았네 나는 성령 받았네
할렐루야 성령 받았네 나는 성령 받았네

2. 은사 받으라 은사 받으라 예수 내게 말씀하셔서
은사 받으라 은사 받으라 예수 내게 말씀하셔서
할렐루야 은사 받았네 나는 은사 받았네
할렐루야 은사 받았네 나는 은사 받았네

3. 능력 받으라 능력 받으라 예수 내게 말씀하셔서
능력 받으라 능력 받으라 예수 내게 말씀하셔서
할렐루야 능력 받았네 나는 능력 받았네
할렐루야 능력 받았네 나는 능력 받았네

<주님께 찬양하는>

1. 주님께 찬양하는 우리의 마음 얼마나 아름다운지
주님께 찬양하는 모든 순간 내 마음 천국일세
찬양 찬양 주님께 찬양드려요
두 손을 높이 들고 마음을 모아
주님께 찬양드려요

2. 서로를 사랑하는 우리의 마음 얼마나 아름다운지
서로를 사랑하는 모든 순간 내 마음 천국일세
사랑 사랑 서로를 사랑하세요
두 손을 높이 들고 마음을 모아
서로를 사랑하세요

3. 복음을 전파하는 우리의 마음 얼마나 아름다운지
복음을 전파하는 모든 순간 내 마음 천국일세
복음 복음 복음을 전파하세요
두 손을 높이 들고 마음을 모아
복음을 전파하세요

<성령 받으라>

1. 성령 받으라 성령 받으라 예수 내게 말씀하셔서
성령 받으라 성령 받으라 예수 내게 말씀하셔서
할렐루야 성령 받았네 나는 성령 받았네
할렐루야 성령 받았네 나는 성령 받았네

2. 은사 받으라 은사 받으라 예수 내게 말씀하셔서
은사 받으라 은사 받으라 예수 내게 말씀하셔서
할렐루야 은사 받았네 나는 은사 받았네
할렐루야 은사 받았네 나는 은사 받았네

3. 능력 받으라 능력 받으라 예수 내게 말씀하셔서
능력 받으라 능력 받으라 예수 내게 말씀하셔서
할렐루야 능력 받았네 나는 능력 받았네
할렐루야 능력 받았네 나는 능력 받았네

<주 하나님 독생자 예수>

3. 그 언젠가 주 뵐 때까지 주를 위해 싸우리라
승리의 길 멀고 험해도
주님께서 나의 앞길 지켜주시리

(후렴) 살아계신 주 나의 참된 소망 걱정 근심 전혀 없네
사랑의 주 내 갈 길 인도하니
내 모든 삶의 기쁨 늘 충만하네

2. 주 안에서 거듭난 생명 도우시는 주의 사랑
참 기쁨과 확신 가지고
예수님의 도우심을 믿으며 살리

신난다. 신나. 하여튼 하나님은 복음만 말해주면 하나님이 성령을 부어요. 할렐루야!

3. 오순절 기름 부음의 능력이 임한 사람들

1) 요셉 : "하나님의 신에 감동한 사람"

그러니까 하나님이 천지를 창조할 때 설계도를 이렇게 그린 것은 이게 다예요. 이게 다. 믿습니까? 그래서 하나님이 그려둔 설계도대로 산 사람들이 많이 있어요. 구약의 대표적인 사람이 누구냐? 요셉이에요. 요셉. 요셉의 삶을 보십시오. 복음의 코스(course)를 그대로 따라 살았어요. 믿습니까?

그러니까 요셉이 이스라엘의 열두 아들 중에 열한 번째 아들로 태어나서 아버지의 사랑을 혼자 다 받았어요. 예수님이 이 땅에 오시기 전에 하나님 보좌에서 천사들과 함께 우리 예수님이 모든 영광을 다 누리신 것처럼. '창세 전에 내가 아버지와 함께 누렸던 영광으로써.' 아멘.

그러다가 요셉이 이제 형들에게 미움을 받아서 구덩이에 빠졌잖아요? 구덩이? 어니에 빠져요? 그게 뭐냐 하면 그리스도의 비하를 말하는 거예요. 하나님 보좌를 버리시고 예수님이 이 땅에 사람으로 오셨다, 이거예요. 요셉이 구덩이에 빠졌지요?

구덩이에 빠진 것만 해도 억울한데 형제들이 그걸 다시 건져서 애굽에 팔았어요. 예수님이 이 땅에 오신 것만 해도 억울한데 예수님도 가룟 유다한테요 은 삼십에 팔렸어요. 요셉은 은 이십이에요. 그러니까 똑같아요. 똑같아. 똑같아. 은의 개수만 요셉은 이십, 예수님은 삼십, 이거는요? 그냥 아예 그대로 코스를 뛴 거예요. 복음의 코스를 그대로 뛰는 거야.

애굽에 팔려 간 것만 해도 억울한데 다시 그 애굽 보디발 장군의 누명을 쓰고 감방에 들어가잖아요? 예수님이 이 땅에 와서 가룟 유다한테 팔려서 결국은요 십자가에 죽어서 무덤에 들어가요. 요셉이 들어간 감방은 그리스도의 무덤을 말하는 거예요.

거기서 다시 요셉이 꿈 해석 잘해서 총리대신으로 부활하는 것처럼 예수님은 무덤을 깨고 부활하셨지요?

그런데 이 속에서 가장 중요한 것이 뭐냐 하면 요셉에게 넷째 날이 일어날 때 요셉을 불렀어요. 바로가 불렀어요. 불러서 이렇게 말했어요. "이와 같이 하나님의 신에 감동한 자를 우리가 어디서 찾으리요?" 한번 읽어봐요. 창세기 41장 38절 읽어보세요. 이게 키란 말이예요. 키. 이게 바로 다섯째 날이에요. 다섯째 날. 시작.

(창세기 41:38)

바로가 그 신하들에게 이르되 이와 같이 하나님의 신에 감동한 사람을 우리가 어찌 얻을 수 있으리요 하고

이게 바로 요셉의 오순절이에요. 오순절. 여러분들도 성령을 세게 받아야 해요. 강하게 받아야 해. 전광훈 목사가 받은 만큼 받아야 해요. 오직 성령으로. 오직 성령으로. 믿습니까? 그런데 오늘날 이 시대 한국교회가 성령 세례를 가르쳐? 안 가르쳐? 전부 안 가르쳐요. 성령 자체를 말 안 한다니까요. 그래서 한국교회가 천주교처럼 또 망하게 돼요. 무조건 성령 세게 받아야 해요. 오순절 성령, 마가 다락방의 성령은 지금도 역사해요. 아멘. 세게 받을지어다! 할렐루야!

2) 다니엘 : "네 속에는 거룩한 신이 있다"

또 한 사람이 다니엘이에요. 다니엘. 다니엘도 복음의 코스를 그대로 뛰었어요. 그런데 다니엘도 결국은 결정적 순간이 뭐냐? 느부갓네살이 다니엘을 불러서 이렇게 말했어요. "네 속에는 거룩한 신이 있다." 그래요. 보시라구요. 결

국은 오순절이에요. 요셉도 성령의 힘에 의하여 남의 나라에 잡혀갔는데도 그 나라를 다 까부수고 애굽을 점령한 것처럼 다니엘도 포로로 잡혀갔지만, 하나님의 신이 그 속에 있으니까, 바벨로니아의 느부갓네살까지도 확 까부숴버리고 전체를 다 이 다니엘이 다 점령했어요. 여러분도 이 세상 전체가 여러분 손에 들어오길 원해요? 성령 받으라니까요? 성령? 아멘. 성령 받으면 이 세상 전체가 여러분 손으로 들어온다니까요? 아멘. 이론적으로만 예수님 십자가 알고 이론적으로만 보고 말아서 안 돼요. 성령 받아야 하는 거예요. 그러면 다 전광훈 목사처럼 되는 거예요. 성령 세게 받으라고요. 믿습니까? 따라서 합니다. 주여! 주시옵소서!

V.
하늘의 설계도를 따라 살자

1. 그리스도 – 하늘의 설계도

이래서 창세기 1장이 흘러간 모든 메들리를 보면, 이제 도표를 다시 한번 보시면, 창세기 1장의 그림표를 다시 한 보시면, 자, 첫째 날은 예수님이 사람으로 이 땅에 탄생함을 말해요. 그리스도의 탄생. 두 번째 날은 뭐냐? 물과 물로 나뉘라. 예수님 십자가에 죽는다는 거예요. 셋째 날은 뭐냐? 뭍이 드러나라. 부활한다는 거예요. 넷째 날은 해와 달과 별 일월성신을 만든다. 승천한다. 승천. 아멘. 그다음 다섯째 날은 뭐냐? 확대한다는 거예요. 번성한다는 거야. 번성. 확대. 오순절을 말하는 거예요. 아멘. 여섯째 날은 이제 다음 주에 제가 알려줄 테니까 이거는 우리가 천국 가서 예수님이 심판하여 천년 왕국에 들어가기 전에, 이 세상에서 천년 왕국을 먼저 경험한다는 거예요. 제가 다음 주에 설명해 줄 테니까. 천년 왕국의 예행연습을 할 수 있어요. 예행연습을. 아멘. 그래서 예수 믿는 게 얼마나 좋은지 몰라요. 할렐루야! 놀라운 역사가 일어날지어다.

2. 첫째 날, 구원의 증거 – 주여!

그래서 정돈해 보면, 첫째 날이 사람에게 오면 하나님이 사람의 육신으로 이 땅에 오셨다는 것을 받아들이면 영접하는 자 곧 그 이름을 믿는 자가 되면 그 사람 속에 구원의 역사가 일어나요. 제일 중요한 게 구원이죠. 인간에게 구원이 제일의 축복이지요. 구원 이상의 축복은 없어요.

여러분 속에서 구원이 이루어진 줄 믿어요? 구원이 이루어진 게 나타나는 현상이 있어요. 현상. 마음으로 믿어 의에 이르고 입으로 시인하여 뭐가 된다고? 그러니까 구원이 그 속에 이루어진 사람에게는 첫째 날의 증거가 나타나요. 고것이 고 입에서 뭐냐? '주여'를 부를 줄 안다. '주여'. 따라서 해봐요. 주여! 입에서 여러분 속에서 '주여'가 터져 나오는 사람은 그 사람 속에 구원이 이루어졌다는 거예요.

구원은 뭐냐? 이 땅을 창조하신 하나님이 이 땅에 사람으로 오신 예수가 누군지를 안다는 것이에요. 구원은 참 하나님 되신 예수를 아는 것이에요. 그래서 이 고백이, 최초의 고백이 터져 나와야 해요. 이 고백이라는 말은 신앙 고백, 고백이란 말은 히브리어 원어로 뭔 뜻이냐 하면 '하나님의 말씀이 사람 속에 들어가서 그 사람의 속에서 밀어 올린다.'는 뜻이에요. 고백은 사람의 힘으로 하는 게 아니에요. 여러분 속에 성령이 들어가셔서 예수가 들어가셔서 예수가 여러분 속에서 밀어 올리는 말이에요. 첫 번째 고백이 뭐냐? 주의 이름을 부르는 자는 구원을 얻을 것이요. '주여'가 그냥 수시로 튀어나와야 해요. 따라서 해봐요. 주여!

그런데 '주여'를 하기 싫어하는 사람이 많아요. 교회 처음 온 사람들은 '주여'를 하라고 그렇게 말해도요? 내가 어떨 때는 설교 하다가 '주여' 안 하는 사람들이 앞에 앉아 있으면 설교하기가 힘들어요. 설교하기가 너무 힘들어요. 그래서 내가 일부러 "'주여!' 하세요. 두 손 들고 아멘!" 이렇게 강제로 시켜요. 그러면요? 그냥 내가 계속 한 사람 놓고 시키면요? 억지로 "주여" 그리고 집구석에 가서 다시는 안 해요, 또. 그러면 안 되고 '주여'를, '주여'를 터지게 해야 해요. 따라 해봐요. 주여! 아멘. 나는 가르칠 걸 다 가르쳤어요.

다시 말할게요. 여러분, 잘되길 원해요? 자식이 잘되길 원해요? 가정이 잘되길 원해요? 돈 벌기를 원해요? 병 고쳐주기를 원해요? '주여'를 부르라고요. '주여'만 계속 불러요. 계속 불러. 시시때때로 계속 불러요. 내가 얼마나 '주여'를 잘 부르는가 보세요. 내 옆에 있는 사람은 금방 알아요. "주 예수여, 어서 오시옵소서. 주 예수여. 주 예수여. 주 예수여." 입술에 붙잖아요? 아멘. 내가 집사람하고 결혼해서 처음 살 때요. 저 사람이요 나하고 잠자고 아침에 일어나서 날 보고 이런 말 했어요. 정말로 당신은 하늘로부터 타고났대요. 왜? 처음 딱 일어나서 아침에 잠이 깨자마자 내가 '주여'를 부르는 걸 보고요. 그 '주여'를 부르는데, 주님에 대한 애절함이 거기 다 녹아있대요. 저 사람이 나한테 그렇게 말했어요. 보통 여자 같으면 그러지. "왜 '주여'를 먼저 불러? '사랑해' 이 말을 먼저 해야지." 그런 걸 요구하는 년들은 머리를 다 잡아 뜯어 버려야 해.

여러분도 아침에 일어나자마자 첫 1성, 제1성을 주님을 부르세요. 옆에 있는 마누라한테 "사랑해" 하지 말고. 그놈의 '사랑해'는 한 번 했으면 됐지, 뭐 맨날 시도 때도 없이 난리야. '주여'를 부르라고요. '주여'를. 주님 앞에 점수를 따라고요. '사랑해, 사랑해.' 아이고 간지러워. 아이고 간지러워. 맨날 여러분 자식들한테 '사랑해, 사랑해' 물론 해요. 그것도 많이 하시되 순서에 따라서 주님을 먼저 부르고 그다음에 아들한테도, 자식한테도, 모든 사람한테도 사랑한다고 하기를 바랍니다. 아멘. 두 손 들고 아멘. '주여'를 풍성히 부르기를 바랍니다.

3. 둘째 날, 분리의 증거 - 아멘!

1) 자아를 십자가에 못 박자

둘째 날 보십시오. 자, 궁창. '물과 물이 나뉘라.' 이 나눠진다는 말은 그리스도의 죽음을 말한다고 했죠? 성전 휘장이 나눠지는 걸 말한다 그랬죠? 예수가 십자가에 죽을 때?

그러면 둘째 날이 사람 속에 임하면 주님만 십자가에 죽는 게 아니고 우리 자신도 분리된다고요. 분리시켜요. 분리시켜. 세상과 나를 하나님이 찢어 놓는 거예요. 모든 것이, 다 구별이 되는 거예요. 구별이 돼요. 하나님의 뜻도 구별이 돼요. 물질도 구별이 돼요. 하나님의 것, 내 것. 십일조가 눈에 보인단 말이에요. 아멘. 그래서 내 말은 십일조 안 하는 사람은요, 둘째 날이 안 온 거예요. 천날 인생 살아봐요, 되는가. 안 돼. 십일조를 딱 볼 때 이것이 내 것으로 보이면 안 돼요. 주님의 것으로 보여야 해요. 믿습니까? 그래서 여러분이 다 성화가 될지어다. 여러분의 자아는 찢어져야 해요. 박살나야 해요. 깨어져야 해요. 예수님만 십자가에 죽으면 안 되고 우리 자신을 십자가에 못 박아야 해요. 믿습니까? '그러므로' 불러 봐요. 우리 자아가 완전히 찢어져야 해요. 자아가 십자가에 못 박혀야 해요.

<이제 내가 살아도>

1. 이제 내가 살아도 주 위해 살고
이제 내가 죽어도 주 위해 죽네
하늘 영광 보여주며 날 오라 하네
할렐루야 찬송하며 주께 갑니다

(후렴) 그러므로 나는 사나 죽으나 주님의 것이요
사나 죽으나 사나 죽으나
날 위해 피 흘리신 내 주님의 것이요

2. 이제 내가 떠나도 저 천국 가고
이제 내가 있어도 주 위해 있네
우리 예수 찬송하며 나는 가겠네
천군 천사 나팔 불며 마중 나오네

3. 성령 충만 능력 충만 주의 일하고
사랑으로 이웃에게 복음 전하네
주가 주신 면류관 받아 쓰고서
할렐루야 영원토록 왕 노릇하네

아멘. 둘째 날이 임할지어다. 여러분의 자아가 확 찢어져야 해요. 자아가 십자가에 못박혀야 해요. 믿습니까? 진짜 자아가 죽었는지 연습 한번 해보자. 자, 손가락 나처럼 이렇게 만들어. 옆 사람 쳐다봐. 옆 사람한테 한번 성질을 건드려 보란 말이야. 날 따라 해봐요. 야, 이 미친년아 그래 봐. 야, 이 개 같은 년아 그래 봐. 뭐래요? 반응이 어떻게 되냐고. 더 센 거 해보자. 오른손 다 들어봐요. 옆에 앉은 사람의 귀퉁머리를 딱 때려 봐. 반응이 어떻게 일어났어? 내가 부흥회 가서 이걸 연습을 내가 많이 시키는데 하루는 군산에 가서 부흥회 하는데 이거를 충분히 설명해 놓고 "진짜 자아가 죽었는지 한번 실습해 봅시다." 해서 옆 사람 귀퉁머리 때리라고 그랬어요. 금방 내가 설명 다 해놨는데요. 완전히 때렸더니 어떤 여자가 일어나서 머리채를 잡았어요. "너 왜 나를 때려, 이 개같은 년아." 설교를 못 알아듣는 거예요. 못 알아듣는 거. 지금은 여러분들이 이렇게 들었으니까 꾀가 말짱해서 귀퉁머리 때려도 웃지? "할렐루야" 그러지? 예배 마치고 저 가다가 먼 산 쳐다보고 있을 때 한번 쿡 찔러봐요. 바로 혈기가 또 튀어나온다고요. 이래서 복음을 확실히 알아야 해요. 아멘. 예수님처럼 돼야 하는 거예요. 할렐루야요? 자아가 죽을래요?

이렇게 내가 사랑제일교회 성도들을 40년 가르쳤는데도요. 예배 마치고 저 식당에 가서 줄 서는데 누가 하나 새치기했어요. 새치기했다고요. 그러면 막 "개 같은 년아. 왜 내 앞에 줄 섰어? 이 개 같은 년아." 그러고 난리 나요. 난 성도들 가르치는 데 골때려요. 골때려. 골때려. 하루는 내가 부흥회 갔다 왔더니 우리 교회 여전도사들이 싸움이 붙어서 서로 실제로 머리채를 잡았어요. 여전도사들이 머리채를 잡았어. 왜냐하면 자기를 씹었다고. 복음의 깊이가 이게 참 문제가 있다고요. 여러분은 오른뺨을 때려도 어떻게 해야 해요? 오른뺨을 때리면 한 대 더 때려달라고 '주여!' 그러라고요. 아멘. 죽으실래요?

절대로 하나님은 순서를 안 건너뛰어요. 여러분들이 둘째 날이 안 왔는데 뭐 셋째 날, 넷째 날이 바로 오냐? 없어. 하나님은 첫째 날을 완전히 다져놓고 그다음에 둘째 날로 가요.

그래서 첫째 복음은 주님이 사람으로 이 땅에 오셨다! 이걸 받아들이면 여러분 속에 탄생의 연합을 비롯해서 그때부터는 어떤 일이 생기느냐? 자기가 미운 일이 생겨요. 여러분, 예수 믿다 보면 이게 초창기 현상인데 자기가 미운 현상이 일어날 때가 없어요? 있지? 나는 내 속사람은 하나님 뜻대로 살라 그러는데 자꾸 그렇게 안 되는 거예요. 그러니까 자기가 미워진다고요. 갈등이 생겨요. 갈등이. 그 갈등이 올 때가 둘째 날로 들어가려고 그러는 거예요. 그것을 계속 되풀이해야 해요. 쓰러지고 또 쓰러지고 또 쓰러지고 하다가 보면 둘째 날이 완성돼요. 둘째 날은 자아의 처리란 말이에요. 자아의 처리. 여러분, 5원짜리도 안 되는 자아가 다 처리돼야 해요. 십자가에 못 박혀야 해요. 믿습니까? 두 손 들고 아멘. 할렐루야!

2) 아멘! 하여 자아를 파쇄하자

그러면 여러분에게 둘째 날이 이루어지기 위해서는 여러분 속에서 말이 터져 나와야 해요. 첫째 날은 '주여'라고 했어요. '주여'. '주여'를 불러요. '주여' 이름 부르는 사람은 그 속에 구원이 이루어졌으니까. '주여'를 아무나 못 한다니까요. 성령이 밀어 올릴 때 '주여' 해요. 성령으로 거듭나서 예수가 내 속에 왔다는 증거로 '주여'를 밀어 올리는 거예요.

그와 같이 여러분이 자아가 십자가에 죽고 파쇄가 되고 깨어지는 것을 동의하십니까? 동의하시는 사람은 입에서 '아멘'이 터져 나와야 해요. 아멘도 절대로 사람 마음대로 못 해. 아멘 안 하는 사람들 보세요. 뭐냐? 안 죽겠다는 거예요. 목사님 설교를 듣고 자기 마음에 들으면 아멘 해요. 자기 마음에 안 드는 말에는 아멘 안 해요. 그게 뭐냐? 자아가 싱싱하다는 거거든. 여러분들은 여기서 쏟아지는 말씀에 대하여 선포에 대하여는 무조건 아멘으로 화답해야 해요. 그래야 여러분의 자아가 죽어요. 할렐루야! 두 손 들고 아멘.

책망이 떨어져도 아멘 해야 해요. 목사님들이 여러분에게 책망한다고 여러분, 삐져서 입이 5센티 나오면 돼, 안 돼? 한국교회는 다 입이 5센티 나와. 그래서 목사님들이 아예 강대상에서 책망 자체를 못 하잖아요? 장로님들이 무서워서? 토요일 날 목사님 설교 준비할 때 신경이 어디로 가냐? 장로님들한테 딱 꽂아놓고 해요. '요렇게 말하면 장로님이 기분 좋을까? 안 좋을까?' 그러니 뭐가 설교가 되겠냐고. 설교하다가 가끔 눈치를 봐요. "여러분, 절대로 여러분들은 그리스도인들이 술을 처먹으면 안 됩니다." 해놓고는 장로님 눈치를 살짝 봐요. 장로님의 눈빛이요? "저 새끼가 나를 까네." 그러면요? "아니, 꼭 먹지 말라는 얘기는 아니고." 말을 또 바꿔요. 장경동식으로 바꿔요. "꼭 먹지 말라는 얘기는 아니고 저기 건강을 위해서는 좀 먹어도 괜찮은데 취하지 말라는 얘기입니다." 그런 설교 듣고 안 깨져요. "야! 장로 새끼가 돼서 어디 술을 처먹어? 이 개새끼야." 이래야 깨지지. 한국교회 누가 다 망치느냐? 목사님들이 다 망쳐버려. 복음대로 설교를 안 하는 거예요. 복음대로. 아멘. 살살 성도를 간지르기나 하고 앉았고 말이야. 특별히 강남 예수 말이야. 아이고 강남에 있는 대형 교회 목사들이요, 주님 앞에 서봐, 뒤지도록 맞아. 두고 보라니까. 뻔해. 뻔해. "너 왜 수없는 몇만 명 성도를 내가 피로 구원받은 성도를 너한테 붙여줬는데 너 왜 그동안에 장난치다 왔어? 성도들 살살 엉덩이나 만지고 앉았고. 살살 말이야." 죽어요, 죽어. 안 죽으려면 전광훈처럼 욕을 세게 해야 해. "미친년들 머리를 다 잡아 뜯어, 이 개 같은 년들." 아멘. 벌써 아멘 안 하는 것들 있잖아? 봐요. "저 새끼, 저 소리 듣기 싫어서 안 온다." 그래. 오지 마라, 이 개 같은 년아. 정신 나간 년들 같은 소리 하고 앉았어. 너희들 안 와도 눈도 깜짝 안 해. 너희들이 안 오면 그러겠지? "내가 안 가면 너는 목회도 못 할 텐데?" 목회 안 하면 난 좋지, 휴가받아서, 하나님 앞에. 아이고! 손원배 데리고 미국 가서 놀러나 다니고 그러지. 나는 한국교회 여러분들이 나한테는 무거운 짐이에요. 여러분들 데리고 다 천국까지 데리고 가야 되니까. 첫째 날이 임하게 해야지, 둘째 날이 임하게 해야지.

3) 비열한 한국교회 목사들

한국교회 목사님들이 얼마나 비열한지 보세요. 세상에! 문재인 정권 시퍼럴 때는요 말 한마디도 못 하고 문재인한테 쭐쭐 쭐쭐 빨고 청와대 밥 먹으러 양복 맞춰 입고 가서 "아이고, 잘하십니다. 잘하십니다. 우리가 위하여 기도합니다." 그러다가 이제 세상이 바뀌어서 내일모레 문재인 날아가게 생겼으니까, 목사들이 뭐 오산리 순복음교회 3000명이 모여서 이제 뭐, 윤석열을 위해서 기도회 한다고? 이 자식들아, 관둬. 관둬. 왔다 갔다 하고. 소강석이 중심이 돼서 또 그래. 야 야 야 야! 그것도 또 목회자들만 3000명 모여서 한다는데, 안 가니까 거기 오는 사람 추첨해서 세 명한테는 스타렉스 차를 한 대 준다고 이렇게 광고했어. 그따위 집회 관둬. 관둬. 한국교회 다 망가뜨린 이 개자식들이 말이야. 무너진 대한민국을 내가 판을 지금 바꿔 놓으니까 왜 지금 와서 또 장난치려고 말이야.

왜 그런지 알아요? 나중에 3월 선거 당선되면요? 제일 먼저 이것들이 청와대가 또 뛰어 들어가려고 그래요. 들어가서 윤석열 대통령한테 우리가 열심히 해서 당선된 거 축하합니다. 뻔해요. 뻔해. 이명박 때도 그랬고 박근혜도 때도 그랬고 개자식들. 험한 일은 내가 다 해놓으면요, 선거 끝나면 또 그 지랄하려고 지금 또 그 지랄하려고 각을 잡았어요. 한국교회 목사들이여, 목회자들이여, 정신 차려. 문재인에 대해서 선지자적인 말도 한마디 못 하는 것들이 말이야. 지금 와서 말이야. 지금 와서. 등신 같은 놈들이 말이야. 에이, 나까무라 같은 새끼들.

한국교회를 바로 세우려면 주사파에 대해서 칼을 세워야지. 목숨 걸고 설교하다가 순교를 당해야지. 지금 와서 말이야 다 망한 놈의 나라를 이제 판을, 운동장을 내가 돌려놓으니까 말이야. 누가 뭐라 해도 소용없어. 대한민국은 3년 전에 망했어. 완전히 망했는데 광화문에 모인 우리 애국 성도들이 지금 이 판을 바꿔 놓은 거야. 윤석열 후보도 정신 차려. 당신이 뭐 검찰 총장 해서 대통령 후보 1위로 떠오른 지 알아? 우리가 판을 바꿔놨기 때문에 되는 거지. 맞지요? 나는 3년 전에 이미 예언했어요. "두고 봐라." 영상에도 나올 거야. "두고 봐라." 3년 전에 예언했어. "두고 봐라. 다음 선거는 이명박과 정동영과의 선거가 그대로 될 것이다. 오백만 표 차이 난다. 두고 봐라." 나는 그때 이미 예언했어요. 그때 530만 표 차이가 났거든? "반드시 그렇게 된다." 나는 훤하게 보고 있었던 거예요. 아멘. 지금 이제 드디어 그렇게 왔어요. 단일화만 되면요, 오백만 표 이상 차이 나요. 단일화만 되면. 그래서 나는 단일화 하나를 위해서 두 달 동안 목숨을 걸고 한 거예요. 돈 수십억을 써가면서. 아멘.

4) 예수 한국 복음 통일을 위해 모이자

이래서 대한민국의 판을 지금 바꿔 놨는데 나는 이미 생각이 어디 가 있느냐? 나는 대통령 선거 끝났다고 보는 거예요. 이미 선거는 끝났고 이제 뭐냐? 이제 국민 전체가 예수 한국 복음 통일로 돌아서야 해요. 나는 이 일을 위하여. 할렐루야! 다음 주 토요일 날 광화문 광장에 목회자들만 10만 명 모여야 해요. 주제는 뭐냐? 예수 한국 복음 통일이에요. 선거가 아니에요. 시시한 선거. 선거는 이미 끝났다니까. 예수 한국 복음 통일. 아멘. 그리고 이 마지막 완성은 3.1절 대회에서 천만 명이 모여야 해요. 선거 이제 필요 없어. 선거는 이미 끝났다니까. 이거는 3년 전에 광화문에서 우리가 끝내버린 거예요. 이제는 예수 한국 복음 통일을 위하여 광화문 광장에 3.1절 대회에 천만 명이 모여야 해요. 아멘. 불신자들은요, 예수 한국 복음 통일을 위해서 오라 그러면 안 와요. '문재인 개새끼' 그러면 와요. 그런데 이게 최고의 선노지예요. 3.1절도요, 우리는 전도지로 써먹어야 해요. 전도지로.

복음과 관계되지 않는 모든 것은 헛방이에요. 헛방. 이해됐어요? 어디 한번 해보실래요? 진짜요? 주먹 다 쥐어요. 옆 사람에게 우리 한 번 해봅시다. 이 일을 위하여 이번 주에도 나는 내일부터 부산에 가서 워커힐에서 한 것처럼 부산에 있는 모든 목사님 모여서, 세상에, 밥 한 끼에 7만 원짜리 사주면서, 부·울·경에 있는 목사님들 다 오세요. 내가 돈이 많아서 여러분에게 밥 사주려고 하는 게 아니에요. 여러분 왜 목회를 하고 이 시대에 왜 사냐고? 이제 우리는 선거도 소용없어요. 선거도 끝났다고 봐야 해요. 예수 한국 복음 통일 만들어야 해요. 아멘. 그래서 월요일 날 11시에 해운대호텔입니다. 해운대호텔로 부·울·경에 있는 모든 목사는 총집결해 주시고. 그다음 화요일 날은 대구에서 합니다. 대구 인터불고호텔에서 다시 경북, 대구에 있는 목사님들 다 모여주시고. 그다음 수요일 날은 광주에서 합니다. 광주, 전라남도에 있는 모든 목사님 다 모여야 해요. 선거 때문에 모이는 게 아니에요. 예수 한국 뭐라고요? 선거는 이미 다 끝났다니까. 우린 3년 전에 광화문에서 이미 끝낸 거야. 선거는 밑에 판만 바꿔 놓으면 끝나는 거예요. 아멘. 우리가 다 해놓으니까 지금 와서 뭐 궁시렁 궁시렁. 정신 나가서. 그리고 또 목요일 날은 전주에서 합니다. 전주에서. 전라북도에 있는 목사님들이여, 다 모여주세요. 시시하게 말이야 밑바닥에 뭐 정치 그런 거 전광훈 목사가 그렇게 정치가로 보입니까? 아이고, 착각하지 마요. 나는 창세기 1장을 해독하는 사람이에요. 나는 모든 삶을 복음에다 걸고 살아요. 아멘. 두 손 들고 아멘. 다 모이기를 바랍니다.

그런데 정치 왜 하냐. 왜 국민혁명당 만들어서? 복음 때문에 한다니까. 복음 때문에. 어제요 고영일 우리 국민혁명당 대통령 후보, 사실 여론 조사를 백번 더 해봐도요, 자유 우파 중에서는 3등이에요. 3등. 자유 우파 중에는요, 윤석열이 1등이고 2등은 안철수고 3등이 여론 조사해 보면 3등이 고영일로 나와요. 백번 여론 조사 다 해봐도. 돈 많이 들여서 여론 조사 계속해 봤어요. 아마 5년 후에 대통령은 반드시 고영일이 될지도 몰라. 그렇지만 어제 고영일 대표님은요 바로 어제 사표 던져버렸잖아요? 왜? 3등 가는데도. 서울역의 조원진요? 3등은 고사하고요 여론 조사에 잡히지도 않아요. 잡히지도 않아. 영 점 몇 프로도 안 잡혀요. 고영일은 그래도 1 프로 이상 나오지. 아멘이요? 그런데 지금 여기 자유 우파 중에서 대통령 후보에 등록한 사람이 스물일곱 명이야. 스물일곱 명. 그중에 참 기가 막힌 김경재 있죠? 꼴값 떨고 앉았어. 꼴값 떨고 앉았어. 그러니까 당신이 얼마나 가짜라는 것이 드러나는 거야. 우리가 하는 일을 보라고. 어제 고영일 대표는 바로 사표 던져버리잖아요? 왜? 모든 후보를 하나로 만들기 위하여. 그러니까 우리가 하는 건 정치가 아니라니까. 복음 때문에 하는 거예요. 복음 때문에. 아멘. 두 손 들고 아멘. 복음을 아는 사람과 모르는 사람은요? 하늘과 땅이에요. 여러분은 다 복음 위에 설지어다. 그다음에 금요일 날은 대전에서 또 해요. 대전에서. 그러니까 이번 주, 한 주일 동안에 순교하지 않고 돌아오도록 기도 세게 하세요. 할렐루야! 그리고 또 우리 교회 안에서는요 부흥사가 어떤 사람인지를 보여주는 시범을 보이는 나의 형제 장학일 목사님이 오늘 밤부터 부흥회 하러 와요. 부흥회를 어떻게 하는지에 대하여 교과서적인 시범을 보일 거야. 줄줄이 계속 와요. 장경동 또 와요. 이제 뒤에 있었던 실세들이 앞으로 다 튀어나와요. 예수 한국 복음 통일을 위하여. 아멘. 할렐루야! 반드시 우리가 통일을 이루어 내야 해요. 오직 복음으로. 오직 무엇으로? 오직 복음으로. 대한민국의 희망은 여러분밖에 없어요. 희망은 교회밖에 없어. 목사님들도 소망 없어. 차라리 밑바닥에 있는 성도들이 희망이 있는 거예요. 특별히 광화문에서 와서 하나님 말씀을 듣고 귀가 열린 사람, 복음의 귀가 열린 사람 그대들이 희망이에요. 희망. 아멘. 주먹 다시 쥐어요. 옆 사람 쳐다봐요. 자, 해봐요. 아무리 봐도 너밖에 없어. 당신은 대한민국의 소망이야. 희망이야. 아멘. 할렐루야! <슬픔으로 낙심될 때> 한 번 불러봐요. 주님, 역사하여 주시옵소서.

<슬픔으로 낙심될 때>

1. 슬픔으로 낙심될 때 누가 나를 위로하리
예수 오직 예수
험한 세상 나그네길 인도할 이 누구인가
예수 오직 예수
나는 믿네 생명 되신 주님 예수 오직 예수 예수
믿음 소망 사랑되신 주님 예수 오직 예수

2. 귀한 생명 희생하여 누가 나를 구원하리
예수 오직 예수
내 마음과 성품 다해 사랑할 이 누구인가
예수 오직 예수
나는 믿네 생명 되신 주님 예수 오직 예수 예수
믿음 소망 사랑되신 주님 예수 오직 예수

3. 삶의 짐이 무거울 때 누가 나를 위로하리
성령 오직 성령
사람보고 실망할 때 용기 줄 자 누구인가
성령 오직 성령
나는 믿네 생명 되신 성령 성령 오직 성령 성령
믿음 소망 사랑되신 성령 성령 오직 성령

4. 대한민국 나의 민족 누가 이 땅 구원하리
성령 오직 성령
청교도의 신앙으로 칠천만을 구원하리
사랑 오직 기도
대한민국 소망되신 성령 성령 오직 성령 성령
믿음 소망 사랑되신 성령 성령 오직 성령

5) 아멘 하는 사람에 의해 세상이 바뀐다

아멘 할렐루야! 시대는 입에서 '주여'를 부르는 사람에 의하여 시대가 바뀌는 거예요. 사도행전에 보면 사울이 변화되기 전에 예수 믿는 사람을 잡아 죽일 때 이렇게 말했어요. '주여'를 부르는 놈을 잡아 죽이라는 거예요. '주여'를 못 부르게 하는 거예요. 왜 '주여'를 부르면 그 사람은 뒤집어지거든요. 아멘입니까? 주의 이름을 부르는 자를 잡아다가 처형시키라고 그랬어요. 그러나 여러분과 저는 누가 뭐라고 해도 '주여'를 불러야 해요.

그다음에 두 번째는 뭐냐? 아멘이에요. 아멘. 아멘 하는 사람에 의하여 세상이 바뀌는 거예요. 여러분, 세상이 좋아지길 원해요? 입에서 아멘이 터져 나와야 해요. 여러분이 변화되길 원해요? 자아가 죽기를 원해요? 자아가 파쇄되길 원해요? 사단의 찌꺼기가 다 물러가길 원해요? 아멘 하세요. 아멘. 두 손 들고 아멘. 할렐루야!

4. 셋째 날, 부활의 증거 - 할렐루야!

세 번째 날 보시면 자, 부활의 역사가 일어나요. 부활의 역사. 세 번째 날이 사람에게 임하면, "뭍이 드러나라" 이건 부활을 말하는 거예요. 그리스도가 물에서 올라온다고 하니까. 아멘.

그러면 부활의 영이 그 사람 속에 들어갔다. 그 사람을 지금부터 부활시키려고 한다. 그러면 그 입에서 터져 나오는 말이 '할렐루야'가 터져 나와요. 할렐루야라는 말을 여러분, 아무나 하는지 압니까? 안 해요, 안 해. 사람들이 부끄러워서 안 하려고 그래요. 여러분, 한 번 해봐요. 할렐루야! 자연스러워요? 할렐루야는 누가 제일 잘하느냐? 손상대 교수님이 제일 잘해요. 온 세계 앞에 할렐루야 소리 지르잖아요? 그래서 지금 손상대가 부활하고 있잖아요? 손상대가 나를 안 만났으면요, 기자 몇 번 하다가 인생 마쳐버려요. 무조건 전광훈 목사 만난 사람은 부활해요. 할렐루야가 터져 나오잖아요? 심지어 응천 스님까지도 입에서 할렐루야가 터지니까 응천 스님이 지금 살고 있다니까. 불교에서 영웅이 돼 있다고요. 영웅이. 응천 스님도요 날 안 만났으면요? 히쭈구리한 중이 돼서 저 산속에서 목탁만 몇 번 치다 신세 망칠 뻔했어. 그런데 광화문에 나와서 할렐루야 하니까 봐요. 할렐루야 하는 사람은 하나님이 부활시켜 줘요. 삶도 가정도 모든 인생도 자녀도, 여러분도 할렐루야를 풍성하게 해요. 다시요. 할렐루야! 아멘.

믿습니까? 얼마나 좋은 천국의 언어냐고요. 따라 해봐요.

주여! 아멘. 할렐루야! 이거는 성령이 그 속에 들어가지 않는 사람은 절대로 못 할 말이에요. 성령이 밀어 올리는 말이에요. 밀어 올리는 말. 아멘. 시간 관계상 통과.

5. 넷째 날, 천직이 임한 증거 - 감사

넷째 날은 천직이 내려온다 그랬어요. 예수님은 하나님 보좌 우편에 앉는다 그랬어요. 그와 같이 예수님과 함께 우리들도 똑같이 가는 거예요.

여러분도 넷째 날이 오면, 넷째 날 해와 달과 별이 뜨면 하나님이 사람으로 여러분을 이 땅에 보낸 이유가 나타나요. 사람에게는 천직이 있는 거예요. 천직이. "너는 이 세상에 내려가서 무슨 일을 하다 올라오라." 하나님의 설계도에 다 짜여 있다니까요. 그것을 못 찾아가요. 쓸데없는 짓 하는 거예요. 하나님은 목사 하라 그러는데 딴짓하고 앉아 있는 거예요. 자기 자리를 못 찾는 거예요. 이거는 넷째 날 가야 자기 자리에 들어가요. 믿습니까? 자, 여러분에게도 넷째 날의 역사가 일어나서 넷째 날에 자리를 찾은 사람은 어떤 일이 일어나느냐? '나는 다시 인간으로 태어나도 나는 이 일을 할 것이다.' 이 사람은 찾은 사람이에요. 찾은 사람. 믿습니까?

그래서 넷째 날이 사람 속에 들어와서 천직을 찾은 사람은 '하나님이 나를 이것 때문에 인간으로 이 땅에 태어나게 했구나. 요렇게, 요렇게 내 인생을 이끌어서 전광훈 옆에다 나를 갖다 붙였다.' 요것이 확실히 딱 들은 사람은요? 자기가 해야 할 일, 지금 하고 있는 일, 하나님의 계획표 안에 딱 들어갔다. 드디어 이제 내가 내 자리를 찾았다. 이런 사람은요 입에서 무엇이 터지느냐? 감사가 터져 나와요. 감사합니다. 할렐루야! 두 손 높이 들고 〈감사해요〉 노래 한번 불러봐요. 주여! 아버지여! 감사가 터져 나온단 말이에요. 넷째 날 가야 감사가 터져 나오는 거예요.

〈감사해요〉

감사해요 감사해요 감사해요 주님
감사해요 감사해요 감사해요 주님

아멘, 감사가 터져 나오기를 바랍니다. 아침에도 감사, 점심때도 감사, 잠잘 때도 감사, 감사가 수시로 펑펑 튀어야 해요. 그 사람은 자기가 하는 일에 불만이 없다는 거예요. 아멘. 나는 내가 하는 거에 불만 없어요. 나는 그냥 감사밖에 없어요. 그냥. 여러분도 감사의 영이 터져 나오라고요.

6. 다섯째 날, 확대의 증거 - 믿습니다!

그다음에 오늘 우리 상고한 이 다섯째 날입니다. 다섯째 날은 확대예요. 확대. 여러분들을 하나님이 확대시키려고 그래요. 첫째부터 넷째까지 이루어진 여러분 속의 속성을 하나님이 높이려고 그래요. 일을 시키려고 그래요. 확대시킬 때가 되면 여러분 속에 강력한 믿음이 와요. 확신이 온다고요. 확신이. 내가 하는 모든 일에 대해서 타협의 여지가 없어요. 누가 뭐래도 소용없어요. 주님이 나한테 시킨 일을 내가 하고 있는 거예요.

지금 입에서 '믿습니다'가 나와야 해요. 따라서 해봐요. 믿습니다. 할렐루야! 여러분 입에서 '믿습니다'가 나오면 그 사람은 확대되는 거예요. 여러분의 인생도 확대되고 가정도 확대되고 하는 일이 다 확대가 되기 시작하는 거예요. 확신의 언어가 터져 나올지어다.

믿습니다. 믿기는 뭘 믿어? 살아봐야 알지. 아니야. 우리는 살아보지 않고도 믿어. 우리는 미래적 현실을 가졌어. 앞으로 될 일을 나는 과거 완료형처럼 생각해 버려. 믿습니다. 할렐루야! 그래서 여러분들은 앞으로 되어질 일을 과거에 지나간 것처럼 말을 하십시오. 선포하면서 말해요. 선포하면서. 믿습니다. 주여, 믿습니다. 아멘. <이 눈에 아무 증거 아니 뵈어도> 한 번 불러봐요. 주여, 역사하여 주시옵소서. 이런 말들이 펑펑 터져 나와야 해요.

찬송가 344장
<이 눈에 아무 증거 아니 뵈어도>

1. 이 눈에 아무 증거 아니 뵈어도
믿음만을 가지고서 늘 걸으며
이 귀에 아무 소리 아니 들려도
하나님의 약속 위에 서리라

(후렴) 걸어가세 믿음 위에 서서
나가세 나가세 의심 버리고
걸어가세 믿음 위에 서서
눈과 귀에 아무 증거 없어도

2. 이 눈에 보기에는 어떠하든지
이미 얻은 증거대로 늘 믿으며
이 맘에 의심없이
살아갈 때에
우리 소원 주 안에서 이루리

3. 당신의 거룩함을 두고 맹세한
주 하나님 아버지는 참 미쁘다
그 귀한 모든 약속 믿는 자에게
능치 못할 무슨 일이 있을까

<기도하자 우리 마음 합하여>

1. 기도하자 우리 마음 합하여
기도하자 우리 마음 합하여
할렐루야 아멘 할렐루야 아멘
기도하자 우리 마음 합하여

2. 찬송하자 우리 모두 주님께
찬송하자 우리 모두 주님께
할렐루야 아멘 할렐루야 아멘
찬송하자 우리 모두 주님께

3. 걸어가자 하늘 영광 저 문을
걸어가자 하늘 영광 저 문을
할렐루야 아멘 할렐루야 아멘
걸어가자 하늘 영광 저 문을

4. 바라보자 주님 계신 천국을
바라보자 주님 계신 천국을
할렐루야 아멘 할렐루야 아멘
바라보자 주님 계신 천국을

7. 전광훈 목사, 바울이 해석한 성경을 2천 년 만에 재해석하다

아멘 할렐루야! 이렇게 성경 해석하는 것을 바울식으로 한다고 하는 거예요. 그래서 성경은 모세가 썼고 바울이 해석했다는 거예요. 그런데 바울이 해석한 이 성경이 기록하자마자 딱 덮여 버렸어요. 자, 이제 말을 잘 들어야 해요. 성경 기록이 마친 지가 2천 년 됐어요. 그러다가 2천 년 만에 한국에 있는 전광훈 목사에게 하나님이 열어 주셔서 드디어 성경이 열리기 시작한 거예요. 내가 하는 모든 말은 내가 하는 것이 아니라 바울 서신을 나는 재해석하는 거예요. 믿습니까? 창세기 1장을 이렇게 보는 것을 바울 스타일이라고 해요. 바울이 이렇게 말하는 거예요. "목사님, 지금 이번에 계속 입에서 주여, 아멘하고 터져 나오는 그것도 바울 서신에 있나요?" 있고말고. 이 단어가 다 박혀 있어요. 박혀 있어. 다음 주에 오면 제가 성경 다 찾아 줄 테니까요. 믿습니까? 바울 서신 로마서부터 히브리서 전까지 보면 이 단어가 다 박혀 있어요. 그래서 여러분들 입에서 뭔 말이 터져 나오는 걸 보면 저 사람은 둘째 날에 왔네, 셋째 날에 왔네, 저 사람은 넷째 날을 통과하고 있네, 금방 알아 버려요. 할렐루야! 다음 주에 이제 여섯째 날 갈 테니까 우리 한번 이 창세기 1장을 완성합시다. 안식년까지 완성합시다. 여러분 속에 진정한 평안이 임할 때까지. 하늘이 무너지고 땅이 꺼져도 여러분을 감방에 처넣어도 여러분 속에는 평강이 흐를 수 있도록 참된 안식년이 있다는 것을 한번 해보자, 이거예요. 가보자, 이거야. 할렐루야요?

두 손 높이 들어요. "주님, 감사합니다. 성경을 열어 주셔서 감사합니다. 창세기 1장이 내 속에 흐르게 하여 주시옵소서. 그대로 임하게 하여 주시옵소서." '주여' 삼창하며 기도하겠습니다. 주여! 주여! 주여!

7

다스리라

여섯째 날, 천년왕국

설교 일시 2022년 2월 20일(주일) 오전 11시

대　　상 사랑제일교회 주일 3부 예배

성　　경 창세기 1:1-31

1 태초에 하나님이 천지를 창조하시니라

2 땅이 혼돈하고 공허하며 흑암이 깊음 위에 있고 하나님의 신은 수
면에 운행하시니라

3 하나님이 가라사대 빛이 있으라 하시매 빛이 있었고

4 그 빛이 하나님의 보시기에 좋았더라 하나님이 빛과 어두움을 나
누사

5 빛을 낮이라 칭하시고 어두움을 밤이라 칭하시니라 저녁이 되며
아침이 되니 이는 첫째 날이니라

6 하나님이 가라사대 물 가운데 궁창이 있어 물과 물로 나뉘게 하리
라 하시고

7 하나님이 궁창을 만드사 궁창 아래의 물과 궁창 위의 물로 나뉘게
하시매 그대로 되니라

8 하나님이 궁창을 하늘이라 칭하시니라 저녁이 되며 아침이 되니
이는 둘째 날이니라

9 하나님이 가라사대 천하의 물이 한곳으로 모이고 뭍이 드러나라
하시매 그대로 되니라

10 하나님이 뭍을 땅이라 칭하시고 모인 물을 바다라 칭하시니라
하나님의 보시기에 좋았더라

11 하나님이 가라사대 땅은 풀과 씨 맺는 채소와 각기 종류대로 씨
가진 열매 맺는 과목을 내라 하시매 그대로 되어

12 땅이 풀과 각기 종류대로 씨 맺는 채소와 각기 종류대로 씨 가진
열매 맺는 나무를 내니 하나님의 보시기에 좋았더라

13 저녁이 되며 아침이 되니 이는 세째 날이니라

14 하나님이 가라사대 하늘의 궁창에 광명이 있어 주야를 나뉘게
하라 또 그 광명으로 하여 징조와 사시와 일자와 연한이 이루라

15 또 그 광명이 하늘의 궁창에 있어 땅에 비취라 하시고 (그대로
되니라)

16 하나님이 두 큰 광명을 만드사 큰 광명으로 낮을 주관하게 하시
고 작은 광명으로 밤을 주관하게 하시며 또 별들을 만드시고

17 하나님이 그것들을 하늘의 궁창에 두어 땅에 비취게 하시며

18 주야를 주관하게 하시며 빛과 어두움을 나뉘게 하시니라 하나님
의 보시기에 좋았더라

19 저녁이 되며 아침이 되니 이는 네째 날이니라

20 하나님이 가라사대 물들은 생물로 번성케 하라 땅위 하늘의 궁
창에는 새가 날으라 하시고

21 하나님이 큰 물고기와 물에서 번성하여 움직이는 모든 생물을
그 종류대로, 날개 있는 모든 새를 그 종류대로 창조하시니 하나님
의 보시기에 좋았더라

22 하나님이 그들에게 복을 주어 가라사대 생육하고 번성하여 여러
바다 물에 충만하라 새들도 땅에 번성하라 하시니라

23 저녁이 되며 아침이 되니 이는 다섯째 날이니라

24 하나님이 가라사대 땅은 생물을 그 종류대로 내되 육축과 기는
것과 땅의 짐승을 종류대로 내라 하시고 (그대로 되니라)

25 하나님이 땅의 짐승을 그 종류대로, 육축을 그 종류대로, 땅에 기
는 모든 것을 그 종류대로 만드시니 하나님의 보시기에 좋았더라

26 하나님이 가라사대 우리의 형상을 따라 우리의 모양대로 우리가
사람을 만들고 그로 바다의 고기와 공중의 새와 육축과 온 땅과 땅
에 기는 모든 것을 다스리게 하자 하시고

27 하나님이 자기 형상 곧 하나님의 형상대로 사람을 창조하시되

남자와 여자를 창조하시고

28 하나님이 그들에게 복을 주시며 그들에게 이르시되 생육하고 번성하여 땅에 충만하라, 땅을 정복하라, 바다의 고기와 공중의 새와 땅에 움직이는 모든 생물을 다스리라 하시니라

29 하나님이 가라사대 내가 온 지면의 씨 맺는 모든 채소와 씨 가진 열매 맺는 모든 나무를 너희에게 주노니 너희 식물이 되리라

30 또 땅의 모든 짐승과 공중의 모든 새와 생명이 있어 땅에 기는 모든 것에게는 내가 모든 푸른 풀을 식물로 주노라 하시니 그대로 되니라

31 하나님이 그 지으신 모든 것을 보시니 보시기에 심히 좋았더라 저녁이 되며 아침이 되니 이는 여섯째 날이니라

Ⅰ.
우리의 인정보다 앞서는 말씀의 사실

자, 우리 주먹 인사하겠습니다. 옆에 좌우에 다 같이 우리는 이겼습니다. 앞뒤로 다시 한번 하겠어요. 우리는 이겼습니다. 할렐루야! 전 세계에서 예배에 들어오신 성도들을 다 축복합니다. 오늘도 촛대 사이로 다니시는 예수님이 우리 육신의 눈에는 보이지 않아도 기록된 환상을 보면 주님이 '두 세 사람 내 이름으로 모이면 나도 너희들 중에 있으리라. 두고 보아라. 내가 세상 끝날까지 항상 너희와 함께 있으리라.' 그 말씀은 오늘 이 자리에 이루어졌습니다. 내가 인정하든지 인정하지 않든지 관계없습니다. 하나님의 말씀은 우리의 인정보다 훨씬 더 앞서갑니다. 내 눈에 보이든지 보이지 않든지 관계없습니다. 여러분과 제가 이 사실을 인정 안 해도 하나님의 사실은 그대로 이루어진 것입니다.

그러므로 촛대 사이로 다니는 예수님이 여기 계시는 것은 사실인데 이 사실을 인정하는 자에게는 기적이 일어날 것입니다. 예수님이 2천 년 전에 이 땅에 오셔서 열두 제자를 거느리시고 3년 반 동안 다니실 때 일어났던 똑같은 역사가 오늘도 이 예배 중에 일어날 것입니다. 첫째는 병든 자는 다 고쳐져야 해요. 성경의 공관복음에 보면 '다'라고 했습니다. '병든 자를 다 고치시니.' 예수님은 병든 자를 백 프로 다 고쳤어요. 오늘도 다 고쳐지길 바래요. 눌린 자는 자유함을 얻길 바래요. 인생의 무거운 짐은 풀어지길 바래요. 깨닫지 못한 자에게는 계시의 영이 부어져서 오늘도 주님이 이 자리에 계심이 실감 나기를 바랍니다. 두 손 높이 드시고, "주님, 실감 나게 하여 주세요. 주님, 이 자리에 계심이 내게 실감 나게 하여 주세요." '주여' 삼창하며 기도하겠습니다.

<축복하소서>

축복하소서 축복하소서 예수님 오늘 축복하소서
고쳐주소서 고쳐주소서 예수님 오늘 고쳐주소서
만져주소서 만져주소서 예수님 오늘 만져주소서
나타나소서 나타나소서 예수님 오늘 나타나소서

"주 예수님, 오늘도 나타나 주시옵소서. 눈에 보이지 않지만, 우리 손에 안 잡혀도 주님, 촛대 사이로 다니시는 예수님이 이 예배 가운데 나타나 주셔서 병든 자를 고쳐주시고 눌린 자를 자유함을 주시고 무거운 짐을 풀어주시는 놀라운 역사가 일어나게 해 주시고 실감 나게 하여 주시옵소서. 예수님 이름으로 기도하옵나이다. 아멘." 주먹 쥐시고 자, 주님이 이 자리에 함께 계십니다. 앞뒤로. 이것은 분명한 사실입니다. 아멘. 40장 찬송을 부르겠습니다. '주님의 높고 위대하심'입니다. 40장 예배 찬송입니다.

찬송가 40장 <주 하나님 지으신 모든 세계>

1. 주 하나님 지으신 모든 세계
내 마음속에 그리어 볼 때
하늘의 별 울려 퍼지는 뇌성
주님의 권능 우주에 찼네

(후렴) 주님의 높고 위대하심을 내 영혼이 찬양하네
주님의 높고 위대하심을 내 영혼이 찬양하네

2. 숲속이나 험한 산골짝에서
지저귀는 저 새 소리들과
고요하게 흐르는 시냇물은
주님의 솜씨 노래하도다

3. 주 하나님 독생자 아낌없이
우리를 위해 보내 주셨네
십자가에 피 흘려 죽으신 주
내 모든 죄를 구속하셨네

4. 내 주 예수 세상에 다시 올 때
저 천국으로 날 인도하리
나 겸손히 엎드려 경배하며
영원히 주를 찬양하리라

아멘. 오늘도 전 세계에서 예배에 들어온 성도들을 축복합니다. 남미와 유럽을 비롯하여 저 또 미국을 비롯해서 아시아를 비롯하여 특별히 중국의 지하교회, 북한에 있는 지하교회들에도 하나님의 놀라운 역사가 일어나기를 바랍니다.

Ⅱ.
성경을 알자

1. 모세와 바울, 하늘의 설계도를 보다

오늘도 계속 이어서 '성경을 알자'는 제목으로 하나님의 말씀을 상고하겠습니다. 성경은 누가 기록하였는가? 구약 성경은 모세가 기록한 겁니다. 모세가 어떻게 성경을 기록할

수 있었는가? 자기의 능력이 아니었습니다. 시내산에 올라가서 하나님의 설계도를 보게 되었습니다. 무슨 설계도를 보게 되었는가? 하나님이 이 세상을 창조하기 전에 설계도 하나를 만들어놨습니다. 성경은 출애굽기 25장에 보면 그것을 하늘의 식양이라고 그랬습니다. 식양. 이것을 보고 내려와서 모세오경이라고 하는 성경을 썼습니다. 그리고 성막을 지었습니다. 그러니까 모세가 쓴 모세오경, 창세기, 출애굽기, 레위기, 민수기, 신명기는 하나님의 설계도를 거기다 기록한 것입니다. 하나님이 이 세상을 왜 만들까? 만들어서 어떻게 운행할까? 이 하나님의 설계도가 모세가 쓴 성경에 기록이 돼 있는 것입니다.

그러나 인간들은 그 사실을 알지 못했어요. 이것을 최초로 안 사람이 바울입니다. 바울. 신약시대에 와서 사도바울이 모세오경에 대한 해독을 하게 된 것입니다. 어떻게 하게 되었나요? 역시 바울의 능력이 아니고 바울도 셋째 하늘에 올라갔습니다. 고린도후서 12장 1절에 보면 인간의 세계가 아니라 사람이 죽어서 가는 셋째 하늘, 바로 천국이죠. 천국. 살아 있으면서 바울이 입신을 하여 가게 되었다는 것입니다. 고린도후서 12장 1절에 쓰여 있습니다. 가서 이 세상에서 볼 수 없는 이루 말할 수 없는 형용할 수 없는 걸 보았다 그랬습니다. 그런데 무엇을 봤을까요? 모세가 시내산에 올라가서 보았던 하나님의 설계도를 보게 된 것입니다. 그래서 모세를 거기서 이해가 된 거예요. "아하, 이 모세오경이 왜 기록되었느냐? 시내산에 올라가서 이것을 보고 내려갔구나." 결국 하나님의 설계도지요. 보고 내려와서 모세오경을 해석했어요. 바울 서신 13권을 썼지요. 로마서부터 히브리까지. 그러니까 로마서부터 히브리까지의 그 모든 내용은 모세오경에 대한 해설집입니다. 해설집. 그리고 모세가 성막을 지은 것처럼 바울도 내려와서 무엇을 지었지요. 이게 바로 신약의 교회를 건축한 겁니다. 교회. 무형적 교회.

이래서 모세오경과 바울 서신은 똑같은 것입니다. 그리고 모세가 지었던 성막과 바울의 교회론 이것은 똑같게 되어 있습니다. 에베소서 2장 10절에 보면 '우리 속에 하나님의 성전이 지어져 가느니라' 그랬습니다. 모세는 물질로서 성막을 지었고는 바울 사도는 말씀으로 우리 속에 성전을 건축한 것입니다. 이해되시면 아멘.

2. 성경 입문, 전광훈 목사를 통해 열리다

이것이 성경으로 들어가는 입문입니다. 입문. 이렇게 성경을 조명하지 아니하면 성경을 동해물과 백두산이 마르고 닳도록 읽어도 헛방이에요. 헛방. 그러니까 2천 년 교회 역사에, 교회 역사가 2천 년 됐죠? 사도 바울, 사도들이 성경 기록을 마친 지가 2천 년 됐어요. 그런데 이렇게 성경을 설명 안 했기 때문에 2천 년 동안 목사님들과 신학자들이 설교를 헛방 지른 거예요. 헛방. 그래서 지금 결과가 어떻게 나타났느냐? 결국 결론이 이슬람한테 졌어요. 처참하게 진짜가 가짜한테 졌다고요. 지금 대한민국 교회만 조금 살아서 빨딱빨딱 하고 있지요. 전 세계는요, 비참하게 졌습니다. 그 이유가 성경 때문에 그렇게 된 것입니다.

그러다가 하나님이 우리에게 은혜를 주셔서 극동 아시아 대한민국에서 할렐루야! 공부도 안 한 전광훈 목사에게 하나님께서 이 성경을 보여주셔서 모세가 썼고 바울이 해석한 성경을 이제 내가 여러분에게 해독하기 시작한 것입니다. 아멘. 여러분들은 이 설교를 듣는 걸 감사하게 생각해야 해요. 그런데 어떤 인간들은요 설교 듣고 뒤에 댓글 달고 그래요. "목사님, 제발 좀 욕만 하지 마세요." 떠들고 난리야. 아니, 왜 내 설교를 욕으로 들을까? 바울도 욕했어. 예수는 더 세게 했어. 불의한 놈들이 걸릴 때는 욕을 하는 거야. "독사의 새끼들아." 이해되시면 아멘.

그러니까 여러분이 오늘도 영의 귀가 열리시고, 영의 눈이 열려서 2천 년 덮여 있던 이 성경이 활짝 열리기를 바랍니다. 간단해요. 모세가 썼고 바울이 해석했는데 그 모든 주제는 하나님의 설계도다. 설계도. 아멘. 할렐루야!

3. 마르다가 되지 말고 마리아가 되자

오늘도 예배에 참여한 여러분들은 복 받으셨어요. 만약에 여러분들이 내 설교를 이해 못 하면 죽을 때까지 설교 듣고 죽을 때까지 성경 연구해도 성경 모르고 결국은요 '며칠 후' 불러요. '며칠 후'. 며칠 후가 뭐예요? 며칠 후도 몰라요? 장례식 한다고요. 여러분들은 오늘부터 성경이 활짝 열려서, 이미 여러분들은 열렸어요. 열렸어.

내가 지금 계속 같은 설교를 계속하고 있는데 이 설계도가 열리는 것이 왜 중요하냐? 이 세상에 육신적으로 사는 세상에서도 자, 이렇습니다. 어떤 회사에 들어간 사원, 직원이 열심히 회사를 위해서 일을 한다고 해도 이 회사의 사장님의 의도를 모르면? 경영학에 그런 말이 있어요. 아이비리그 경영학에 나오는 말이에요. 오너의 의도를 모르면 열심히 하면 할수록 회사를 망치게 된다, 이거예요. 순수한 한국식으로 말하면 뭐냐? 금순이가 된다. 금순이가. 교회도 마찬가지예요. 열심히 신앙생활 한다고 그게 다 되는 게 아니에요. 주님의 설계도를 모르는 사람은 교회 안에서 열심히 하면 할수록 교회를 무너뜨리게 돼요. 방해 놓게 된다니까.

그러니까 이게 마리아와 마르다의 사실을 통해서도 주님이 말씀했어요. 마리아와 마르다 자매님이 둘 다 주님을 따라다녔는데 베다니에 살았습니다. 주님이 방문했어요. 그런데 언니 마르다는 예수 그리스도의 설계와 의도를 몰랐어요. 모르니까 그냥 부엌에 가서 열심히 반찬하고 밥 만들고 해서 주님께 식사를 잘 대접하려고요. 그런데요 얌통머리가 톡 까진 동생은 세상에, 부엌에서 일도 안 하고 언니가 하는 거 심부름도 안 해 주고 예수님의 턱 밑에 앉아서 아멘만 했어요. 아멘만. 왜냐하면 주님의 의도를 알아내려고요. 도대체 주님이 무슨 생각을 하고 계실까? 우리 집에 왜 왔을까? 우리 집에 온 이유가 뭘까? 그래서 예수님을 바짝 붙어서. 열 받은 언니가 들어왔습니다. "예수님, 얘가 원래부터 옛날부터 눈치가 없어요. 얌통머리가 톡 까졌어요. 요게. 아니, 지금 예수님 배고프시니까 빨리 밥을 해서 드려야 될 텐데 요년이 말이야. 요년이 턱 밑에 앉아서 아멘만 하고 있다니까요." "한두 가지면 족하도다. 먹는 게 중요한 게 아니야."

내가 부흥회 50년 했어요. 각 교회 가면 부흥 강사 대접한다고 난리예요. 난리. 내가 가면요 특별히 더 해요. 그냥 여선교회에서요 잠옷까지 다 사놔요. 집사람 거, 내 거 잠옷까지 다 사놓고요? 그냥 먹을 거 다 사놓고 호텔에 그냥 꽉 채워놓고요? 나중에 그 호텔 안에다가 플래카드(placard)도 써놨어요. '우리 교회 부흥회 오신 걸 환영합니다.' 별짓을 다 해요. 그리고 한복 열두 폭짜리를 입은 여선교회 집사님들이 와서, 또 어떤 이쁜 년들만 골라서 그냥 강사 방에 와서요. "강사님, 감사해요." 별 발광을 다 떨어요. 내가 그때 속으로 좋아할 줄 압니까? 내가 뭐라고 말하는지 압니까? 그때 또 욕이 나온다니까. 속으로 이래요. '미친년들, 개 같은 년들. 별 발광을 다 떨고 앉았네.'

강사가 뭘 좋아하는지를 모르는 거야. 강사는 뭘 좋아하느냐? 자기 구역의 어린 성도들을 빨리빨리 전화해서 오늘 첫 시간부터 빠지지 말도록 총동원하여 은혜받도록 이렇게 해주기를 바라는 거예요. 강사가 뭐 좋은 거 먹는 거? 싫은 거예요. 앞으로 여러분이 날 대접할 사람이 있으면 나를 대접하지 말고 조나단 목사님 사주세요. 조나단 목사님은 배가 고픈 사람이에요. 나한테 "먹으러 가자, 뭐 하자"? 딱 질색이에요. 나는 현찰을 좋아해. 왜냐하면 나는 할 일이 너무 많으니까. 이번 주에도 전국에 한 바퀴 다 이 나라 살리고 한국교회 살리려고 행사하는 데 딱 5억 5천만 원이 들었어요. 현찰이 필요하다 이거예요. 현찰이. 이해됐어요? 이해됐어요?

청와대에서 먹으러 오라 그래도 나는 안 간 사람이에요. 보통 목사님들 같으면 청와대에서 밥 먹으러 오라 그러면 양복 맞춰 입고 가요. 나는 안 간다니까. 이낙연 총리가 총리 된 뒤에 한기총을 방문하겠다고 사정해도 내가 오지 말라고 했어요. 또 정세균이 총리 된 뒤에 그 사람은 교회 안수집사니까 당연히 한기총으로 오겠다고 연락이 왔어요. 내가 오지 말라고 그랬어요. 그래서 그 두 사람이 나한테 삐져 있어요. 삐져 있어. 내가 이렇게 말했어요. "오려면 더불어민주당에서 주사파 정리해 놓고 와라. 더불어민주당이 주사파만 정리하면 내가 국민의 힘, 여의도의 그 당보다 너희들을 더 잘 섬겨줄게." 더불어민주당의 주사파만 정리하면요. 그렇게 못할 이유가 없어요. 우리가 더 잘 섬길 수 있단 말이야. 그러나 주사파는 안 되는 거예요. 이번 주 한 주일 돌았는데 그래서 어제 우리 10만 목회자 대회 많이 오셨습니다. 어제 내가 많은 목사님들이 온 걸 보고 또 기드온의 양털 시험에 증명이 나타났어요. 뭐든지 이게 하나님이 하시려고 하나, 안 하시려고 하나는 딱 나타난 현상 보면 알아요. '아, 주님이 하시려고 하는구나. 이거 3.1절 대회를 하려고 하는구나.' 3.1절 날은 전 국민 대한민국 국민이요, 천만 명 모여야 해요. 선거하려고 모이는 게 아니고 이 주사파를 다 쳐내고 예수 한국 복음 통일을 해야 한단 말이에요. 동의하십니까?

그래서 오늘 이 예배에 참여한 모든 성도들은 지금부터 여러분이 결사적인 자세로 이제 3.1절 준비에 들어가는데 오늘 예배에서 이 설교 듣는 모든 사람들은 한 사람이 100명씩. 아니, 얼굴이 또 왜 그래? '저 새끼는 입만 열면 100명이라고 떠들어.' 한 사람이 몇 명씩? 그날 가서 데려오는 거 말고 사전에 핸드폰으로 이름을 100명 쓰고 핸드폰 번호를 써서 전부 다 내 핸드폰으로 부쳐야 해. 다 부쳐야 해. 알았지요? "그럼, 목사님 핸드폰이 과부하 걸려서 터질 텐데요?" 터져도 괜찮아. 까짓것. 터져도 괜찮아. 그러니까 이번에 이거 일 안 하는 사람들은요 다음 주부터 이 예배에 들어오지 마. 내가 여러분들 데리고 장난칠 군번이요? 아니란 말이야. 아멘.

인생 살 거 없어요. 왔다 갔다 하다 보면 끝나버려. 내 말을 잘 들으세요. 인생이 무슨 영원한지 압니까? 내 나이를 보세요. 올해 97살이 됐어. 97살. 인생 살 거 없어. 내일모레면 우리는 다 주님 나라 가야 해요. 영원한 시간의 관점에서 이 땅의 100년이라는 것은 아무것도 아니에요. 그래서 우리가 주님의 설계도를 빨리 눈치채고 가장 주님이 기뻐하는 인생을 사시고. 지금 여러분들까지도 내 맘에 안 들어요. 여러분이 지금 뭐 신앙생활 하는 게요 내 분량을 못 채우고 있어요. 여기서 내 분량을 채우는 사람은 한 10 프로밖에 안 돼요. 김학성 교수님이 내 분량을 조금 채울 거 같아. 나 어떻게 이런 장로가 나타났는지 말이야. 그것도 합동 측 장로가 참 별종이야. 별종. 할렐루야! 그런데 김학성 교수님 이번에 전국에 날 따라다니다가 대전에 와서 열 받았어요. 열 받았어. 아니, 왜냐하면 어떤 늙은 80대 되는 목사가 장로님을 우습게 생각하고 조롱을 한 거 같아요. 장로님, 그런 조롱은요 늘 있어요. 두고 봐요. 전광훈 목사는요 그런 조롱 속에 사는 거예요. 앞으로 그런 놈이 나타나면 바로 주먹으로 이빨을 딱 정리해 해버려야 해. 목사고 자시고 소용없어. “야! 이 개새끼야.” 해서 탁! 해서. “너, 왜 개새끼 하냐?” 그러면 “전광훈한테 배웠다. 이 개새끼야.” 이 자식들이 말이야 인간들이요, 입이 자기한테 달렸다고 자기 생각대로 떠들어. 자기 생각대로. 에이그. 따라서 해요. 에이그. 왜 그러냐 하면 오늘 이 설교를 잘 못 들어서 그래요. 그러니까 주님의 설계도를 모르면 하는 짓이 다 헛방이에요. 말이 다 헛방이야. 생각이 다 헛방이야. 하는 짓이 다 헛방이야. 그러므로 오늘 여러분들은 주님의 설계도를 제대로 알아야 해요.

4. 하나님의 설계도 - 복음

주님의 설계도는 어떻게 그려졌는가? 주님의 설계도가 그려진 것이 복음이에요. 복음. 그리스도를 위하여. 따라서 합니다. 그리스도를 위하여, 그리스도에 의하여, 그리스도의 것으로. 이렇게 설계도가 만들어졌어요. 말씀은 어디 있다고요? 골로새서 1장 16절에 쓰여 있다, 이거예요. 이게 하나님의 설계도를 해독하는 제1 성경이에요. 한번 읽어봐요. 시작.

(골로새서 1:16-17)

16. 만물이 그에게 창조되되 하늘과 땅에서 보이는 것들과 보이지 않는 것들과 혹은 보좌들이나 주관들이나 정사들이나 권세들이나 만물이 다 그로 말미암고 그를 위하여 창조되었고
17. 또한 그가 만물보다 먼저 계시고 우리 안에 함께 섰느니라

그러니까 하나님의 설계도가 어떻게 되냐? 따라서 합니다. 그리스도를 위하여, 그리스도에 의하여, 그리스도의 것으로. 이렇게 설계도가 만들어졌다는 거예요. 이해되시면 아멘. 이걸 제1 원칙으로 딱 해놓기를 바랍니다.

Ⅲ.
천지창조
: 하늘의 설계도의 첫 시공

1. 첫째 날 – 창조주가 사람으로 오신다

1) 고린도후서 4:4~6 : 창세기 1장의 키워드

그리고 이제 하나님의 설계도가 실제로 이 땅에 시공한 것이 첫 번째 사건이 창조예요. 창조. 천지창조라고요. 앞엣것은 전부 다 구상이고 하나님의 계획이고 실제로 이 땅에서 시공한 것은 천지창조예요. 천지창조부터 하나님의 설계도대로 만들기 시작한 거예요. 창세기 1장의 천지창조 사건은 하나님의 설계도대로 만든 거예요. 그래서 천지창조의 일곱 단계는 곧 그리스도를 위하여, 그리스도의 의하여, 그리스도의 것으로 만들어진 것이에요.

첫째 날, "빛이 있으라," 이것도 다 그리스도를 위하여 만들어진 거예요. 첫째 날 "빛이 있으라"는 뭐냐 하면 이 세상을 창조하신 하나님이 사람으로 이 땅으로 오신다! 이것이 하나님의 설계도의 첫 단추에요. 다른 말로는 복음이라 그래요. 복음. 믿습니까? 복음의 첫 단추가 이 세상을 창조하신 하나님이 사람으로 온다! 요것이 복음의 첫 단추라고요. 이것은 성경에 어디 있느냐. 고린도후서 4장 4절부터 나와 있어요. 한번 읽어봐요. 이게 창세기 1장을 풀어가는 키워드(keyword)예요. 키워드. 한목소리로 읽으시길 바랍니다. 시작.

(고린도후서 4:4-6)

4. 그중에 이 세상 신이 믿지 아니하는 자들의 마음을 혼미케 하여 그리스도의 영광의 복음의 광채가 비취지 못하게 함이니 그리스도는 하나님의 형상이니라
5. 우리가 우리를 전파하는 것이 아니라 오직 그리스도 예수의 주 되신 것과 또 예수를 위하여 우리가 너희의 종된 것을 전파함이라
6. 어두운 데서 빛이 비취리라 하시던 그 하나님께서 예수 그리스도의 얼굴에 있는 하나님의 영광을 아는 빛을 우리 마음에 비취셨느니라

어두운 데서 빛이 있으라 하시던 하나님, 이것이 어디예요? 창세기. 몇째 날이요? 첫째 날. '어두운 데서 빛이 있으라 하신 이 하나님이 예수 그리스도의 얼굴에 있는 하나님의 영광을 아는 빛을 우리의 마음에 비췄다.' 이 말이 창세기 1장을 풀어가는 키워드예요. 키워드. 이것은 뭐냐? 창세기

1장이라고 하는 천지창조 사건이 예수 그리스도의 복음을 선포하는 것이고, 이것이 곧 천지창조한 내용으로 나타났는데 하나님이 창세기 1장의 천지를 창조한 것처럼 우리 마음속에 예수가 오셔서 '보라 옛것은 지나갔으니, 새것이 되었도다.' 우리 속에, 우리의 타락된 인간을 그리스도의 모습으로 새로 만들어가는 일곱 과정을 창세기 1장에 선포하는 것입니다.

빛이 있으라, 이거는 뭐냐? 예수가 사람으로 이 땅으로 온다는 거예요. 이것이 여러분 마음속에 들어가야 하는 거예요. 이게 복음의 첫 단추예요. 그래서 요한일서 4장 1절을 보면 여기에 대해서 해석하고 있어요. 한목소리로 한번 읽으시면 시작.

(요한일서 4장 1-3가)

1. 사랑하는 자들아 영을 다 믿지 말고 오직 영들이 하나님께 속하였나 시험하라 많은 거짓 선지자가 세상에 나왔음이니라
2. 하나님의 영은 이것으로 알지니 곧 예수 그리스도께서 육체로 오신 것을 시인하는 영마다 하나님께 속한 것이요
3. 예수를 시인하지 아니하는 영마다 하나님께 속한 것이 아니니

그러니까 이게 복음의 첫 단추라는 거예요. 여러분이 복음을 아시길 원하시면 아멘. 하나님의 설계도를 이해하길 원하시면 아멘. 예수 그리스도께서 육체로 오신 것을 시인하는 영마다! 이게 바로 하나님의 설계도의 1번이다, 이거예요. 여러분은 인정하십니까? 진짜요? 확실해요? '살아계신 주' 노래 불러 봐요.

<주 하나님 독생자 예수>

1. 주 하나님 독생자 예수 날 위하여 오시었네
내 모든 죄 다 사하시고
죽음에서 부활하신 나의 구세주

(후렴) 살아계신 주 나의 참된 소망 걱정 근심 전혀 없네
사랑의 주 내 갈 길 인도하니
내 모든 삶의 기쁨 늘 충만하네

2. 주 안에서 거듭난 생명 도우시는 주의 사랑
참 기쁨과 확신 가지고
예수님의 도우심을 믿으며 살리

3. 그 언젠가 주 뵐 때까지 주를 위해 싸우리라
승리의 길 멀고 험해도
주님께서 나의 앞길 지켜주시리

2) 예수가 심령에 임하면 혼돈, 공허, 흑암이 물러간다

아멘. 이게 하나님의 설계도의 1번이에요. 1번. 그러니까 빛 되신 예수가 내 속에 들어와야 해요. 내 속에 들어오면 공허, 혼돈, 흑암이 물러가게 돼요. 따라 해봐요. 공허, 혼돈, 흑암. 전부 사단이 가지고 노는 놀이터예요. 사람이 왜 혼돈하냐? 이 사단이 사람 속에 있으면 인간 속에 혼미한 영이 있는 거예요. 그러니까 판단도 혼미하고, 생각도 혼미하고, 다 혼미해요. 사단이 사람 속에 있으면 전부 다 공허해요. 공허해. 텅 비어서 그냥 인간이 죄를 지어요. 마음을 채우려고 도둑질도 하고 사기도 치고 거짓말도 하고, 전부 자기 공허를 채우려고 전부 모든 사람을 다 이용의 대상으로 보고 이따위 짓을 해요.

그러나 예수가 내 속에 들어오면 이 세 가지가 다 떠나가요. 떠나가. 떠나가. 아멘. 흑암도 다 물러가. 어두움도, 흑암도, 사단이 지배하는 영역을 흑암이라 그래요. 이 세 가지가 여러분을 떠나갈지어다. 이게 떠나간 사람과 안 떠나간 사람은 하는 행동 자체가 달라요. 끝없이 허우적거리는 사람이 있어요. 그냥 헛된 야망으로 말이야. 모든 면에 그래요. 의식주도 마찬가지야. '어떻게 하면 더 좋은 옷을 입어볼까? 어떻게 하면 더 좋은 집에 살아볼까? 어떻게 하면 더 좋은 걸 처먹을까?' 해서. 그러다가 인생이 희생 당해버려요.

의식주에게 사기당한다니까요. 사기당한다고. 우리 인간은 이 땅에 의식주를 채우려고 온 것이 아니야. 여러분이 왜 태어났냐? 예수 때문에 태어난 거예요. 아멘. 그러니까 예수가 내 속에 오면 혼미함이 다 물러가 버려요. 아멘. 멍청한 것이 다 물러가 버려요. 예수가 내 속에 오면은 공허함이 다 떠나가요.

그래서 자기 목적이 안 이뤄지면 자살하고 그런 거 없어요. 예수가 내 속에 오면 참 만족이 온다니까요. 있으면 좋고 없으면 더 좋고. 왜 더 좋냐 하면 관리하기 귀찮으니까. 할렐루야! 아멘. 모든 게 다예요. 자식 있으면 좋고 없으면 무자식 상팔자예요. 아멘. 따라서 해요. 돈 있으면 좋고 없으면 강도가 안 와서 더 좋고. 아멘. 따라 해봐요. 40평 아파트 있으면 좋고 없으면 더 좋고. 왜? 청소하기 귀찮아. 40평 아파트는. 이해가 돼요? 요즘 강남에 40평 아파트는 40억이라네. 40억. 미쳤어. 미쳤어. 여러분, 집 없는 사람 걱정하지 마요. 우리 교회 교육관에 와서 살면 됩니다. 여기 와서 그리고 하루에 3000원 주고 여기 장기 계약하면요, 여기 우리 랜드 가서 씻는 거 있잖아? 씻는 거 거기 가서 씻고 그냥 살면 되는 거야. 그냥 살면 되는 거야. 옷은 1년 내내 나처럼 한 벌만 입으면 돼. 그렇게 살면 돼. 예수만 위해서 살면 되는 거야. 그런 데 갈증을 느끼면 안 돼요. 그건 예수가 아직네 속에 안 왔다는 거예요. 안 왔기 때문에 갈증을 느끼는 거야. 첫째 날이 안 이루어져서 그래요. 빛이 있으라! 아멘. 따라 해봐요. 이쁜 마누라 만나면 좋고 못생긴 년 만나면 더 좋고. 왜 더 좋냐? 못생긴 년은 바람을 안 피우니까. 이쁜 년은 꼭 부뚜막에 올라가니까. 그러니까 만사를 다 우리는 감사, 감사예요. 참 만족 속에 살아야 해요. 〈사람을 보면 세상을 볼 땐〉 손뼉 준비.

〈사람을 보며 세상을 볼 땐〉

사람을 보며 세상을 볼 땐 만족함이 없었네
나의 하나님 그분을 뵐 땐 나는 만족하였네
저기 빛나는 태양을 보라 또 저기 서 있는 산을 보아라
천지 지으신 우리 여호와 나를 사랑하시니
나의 하나님 한 분만으로 나는 만족하겠네
동남풍아 불어라 서북풍아 불어라
가시밭의 백합화 예수 향기 날리니 할렐루야 아멘
가시밭의 백합화 예수 향기 날리니 할렐루야 아멘

〈나의 등 뒤에서〉

1. 나의 등 뒤에서 나를 도우시는 주
나의 인생길에서 지치고 곤하여
매일처럼 주저 앉고 싶을 때 나를 밀어주시네

(후렴) 일어나 걸어라 내가 새힘을 주리니
일어나 너 걸어라 내 너를 도우리

2. 나의 등 뒤에서 나를 도우시는 주
평안히 길을 갈 때 보이지 않아도
지치고 곤하여 넘어질때면 다가와 손내미시네

3. 나의 등 뒤에서 나를 도우시는 주
때때로 뒤 돌아보면 여전히 계신 주
잔잔한 미소로 바라보시며 나를 재촉하시네

<위대하고 강하신 주님>

위대하고 강하신 주님 우리 주 하나님
위대하고 강하신 주님 우리 주 하나님
깃발을 높이 들고 흔들며 왕께 찬양해
위대하고 강하신 주님 우리 주 하나님
위대하고 강하신 주님 우리 주 하나님

<주 하나님 독생자 예수>

3. 그 언젠가 주 뵐 때까지 주를 위해 싸우리라
승리의 길 멀고 험해도
주님께서 나의 앞길 지켜주시리

(후렴) 살아계신 주 나의 참된 소망 걱정 근심 전혀 없네
사랑의 주 내 갈 길 인도하니
내 모든 삶의 기쁨 늘 충만하네

3) 첫째 날이 완성된 증거 : '주여'

첫째 날이 임할지어다. 이게 하나님의 설계도의 1번이에요. 1번. 빛이 있으라! 예수가 너 속에 들어가라! 첫째 날이 완성되면 증거가 나타나요. 증거. 고백이 일어난다고요. 고백이. 그 입에서 뭐가 나오냐? '주여'를 불러요. 주여. 따라 해봐요. 주여! 그거요, 아무나 못 불러요. '주여'를 아무나 부를 줄 알아요? 절대 못 불러. '주여'는 성령이 예수 그리스도를 여러분 속에 밀고 들어가서 여러분 속에서 예수가 밀려 나오는 소리가 '주여'예요. '주여' 고백이란 게 그냥 이루어지는 게 아니에요. 이렇게 쉽게 부르는 '주여'를 다른 사람들은 쑥스러워서 못 부르는 거예요. 여러분, 부를 수 있어요? 담대하게? 진짜요? 세상 사람들 다 있는 데서도 '주여'를 부를 수 있어요? 부끄러워하지 않아요? 할렐루야!

예수가 내 속에 들어와 있는 사람들이 예수를 부끄러워하면 돼, 안 돼? 안 되지요? 예수가 속에 안 들어갔다는 거지. 세상에! 직장 가서 점심 먹을 때 아니, 밥 먹기 전에 기도하

는 게 뭐가 죄라고 기도도 안 하고 말이야. 살짝 혼자서 눈을 감았다 뜨면서 속으로만 하고. 그렇게 밥 먹으면 되겠냐고? 여러분들 그렇게 하면 안 돼요. 신앙고백을 확실히 해야지. 점심시간에 딱 도시락을 펴놓고 식사 기도 할 때 '주여' 삼창부터 하란 말이야. '주여' 세게 불러. 그러다가 침이 막 튀어나와서 앞 사람의 도시락에 침이 튀어서 "아이 씨, 더러워서 못 먹겠다." 하고 버리고 가면 네가 두 그릇 먹으면 되잖아? 두 그릇 먹으면? '주여'를 말이야 '주여'를 그렇게 담대하게 불러야지.

여러분이 세상 가서요? 자기 직분 속인 사람도 많아요. "교회 다녀?" 그러면 그래. 매 주일 교회 오면서도 거짓말을 하고 "가끔 한 번씩 가. 가끔 한 번씩 가. 안 가려고 그러는데 자꾸 엄마와 아버지가 가자 그래서 할 수 없이 가." 그러면서 또 교회 와서는 혼자 아멘 제일 세게 해요. 무효. 무효. 무효. "너 교회 다녀?" "다닌다." "교회를 뭐 하러 다녀?" "너도 따라와. 이 새끼야. 안 따라오면 죽는다. 이 자식아. 예수도 안 믿는 게 인간이야? 벌레지? 이 개자식아." 이렇게 선포해야 한다, 이거예요. 여러분은 첫째 날의 축복이 임하기를 바랍니다.

2. 둘째 날 – 예수가 십자가에 죽는다

둘째 날은 물과 물이 나눠지라. 나눠지라는 것은 예수가 십자가에 죽는다는 거예요. 예수님이 십자가에 죽는다는 것이 둘째 날로 나타난다. 나눠지라. 그래서 이 '나눠지면'은 예수님 십자가에 못 박혀 죽으실 때 성전 휘장이 나뉘어졌죠? 그리로 가게 돼 있는 거예요.

우리로 말하면 뭐냐? 우리의 자아가 죽는다는 거예요. 세상과 내가 나누어진다는 거예요. 하나님의 법과 나의 뜻이 나누어진다는 거예요. 주일 날과 주일 아닌 날이 나누어진다는 거예요. 물질도, 십일조도. 나의 것과 하나님의 것이 나누어진다는 거예요. 나눔의 역사가 둘째 날 일어날지어다. 그래야 사람이 성화되는 거예요. 여러분의 옛것과 자아는 확 찢어지기를 바랍니다. 믿습니까?

이것이 찢어지고, 이것이 이루어진 사람은 이 사람 속에서도 반드시 고백이 일어나겠죠. 할렐루야! 입에서 터져 나오지요. 도표를 보시면 두 번째 날이 사람 속에 임하면 자아가 죽은 사람 또 죽으려고 하는 사람은 말씀을 듣거나 성경 읽을 때 입에서부터 '아멘'이 터져나가요. 다시요. 아멘! 두 손 들고 아멘. 예배 시간에 아멘 안 하는 사람은요 절대로 자아가 안 죽어요. 왜 '아멘'을 안 하느냐? 설교하는 목사님 말보다가 자기 생각이 맞다 이거예요. 그래서 버티는 거야. 딱 버티는 거야. 억지로라도 '아멘'을 하면 자기는 무너져요. 무너지고 하나님 말씀이 내 속에 들어와요. 할렐루야! 그러면 사람이 성화가 된단 말이에요. 거룩해진다, 이거예요.

이 '거룩'이란 말은 영어로는 커트라는 거예요. 커트. 분리. 분리. 뭐라고요? 여러분, 머리 자르는 걸 커트한다, 그러잖아요? 잘라낸다는 거예요. 잘라낸다. 그러니까 여러분, 둘째 날이 여러분에게 임하면 다 잘라내는 거예요. 사단의 것을 다 잘라내고 내 속에 있는 옛 성품, 인간 성격 다 잘라내는 거예요. 그리스도의 형상으로 바뀔지어다!

3. 셋째 날 – 예수가 부활하신다

그러면 셋째 날이 또 우리에게 임하면 어떻게 되느냐? 셋째 날은 "뭍이 드러나라." 땅이 드러나는 거지요? 이것은 예수님이 세례받을 때 세례 요한에게 주님이 침례를 받을 때 물 속에 내려가서 물에서 다시 올라올 때 거기를 이 성경이 꽂고 있는 거예요. 아멘이십니까? 그러니까 이건 세례를 말해요. "뭍이 드러나라." 뭍이 물에서 쭉 떠오르는 것처럼 우리에게는 뭐냐? 이게 부활이에요. 부활. 세례가 왜 부활이냐?

세례는 그리스도와 함께 죽고 그리스도와 함께 산다고 로마서 6장에 쓰여 있죠? 아멘이십니까? 여러분에게 부활의 역사가 일어날지어다. 그래서 성경 그대로 진행되는 거예요, 성경 그대로. 할렐루야!

그럼, 우리 속에 부활의 영이 임하시면 여러분의 가정도 부활시키고 영도 부활시키고 자녀도 부활시키고 우리가 하는 모든 인생 자체가 다 부활의 역사가 일어나는 거예요. 할렐루야! 부활이 일어나는 사람에게는 틀림없이 입에서 터져 나오는 고백이 있어요. 자, 도표를 한번 보시면 셋째 날의 역사가 일어날지어다. 아멘. 그 사람에게서, 여러분 입에서 승리의 소리가 나오는 거예요. 할렐루야가 터져 나와요. 할렐루야. 다시요. 할렐루야! 할렐루야 소리를 자주 하는 사람은 부활이 일어나요. 죽어서 나중에 주님 올 때 부활 그건 당연히 하지만 그거 말고도 이 세상에서 부활한다고요. 여러분의 가정도 자녀도 하는 모든 일도 인생 자체를 부활의 영이 덮는단 말이에요. 믿습니까?

4. 넷째 날 – 예수가 승천하여 보좌에 앉으신다

네 번째 날이 임하면 어떤 일이 일어나겠어요? 해와 달과 별이니까, 해와 달과 별은 뭐겠어요? 요셉의 꿈에 의하면 아버지 엄마 형제들을 말하는 거지. 해는 아버지, 달은 엄마, 별은 형제들. 이게 뭐냐? 직분을 말하는 거예요. 직분. 직임. 그러니까 여러분에게도 넷째 날이 오면 여러분에게 드디어 하늘로부터 직분이 내려오는 거예요. 교회의 직분도 내려와요. 세상의 직분도 내려와요. 여러분이 이 세상에 인간으로 태어날 때 의미 없이 태어난 사람은 하나도 없어요. 다 하나님의 계획 속에 여러분이 태어났어요. 실수해서 엄마 아빠가 사랑놀이해서 실수로 태어난 사람 한 명도 없다니까요. 하나님이 목적을 가지고 여러분과 제가 이 땅에 태어나게 됐어요. 믿습니까? 그런데 그것이 뭔지를 몰라요. 첫째 날 둘째 날 셋째 날이 안 오니까 자기가 인간으로 왜 태어났는지를 몰라. 무슨 일을 하는지를 몰라요. 그러나 첫째 날, 둘째 날, 셋째 날이 임하면, 아멘. 예수님이 셋째 날에 부활하여 하늘 보좌 우편에 앉아서 대제사장의 직분을 갖는 거처럼 여러분과 저도 하나님으로부터 직분이 내려온다는 거예요. 교회 안에서도 자기의 직분을 찾아야 해요.

그런데 이 순서를 겪지 않고 억지로 강제로 자기가 직분을 만든 사람이 있어요. 목사님한테 막 알랑방귀 뀌어서 "목사님, 내가 권사 하면 안 될까요?" 목사님이 하도 귀찮으니까 "그래. 권사 해 처먹어라. 이년아." 그래서 따는 권사는 안되는 거예요. 성령이 밀어 올려서 직분이 생겨야 해요. 장로도 마찬가지고 신학교 가는 목사들도 마찬가지예요. 하늘로부터 직분이 내려와야 해요. 아멘. 안 내려왔는데 자기가 스스로 만든 직분은 빨리 은혜받고 가불로 직분을 먼저 얻은 사람은 성령의 능력 받아서 자기 직분으로 제대로 들어갈지어다. 할렐루야! 아멘. 교회 안에요. 이 목사가 무슨 계급인 줄 알고요. 아휴, 요즘 여자 목사들요? 그냥 다 목사야. 다 목사. 그냥 다 목사야. 여의도 가서 5만 원 주고 목사도 다 받았어. 여자 목사님들이 그렇지 않은 사람도 있지만 많은 분들이 어떻게 목사 된 지 알아요? 신학교 가요. 목사님들이 목사 장사해 먹어요. 이 목사님들 뒤지도록 혼날 거야. 주님 앞에 심판대 앞에 서면 심판받을 거라고요. 목회 안 되니까 먹고 살길이 없으니까 목사 장사해 먹는 거예요. 그래서 딱 오면 여자 집사들이 오면 일단은 책을 2천만 원어치를 사라 그래요. 신학교 4년 배울 책을. "이것을 집에서 혼자서 공부하는 것으로 가정하고 이 시간. 바로 목사안수 하겠습니다." 어딘지 궁금해요? 알려줄까? 돈 2천만 원 들고 가면 바로 5분 내로 목사 안수 받을 수 있어요. 왜냐하면 그 책을 다 읽기로 약속하고 가정하고 그냥 목사 안수해요. 이런 목사님들이요 여자 목사들은 절반이에요. 절반. 나는 이걸 현장을 다 봤어요. 봤어. 그거요 그렇게 할 필요 없어요.

그래서 중국에 있는 내가 좋아하는 워치만 니(Watchman

Nee)라고 있어요. 니 토셩(Ni Tuosheng). 워치만 니는 현재 지구촌에 있는 직분을 인정 안 해요. 모든 사람을 다 형제라 그래요. 모든 사람을 다 자매라 그래요. 왜? 하도 가짜 직분이 많으니까. 아예 워치만 니는 직분 인정 안 하고요? 교회 직분은 그럼, 어떻게 만드냐? 신학교 나와서 시험 보고 강도사 고시 시험 보고 목사 고시 시험 봐서? 이건 전부 다 인간이 한 거라는 거예요. 워치만 니는 이렇게 말해요. 사역을 해보라는 거예요. 사역을. 사역을 해보면 하나님의 기름 부음이 있는 사람은 나타난다는 거예요. 첫째는 사람이 모인다는 거예요. 사람. 가르쳐 보면 벌써 증명이 된다는 거죠. 그래서 직분이 주어지는 것이지, 인간이 그냥 강도사 고시 보고, 뭐하고 이거는 무효라고 워치만 니가 그래서요? 워치만 니를 이단이라 그래요. 이단. 이단 아니에요. 이단 아니에요. 오죽하면 그렇게 했겠어요? 오죽하면? 그것도 1900년대 1~2차 세계대전 전후로 해서 그렇게 했단 말이에요.

그러니까 우리는 하늘로부터 하나님이 주시는 직분 속으로 찾아 들어가야 해요. 사람이 자기 자리를 찾아 들어가는 것이 없어요. 없어. 그럴 능력이 없어. 그러나 빛이 임하시고, 나누어지고, 부활하고 하면 그다음에는 하나님이 나에게 주신 직분이 뭔지를 알게 되는 거예요. 아멘이십니까? 차츰차츰 안개가 걷혀요. 하나님이 나를 위해서 마련한 것이 어딘지가 서서히 찾아 들어가는 거예요. 할렐루야! <내가 걷는 이 길이> 한 번 불러보겠어요. 주님, 하나님이 주신 직분이 임하게 하여 주옵소서. 성령으로 강권적으로 이끌어 주시옵소서. 주여, 아버지. '내가 걷는 이 길'입니다.

<내가 걷는 이 길이>

내가 걷는 이 길이 혹 굽어 도는 수가 있어도
내 심장이 울렁이고 가슴 아파도
내 마음속으로 여전히 기뻐하는 까닭은
하나님은 실수하지 않으심일세

내가 세운 계획이 혹 빗나갈지 모르며
나의 희망 덧없이 스러질 수 있지만
나 여전히 인도하시는 주님을 신뢰하는 까닭은
주께서 내가 가야 할 길을 잘 아심일세

어두운 밤 어둠이 깊어 날이 다시는
밝지 않을 것 같아 보여도
내 신앙 부여잡고 주님께 모든 것 맡기리니
하나님을 내가 믿음일세

지금은 내가 볼 수 없는 것 너무 많아서
너무 멀리 가물가물 어른거려도
운명이여 오라 나 두려워 아니하리
만사를 주님께 내어 맡기리

차츰차츰 안개는 걷히고
하나님 지으신 빛이 뚜렷이 보이리라
가는 길이 온통 어둡게만 보여도
하나님은 실수하지 않으신다네

아멘. 결국 하나님은 여러분들을 제자리에 갖다 놓을 것입니다. 내가 부흥회 50년 했는데 이게 넷째 날까지 온 사람들은 보면 전 성도 중에 10 프로도 안 돼요. 계속 헤매고 다니는 거예요. 아니, 하늘의 하나님이 너를 사람으로 태어나게 하실 때 너는 이것 때문에 태어났다니까. 그런데 자꾸 다른 데 헤매는 거예요. 여러분은 헤매지 마십시오. 성령의 인도를 받아서 주님이 있으라는 곳에 있으세요.

워치만 니가 쓴 유명한 책 중에 좌행참이 있어요. 앉으라. 걸으라. 그래서 계속 설교를 듣고 복음을 들으면 하나님이 여러분을 통하여 조금씩 움직여서 여러분을 제자리에 딱 갖다 놓으실 거예요. 할렐루야! 우리 전에녹 전도사님은요 어릴 때 초등학교 다닐 때 "너, 앞으로 뭐 할래?" 그러면 "트럭 운전사 한다." 그래. 도대체 목사 아들이 트럭 운전사가 뭐야? 왜 트럭 운전사를 해야 하냐니까. 그것도 쓰레기 치우는 트럭 운전사예요. 왜 그러냐니까 그 차가 제일 크대. 제일 커서 난 그거 한다, 그래. 그런데 이제 제자리에 들어갔어요. "나는 아빠보다 더 위대한 하나님의 종이 될 거야." 이제 제자리에 들어갔어요. 할렐루야! 아멘! 여러분도 제 자리를 찾으십시오. 어느 자리에 가든지 모든 것이 다, 따라서 해봐요. 그리스도를 위하여, 그리스도의 의하여, 그리스도의 것으로. 하나님의 설계도에 따라서 그렇게 되는 거예요.

5. 다섯째 날 – 예수가 성령 세례를 부으신다

1) 오순절 : 확대의 역사

다섯째 날을 보시면 자, 다섯째 날은 이제 뭐냐. 성경을 다시 한번 읽어보겠습니다. 이것이 왜 오순절인지에 대하여 성경을 한번 읽어봐야 해요. 시작.

(창세기 1:20-23)

20. 하나님이 가라사대 물들은 생물로 번성케 하라 땅 위 하늘의 궁창에는 새가 날으라 하시고
21. 하나님이 큰 물고기와 물에서 번성하여 움직이는 모든 생물을 그 종류대로, 날개 있는 모든 새를 종류대로 창조하시니 하나님의 보시기에 좋았더라
22. 하나님이 그들에게 복을 주어 가라사대 생육하고 번성하여 여러 바다 물에 충만하라 새들도 땅에 번성하라

하시니라

23. 저녁이 되며 아침이 되니 이는 다섯째 날이니라

그렇죠. 그러니까 이 생명은 이미 벌써 셋째 날에 만들어졌어요. 그런데 왜 이것이 또 새로 나오느냐? 이것은 뭐냐? 확대의 역사예요. 확대. 확대의 역사니까 주님이 하실 일은 뭐냐 하면 주님이 승천하여 보좌에 앉으셔서 오순절의 성령을 부어준다는 거예요. 오순절의 성령은 왜 오냐 하면 사람을 확대하기 위하여 성령이 부어지는 것이죠. 그래서 오순절의 성령을 받아야 하는 거예요. 받으실래요? 받아야 여러분의 모든 것이 확대가 된다는 것입니다.

2) 성령이 일으키는 복제의 역사

그리고 여러분같이 첫째 날부터 다섯째 날까지 온 것을 다른 사람에게 복제를 시킬 수 있어요. 복제. 그러니까 하나님의 복음의 능력이 사람에게 강하게 온 사람은 새로운 사람을 만나면요? 전도에서부터 십자가를 가르치고 부활 가르치고 해서 자기와 똑같은 사람을 만들어 내는 능력이 와요. 그것이 오직 성령으로 되는 거예요. 성령으로. 성령 안 받으면 절대로 복제의 능력이 없어요. 여러분에게는 복제의 능력이 이루어질지어다. 할렐루야! 전광훈 목사와 만나면요, 다 제2의 전광훈을 내가 만든다니까요? 여러분도 벌써 절반은 전광훈 됐다니까? 왜냐하면 나한테 복음의 능력이 있기 때문에 나한테 와 있는 복음을 여러분에게 복제시킨다고요. 여러분도 그렇게 될지어다.

사도바울 봐요. 감방에 가서도 간수들을 붙잡고도 복제를 시켜 버려요. 아멘. "선생이여, 우리가 어찌하면 좋으리까?" 그랬더니 "주 예수를 믿으라." 해서 감방 자체를 뒤집어 놔버리잖아요? 아멘. 나도 감방 가서 감방을 뒤집어놨다니까. 나를 감독하는 간수 선생님들이요, 나한테 안수기도 해달라 그래요. 안수기도. 내가 안수기도 많이 해주고 왔어요. 많이. 그래서 내가 "왜 안수해달라고 해요?" 하니까요. "우리 집사람이 교회 권사인데요. 당신이 어떻게 전광훈 목사님을 만나는 축복을 받았냐? 야, 전광훈 목사가 하나님 일하기도 바쁜데 왜 그 감방, 당신 있는 감방에 왜 왔냐? 당신 때문에 왔다. 당신 때문에. 그러니까 빨리 대가리 갖다 대고, 꼭 안수받아서 오라." 그래서 내가 면회 나갈라고 하면요, 꼭 자기 방으로 데려가서 안수 좀 해달라 그래요. 할렐루야! 아멘. 또 어떤 젊은 간수님은 내 담당이 아닌데도 하루는 내 방을 찾아왔어요. 간수들도 감독이 심해요. 자기 담당 아닌 데는 가면 안 돼요. 눈을 피해 가지고 감독관을 피해서 왔어요. 와서 왜 오셨냐니까 자기는 교회의 청년이라는 거예요. 장가도 안 갔어요. 그런데 "이야, 목사님을 여기서 만날지 몰랐다." 이거예요. "인생 상담을 좀 하려고 한다. 상담을." 그래서 내가 물어봤어요. "뭐하고 살았냐?" 막 내가 들어보니까 그 사람 속에 복음이 들어가 있는 거예요. 꼭 누구와 같으냐 하면 우리 이성희 변호사님하고 비슷한 거예요. 이성희 변호사님은 이거 세상적 변호사잖아요? 신학교도 안 했잖아요? 그런데 복음에 대해서는 불타고 있는 거예요. 그래서 내가 대답하기를 신학교 가라고 그랬어요. 신학교 가면 등록금 다 대준다 그랬어요. 여기에 사표 내고 신학교 가라고. 그래 내가 일을 찾아줬더니 무릎을 딱 꿇더니 목사님 안수를 좀 해달라 그래요. 그래서 안수하는데 안수했다고 나한테 서명 사인(sign)을 해 달라 그래요. 그러니까 목사님은 하도 여러 사람을 만나니까 나중에 목사님 찾아가면 나는 모른다 이러면 안 되니까 자기한테 안수했다고 사인을 해달래요. 그래서 사인해 줬어요. 언젠가는 날 찾아올 거야. 나는 그래서 감방 안에서 오네시모를 얼마나 많이 만들었는지 몰라요. 할렐루야지요? 이게 바로 복제의 능력이에요. 복제의 능력. 여러분도 그렇게 되는 거예요. 여러분도 가정의 모든 식구를 복제시켜요. 자녀들을 복제시켜. 친척 복제시켜. 언니, 오빠를 다 복제시켜.

3) 복제의 역사는 기쁘게 행하는 영적 본능

그런데 이 복제의 능력은 그냥 인간의 말재주 가지고 되는 게 아니에요. 첫째 날, 둘째 날, 셋째 날, 넷째 날이 오면 이 속의 영적인 본능으로 되어지는 거예요. 되어지는 것. 성령의 능력으로. 할렐루야! 그리고 뭐든 하는 일이 다 기뻐요. 첫째 날이 임해도 기뻐. 둘째 날이 임해도 기뻐. 자아가 막 파쇄되는데도 기뻐요. 셋째 날도 기뻐요. 넷째 날도 기뻐. 다 기뻐. 성령 세게 받아서 복제의 능력이 임할지어다. 여러분의 영향력이 크게 확대될지어다. 할렐루야!

인간이 어차피 한번 살고 가는 거 히쭈구리 하게 살지 말고 아멘. 한 번 정말요, 정말 말이야, 전광훈 목사같이 좀 살아봐요. 아멘. 난 정상을 딱 때리잖아요? 정상을? 두고 봐요. 이 한반도의 최고의 마지막 남은 숙제가 자유 통일이거든. 반드시 전광훈 목사가 자유 통일시킵니다. 두고 보세요. 하나님이 사람을 붙여주잖아요? 이번에 김학성 교수님 동생 김국성 선생님 온 거 봤지요? 그 사람은요 북한에서 국정원 간부에요. 북한의 국정원 간부. 실무자로서는 최고예요. 최고. 여기 와있는 뭐 태영호 뭐 이런 사람들은 외교관이라서 깊이 몰라요. 이 사람은 북한 안의 핵심 실무자예요. 하나님이 왜 한국에다 보냈겠어요? 그리고 어제그저께 와서 나한테 고백해요. "나는 목사님이 하라고 하면 무조건 하겠습니다. 목사님이 죽으라면 죽겠습니다." 할렐루야! 아멘. 한국에 와서 국정원에서 5년 있었는데 국정원이 전부 다 빨갱이로 넘어갔단 말이에요. 박지원이 들어가서. 그래서 이 사람을 이용하면 오히려 통일할 텐데 쫓아내 버렸어요. 세상에. 이런 사람을 쫓아낸 거예요. 오갈 데 없이 왔다 갔다 하기에 내가 방송 듣고 나한테 오라 그래서 얘기했더니, 눈에서 눈물이 글썽글썽하는 거예요. 남조선에서 만난 사람 중에 목사님 같은 사람 처음 봤다는 거예요. 왜 그러냐면 자기를 알아보는 사람을 처음 봤다는 거죠. 그 사람 대단한 사람이에요. 그 사람 활용하면 3년 내로 통일할 수 있어요. 할렐루야! 그분이 말해요. 자기만 도와주면 자기는 3년 내로 통일할 수 있다는 거예요. 다 안다는 거야. 김정은이 어디 가서 뭐 하는지 자기는 다 안다는 거예요. 그다음 더이상은 비밀이니까 말 안 하겠어요. 이런 일들이 자꾸 이제 하나님이 사람을 붙어주고 이게 뭐냐면 주님이 뭔 일을 하려고 그러거든요? 여러분도 그런 일이 일어날지어다. 두 손 들고 아멘. 할렐루야! 아멘. 믿습니까?

Ⅳ.
여섯째 날
: 천년왕국

1. 여섯째 날 – 예수가 재림하여 천년왕국을 이루심

자, 그러면 이제 마지막 날 여섯째 날이에요. 그다음에 일곱째 날은 안식일인데 이거는 영원무궁 세계를 말하니까 이따가 내가 살짝만 설명하면 돼요. 안식일이에요. 안식일. 안식일은 영원한 안식 세계에 들어간다, 이 말이에요.

그다음에 이제 오늘 맞이한 이 여섯째 날 이걸 주의해서 잘 듣기 바랍니다. 요것은 예수님으로 말하면 뭐냐? 재림하여 천년왕국을 이룬다는 거예요. 우리는 어떻게 되냐? 우리들도 천년왕국에 들어가는 거예요.

또 우리는 주님이 재림하여 천년왕국에 들어가기 전에 이 세상에서 죽기 전에 요셉처럼 버금 수레를 타는 거예요. 인장 반지를 끼는 거예요. 이게 뭐냐면 천년왕국의 예행연습을 먼저 해볼 수 있다, 이거예요. 아멘. 여러분, 천년왕국의 예행연습 한번 해보실래요? 요셉같이 해보실래요? 그러니까 이 세상의 모든 것들이 다 복음의 순서대로 되는 거예요. 요셉도 복음의 순서대로 되는 거예요. 다윗도 복음의 순서대로 되는 거예요. 아멘. 아멘. 두 손 들고 아멘. 할렐루야!

이제 오늘은 이 천년왕국에 대해서 설명할 테니까. 여러분들에게 다 천년왕국의 능력이 임하여 천년왕국의 역사가 일어날지어다. 아멘. 할렐루야! 믿습니까? 시온의 대로가 열릴지어다. 활짝 열릴지어다. 아멘. 다시 보라고요. 이 모든 성경이 다 복음으로 구성돼 있는데 일단 여러분이 이해하기 쉽도록 복음으로 사는 사람은 어떻게 생겼는가?

2. 요셉 – 복음의 코스대로 산 인물

첫째, 요셉이란 말이에요. 요셉. 요셉이 이스라엘의 열두 아들에서 열한째 아들로 태어났어요. 엄마, 아버지를 모시고. 이것이 뭐냐 하면 예수 그리스도가 이 땅에 오시기 전에 수없는 천군 천사들과 더불어 삼위일체 하나님과 같이 사셨어요.

요셉이 이제 형들에게 미움을 받아서 구덩이에 빠졌어요. 구덩이에. 형제들이 구덩이에 던졌어요. 이것이 바로 그리스도가 이 땅에 오신다는 거예요. 이 세상이 여러분과 저는 좋게 보여도 주님은 이 세상을 어떻게 보냐? 음부로 보이는 거예요. 음부로. 타락한 이 세상은 그러니까 주님은 살기가 힘든 거예요. 구덩이에 빠졌어요. 구덩이에. 이 세상에 예수가 사람으로 왔다, 이런 뜻이에요. 그리스도의 비하예요. 비하. 낮아졌다, 이거예요.

그다음에 요셉이 이제 또 중간에 애굽에 팔려 갔어요. 요셉은 은 이십에 팔려 갔지요? 이것은 예수님이 가룟 유다에게 은 삼십에 팔려 갔다! 이게 애굽에 팔려 간 거와 똑같은 것이에요. 일치하지요? 복음이 요렇게 살았단 말이에요. 복음이.

그리고 그다음에 요셉이 감방에 들어갔어요. 감방에. 내가 갔다 온 감방에. 이 감방이 뭐냐면 무덤이에요. 무덤에 들어갔다, 이거예요.

무덤에 들어가서 다시 꿈 해석 잘해서 요셉이 무덤에서 부활했어요. 부활.

부활해서 나중에 어디까지 올라갔냐? 총리대신. 애굽의 총리대신. 다시 말해서 바로가 요셉에게 "내가 너보다 높은 것은 이름뿐이니라. 나는 그냥 가짜로 바로 할 테니까 모든 권한을 너한테 넘겨줄게.” 이것이 바로 천년왕국이에요. 천년왕국. 요셉이 타는 버금 수레를 내줬어요. “너, 앞으로 이거 타고 다녀라.” 그리고 결제하는 인장 반지 있죠? 옥쇄? 옥쇄를 요셉에게 넘겨준 거예요. 애굽의 전체가 다 요셉에게로 위임되어 버렸어요.

3. 우리에게 천년왕국을 넘겨주시는 예수님

이와 같이 우리 주님이 여러분과 저에게 모든 것을 다 넘겨줄 날이 와요. 아멘. 여러분과 저는 대단한 인간이에요. 우리는요 그냥 예수 믿고 구원받는 걸로 끝나는 게 아니라니까요? 나라를 상속하는 거예요. 마태복음 25장에 보면 오른편에 있는 자, 왼편에 있는 자, 양과 염소에게 말하기를 “염소들은 영원한 불 속으로 들어가라!” 지옥이죠. 그러나 구원받은 우리에게는 뭐라고 말해요? “창세로부터 예비한 나라를 상속하라.”고 해요. 그냥 구원이 아니라니까요? 천년왕국의 나라 전체를 다 우리에게 넘겨준다는 거예요. 여러분은 다 왕 같은 제사장이에요. 아멘. 마태복음 25장 34절을 읽어봐요. 시작.

(마태복음 25:34)

그 때에 임금이 그 오른편에 있는 자들에게 이르시되 내

아버지께 복 받을 자들이여 나아와 창세로부터 너희를 위하여 예비된 나라를 상속하라

우리는 그냥 죽어서 구원받아 천국 갈 정도가 아니고 나중에 나라 전체가 우리에게 상속된다고 했단 말이에요. 아멘. 여러분 다 왕이에요. 왕. 아멘. 여자들은 다 왕후예요. 왕후. 주먹 다 쥐어봐요. 옆 사람한테 물어봐. 너, 그거 알고 사냐? 물어봐요. 앞뒤로 해봐요. 그런데 왜 히쭈구리 해? 물어봐요. 나는 왜 날마다 웃고 사느냐? 나는 왜 싱글싱글하게 웃고 사느냐? 고난이 와도 나는 웃어요. 왜 그러냐? 나는 천년왕국의 왕이에요. 여러분도 왕이에요. 할렐루야! 아멘.

아니, 내가 어디 가서 이렇게 설교했더니 어떤 합동 측에 또 어떤 목사 개자식이요? 이단 조사하는 놈이요? 전광훈 목사 혼자 천년왕국의 왕 된다고 그렇게 또 떠들어서 나를 이단으로 또 정죄해요. 이 개새끼야. 이 자식아. 내가 언제 나 혼자 왕 한다고 했어? 성경도 모르고 떠들고 개자식들이 떠들고 난리야. 우리는 다 왕 같은 제사장이에요. 우리는 메시아 나라의 왕이에요. 아멘. 나라를 상속하라. 따라서 해요. 나라를 상속하라. 소강석 이 자식은 또 그런 애들을 데려다가요 전광훈 뒤를 털라고. 에라, 이 개자식들. 그래서 합동 측에서 나를 이단이라고는 못하고, 이단 옹호자라 그래

요. 이단이라 그러지, 옹호자는 또 뭐야? 옹호자는? 개자식들. 등신, 나까무라, 쪼다같이 생겨서. 너희들은 전광훈 목사가 누군지를 알려면 최소한 53년 지나야 해. 내 죽은 뒤에 울지 말고. 내 죽은 뒤에 "엉엉 내가 그때 알았으면 이단 소리 안 할 텐데." 그 지랄 털지 말고 내가 죽은 뒤에 울 거 지금 울어. 이 자식들아. 이따가 내가 손원배 목사님 불러내서 내가 누군지에 대해서 토크를 한번 해볼 테니까. 나를 이 지구상에 제일 잘 아는 사람은 손원배예요. 손원배. 우리 집사람보다 더 잘 알아요. 유일하게 내가 누군지를 아는 사람은 딱 손원배예요. 손원배가 알아요. 아멘입니까? 어릴 때부터 같이 큰 사람을 좋아한다는 게요? 신앙도 좋다? 그게 쉽지 않습니다. 나라고 허물이 없어요? 아니, 다 어릴 때 뭐, 맨날 다 실수하는 게 다 그건데 그러면 내 옆에 있는 것은 뭐냐? 전광훈은 복음에 미친 놈이기 때문에, 복음에 미친 놈이기 때문에. 할렐루야! 복음에 미친 놈은요 적은 거는 다 이해하는 거예요. 아멘. 여러분도 복음에 미쳐 보란 말이에요. 이렇게 요셉도 인생 사는 것이 다 그 당시에 이것이 다 복음으로 사는 거예요.

4. 다윗 – 선악과를 반납하고 예루살렘의 왕으로

그다음에 또 하나 다윗 볼까요? 다윗? 다윗은 태어날 때 베들레헴에서 태어났어요. 그러면 예수님은 어디서 태어났어요? 베들레헴. 봐요. 딱 일치하잖아요. 아멘.

그리고 다윗은 사무엘로부터 기름 부음을 받았어요. 예수님이 세례 요한한테 기름 부음을 받았죠?

그러고 난 뒤에 40일 동안 광야에서 시험을 겪지요. 그와 같이 또 다윗도 고난에 들어가지요? 그다음에 골리앗과 싸우죠? 골리앗과 결판을 내지요? 광야에서 이 골리앗과 싸우는 것이 뭐냐? 이게 바로 예수님이 40일 동안 광야에서 사단과 싸우는 거예요. 사단과. 3대 시험을 가지고 싸우는 거예요. 3대 시험을 사단과 싸워서 주님이 이기는 것이에요. 똑같지요. 똑같지요.

그 후에 계속 고난의 생활 하시다가 나중에 예수님이 십자가에 죽어서 무덤에 들어가요. 무덤에. 다윗이 엔게디 굴속에 들어가요. 사울로부터 계속 쫓겨 다니다가 드디어 엔게디 굴 속에 들어가요. 다윗이 엔게디 굴 속에 들어갔지요. 이와 같이 예수님도 나중에 십자가에 죽어서 무덤에 들어가요. 무덤. 주님이 무덤에 들어간 것이 다윗은 엔게디굴 속에 들어간 거예요. 거기에 들어가서 선악과를 반납하고 나와요.

다윗이 엔게디 굴 속에 들어간 것을 왜 선악과 반납으로 보느냐? 다윗이 사울왕한테 쫓겨서 그 더운 중동 땅에 말이야 땀을 뻘뻘 흘려 가면서 도망을 다니는데, 그런데 대낮에 굴 속에 들어가서 좀 쉬려고 했더니? 굴 속이 시원하단 말이에요. 굴이. 그래서 다윗이 낮잠을 한잠 자려고 들어간단 말이에요. 아니, 세상에, 같은 굴에 사울이 뒤따라 들어온 거예요. 그래서 다윗은 적응이 됐어요. 먼저 들어갔기 때문에. 극장 먼저 들어간 사람은 눈이 적응되잖아요. 늦게 들어온 사람은요 보면 막 더듬어요. 더듬어. 먼저 들어간 사람이 보면 웃겨요. '저기 앉으면 되지, 뭘 더듬어?' 그래서 이게 늦게 들어온 이 사울이 말이야 "여기가 어디야?" 다윗은 먼저 들어가서 제일 끝에 가서 숨어있는데 보니까 사울이 들어오는 거예요. '이야, 나 죽었다. 이걸로 인생 끝이다.' 그때 다윗이 저 굴 제일 뒤에서 '어떻게 할까? 저놈을 죽이고 내가 살까? 아니면 내가 죽을지라도 기름 부은 자한테 손을 대지 말까?' 다윗은요 선악과를 반납한 거예요. '내가 사울에게 죽을지라도 나는 공격하지 아니하리라.' 그래서 다윗의 자손 예수라고 하는 거예요. 다윗은요 선악과를 반납한 사람이에요. 아멘. 대단한 사람이지?

그래서 있는데 중간쯤 들어오더니 사울이 잠이 들었어요. 코를 고는 거예요. 그래서 다윗이 살살 가서 사울의 옷을 살짝 잘랐어요. 증거를 남겨놓으려고. 실컷 자더니 사울이 저 굴 안쪽을 쳐다보면 잡힐 텐데? "아, 잘 잤다. 이 불족제비 같은 다윗이 어디 갔냐! 이 개새끼가. 잡으면 죽여버려. 단창으로 찔러 죽여버려야지." 하고 굴 밖으로 나갔어요. 그 때 다윗이 뒤따라 나오면서 "사울이여. 장인어른. 나는 당신을 위하여 하나님이 나에게 죽일 기회를 줬어도 내가 죽이지 않고. 이것을 보세요. 당신의 옷자락을 내가 잘라서 가지고 있지 않습니까? 그러한데 어찌 당신은 나를 죽이려고 합니까?" 하니까 하늘의 하나님이 감동을 먹은 거예요. 이야! 인간으로 태어난 인간 중에 예수 그리스도의 모형을 이렇게 닮은 사람이 있냐, 이거예요. 아멘. 예수님이 양털 깎는 자 앞에서 그 입을 열지 아니하였다. 주님이 채찍에 맞으면서 십자가 지면서도 주님이 해명도 안 하고 억울함 말하지도 않고 아멘. "내 뜻대로 마옵시고 아버지의 뜻대로 되기를 원하나이다." 예수는 이 땅에 왜 오셨냐? 선악과를 반납하러 오셨다. 믿습니까? 인간 속에 있는 선악과, 독립된 지정의를 완전히 반납한 거예요. 여러분도 반납할지어다. 할렐루야!

그러니까 이 사울이 양심의 가책을 느껴서. 사울이 자기의 칼을 가지고 죽으려고 하는데, 옆에 있던 신하보고 내 목을 치라고 그랬어요. 그래서 목을 쳐서 이게 사울이 자살을 하게 된 거예요. 자살을. 보세요. 그때부터 다윗은 어디로 갔느냐? 이제 어디로 가냐? 헤브론의 왕으로 갔어요. 헤브론. 이 헤브론이란 말이, 히브리어 헤브론이란 말이 나중에 라틴어로 변했어. 헬라어로 변해서 영어로 천국을 헤븐(heaven)이라 그러지? 그 헤븐이란 말의 어근이 이거예요. 어근. 다시 말해서 뭐냐? 다윗이 이제 천국 생활로 들어갔다, 이거예요. 그러고 난 뒤에 나중에 7년 동안 헤브론의 왕을 하고, 이게 7년 대환란 동안에 공중 권세 잡은 우리 주님이 왕을 하고! 그리고 나중에 새 예루살렘, 할렐루야! 다시 말해서 뭐냐? 천년왕국의 정식 예루살렘의 왕으로 가는 거죠. 다윗이 겪은 이 코스가 복음의 코스예요.

다른 사람들도 다 그래요. 모세도 그러고 다 그래요. 그러니까 성경에 위대한 사람들은 다 복음의 코스를 뛴 거예요. 이것이 바로 창세기 1장의 하나님의 설계도대로 살았다는 거예요.

5. 복음 코스의 마지막 천년왕국, 새 예루살렘

여러분도 그렇게 될지어다. 할렐루야! 하나님이 여러분을 이렇게 끌고 가고 있단 말이에요. 복음의 코스대로. 아멘. 그러면 우리는 뭐 맨날 예수만 믿고 하다 보면 뭔 재미로 살아요. 아니라니까. 봐요. 하나님이 육신적으로도 제일 끝에 가면 새 예루살렘, 천년왕국을 이 땅에서 하나님이 먼저 예행연습을 시킨다고요. 다윗도 예루살렘의 왕으로 가잖아요? 요셉도 버금 수레 타잖아요? 아멘. 그러니까 예수님도 마지막이 새 예루살렘이에요. 여러분과 나도 마지막 코스가 뭐냐? 천년왕국이에요. 이해됐으면 아멘. 두 손 들고 아멘. 주먹 다 쥐어봐요. 자, 천년왕국의 주인이 됩시다. 한번 해보실래요? 죽어서 할래요, 이 땅에서 한번 해볼래요? 아멘.

그다음에 이제 마지막은 항상 내 얘기를 해야 하니까. 요셉 이야기했지요? 다윗 이야기했지요? 그다음 누구겠어요? 전광훈이 뭐, 전광훈도 이 복음의 코스를 뛰었을까, 안 뛰었을까? 나에게 왜 고난이 없었겠어. 왜 나에게 억울함이 없었겠어. 나에게 왜 선악과 반납할 수 있는 그런 것이 없었겠어. 그런데 나는 이 복음의 코스에 합격했단 말이야. 아멘. 그러니까 전광훈 목사는 지금 사역하는 거하고 사는 것이 천년왕국을 재현시키고 있다니까. 그러니까 내가 예수 한국 복음 통일하려고 덤비지. 맞지요? 나는 벌써 여기까지 왔단 말이에요. 여기까지.

이제 문제는 여러분도 그렇게 가야 한다, 이거예요. 나는 여러분을 데리고 천년왕국까지 데리고 가는 책임을 진 사람이에요. 하나님 앞에 그걸 사명을 받았어요. 여러분도 내 말 잘 들어야 해요. 여러분이 불량품 되면요, 나한테 문제가 생겨요. 꼭 여러분, 불량품 되지 말고 참감람나무가 될지어다. 참포도나무가 될지어다. 들포도가 되면 안 돼요. 가라지 되면 안 돼. 알곡이 돼야지. 잘 따라오실래요? 아멘. 잘 따라오실래요? 아멘. 할렐루야!

6. 3대 다스림

1) 영을 다스리는 권세

그러면 먼저 성경 한번 읽어봐요. 여섯째 날, 이것이 바로 천년왕국이라고요. 천년왕국. 시작.

(창세기 1:24-28)

24. 하나님이 가라사대 땅은 생물을 그 종류대로 내되 육축과 기는 것과 땅의 짐승을 종류대로 내라 하시고 (그 대로 되니라)

25. 하나님이 땅의 짐승을 그 종류대로 육축을 그 종류대로 땅에 기는 모든 것을 그 종류대로 만드시니 하나님의 보시기에 좋았더라

26. 하나님이 가라사대 우리의 형상을 따라 우리의 모양대로 우리가 사람을 만들고 그로 바다의 고기와 공중의 새와 육축과 온 땅과 땅에 기는 모든 것을 다스리게 하

자 하시고

27. 하나님이 자기 형상 곧 하나님의 형상대로 사람을 창조하시되 남자와 여자를 창조하시고

28. 하나님이 그들에게 복을 주시며 그들에게 이르시되 생육하고 번성하여 땅에 충만하라, 땅을 정복하라, 바다의 고기와 공중의 새와 땅에 움직이는 모든 생물을 다스리라 하시니라

3대 다스림입니다. 3대 다스림. 공중의 새를 다스리라. 이건 무슨 뜻인가? 이거는 영을 다스리라. 영을 다스리라. 예수님이 이 땅 계실 때, '공중 나는 새도 집이 있고 여우도 굴이 있지만 인자는 머리 둘 곳이 없다.' 이 말은 뭐냐 하면 주님의 은유법이에요. 은유법. 뭐냐 하면 공중 나는 새도 집이 있다는 말은 공중 권세 잡은 마귀한테는 인간이 집으로 내어준다, 이거예요. 마귀가 들어와서 살도록 허락해 준다, 이거예요. 그러나 인자가 왔는데 왜 인자한테는 영접 안 하냐, 이거예요. 왜 인자한테는 너희들이 성전으로 안 내어준다, 이거예요. 거기에 대한 은유적인 말씀이에요. 너무 어려운가 보다. 눈치를 보니까. 이해됐어요? 예수님이 빗대서 하는 말이에요. 왜 사단이 너 속에 살게 허락하면서 왜 나는 너 속에 못 들어가게 하냐, 이거예요. 이해가 됐어요? 그러나 우리가 천년왕국의 능력이 임하면 바로 악한 영을 다스리는 권세를

주시는 거예요. 영을 다스리는 권세. 영권이에요. 영권.

2) 물질을 다스리는 권세, 사람을 다스리는 권세

짐승. 짐승. 짐승은 나중에 하고 바다의 물고기. 이 물고기가 뭘까요? 물고기가 뭘까요? 물고기 보세요. 예수님이 갈릴리 바다에 가서 베드로가 물고기를 잡으니까 153마리 잡혔죠? 물질을 다스리는 권세를 주셨어요. 물질을 다스리는 권세. 아멘. 여러분에게 물질을 다스리는 권세가 임할지어다. 천년 왕국의 능력이 와야 그렇게 되는 거예요. 할렐루야! 사기를 치려고 여러분에게 덤벼도 그것이 복으로 돌아와요. 그런 예가 많아요. 그런 예가 많아요. 아멘입니까?

짐승이 뭘까? 요거는요 베드로의 환상을 통하여 봐야 해요. 베드로가 욥바 시몬 피장의 집에 있을 때 하늘에서 환상이 내려왔어요. 보자기에 오만 짐승들이 오글오글 살았어요. 뭐라 그러냐? 잡아 먹어라. 따라서 해요. 잡아 먹어라. 이 말은 고넬료 집에 있는 사람을 복음으로 잡아먹으라는 뜻이에요. 믿습니까? 이거는 곧 사람을 말하는 거예요. 사람.

여러분, 영권을 받을지어다. 사람을 다스리는 권세를 받을지어다. 물질을 다스리는 권세를 받을지어다. 할렐루야! 이것이 여러분에게 온다, 이거예요. 아멘. 이것이 올 때 언제

와야 하느냐? 죽기 1년 전에 오면 안 돼요. 고생만 하고 끝나. 젊어서 빨리 와야 해요. 빨리. 빨리 와야 우리가 천년왕국 예행연습을 오랫동안 하고 하늘나라 갈 수 있다, 이거죠. 이해됐어요? 확실히 이해됐어요? 두 손 들고 아멘. 확실히 이해됐나, 안 됐나?

Ⅴ.
창세기 1장
: 성경의 목차

1. 창세기 1장의 3대 구조

1) 천지창조

이것이 바로 창세기 1장이야. 창세기 1장은 설계 자체가 복음으로 됐단 말이에요. 창세기 1장은 크게 나눠서 세 가지로 우리가 이해되는데 첫째는 천지를 창조한 이 세상, 진짜 천지창조, 해와 달과 별, 천지를 창조한 과정을 설명했어요. 이거는 유치부 애들도 다 알아요.

2) 예수가 이루실 7대 구원 사건

그러나 그걸 말하려고 하는 것이 아니라 본질은 복음인데 예수 그리스도의 구속사를 선포하는 거예요. 예수가 이 땅에 사람으로 와서 인간 구원을 위하여 하실 일곱 가지 사건을 창세기 1장에다가 박아 놓은 거예요. 아멘. 사람으로 와서 십자가에 못 박혀 죽고 고난당하시고 부활하시고 승천하시고 재림하신다. 재림하시고 뭐예요? 이 땅에 천년왕국을 이룬다. 이것을 창세기 1장에 첫 설계도에 하나님이 여기다 딱 박아 놓은 거예요.

3) 성도의 심령에 일어나는 복음 사건

세 번째는 우리 신약 시대 성도들이에요. 성도들. 성도들에게 예수 그리스도의 복음이 어떻게 진행되고 임하는가? 첫째 날이 오면 구원의 역사가 일어나지? 둘째 날은 분리가 되지? 셋째 날은 부활이 일어나지? 넷째 날에 하늘로부터 직분이 내려오지? 그다음에 확대하고 복제하는 능력이 나타나지? 그다음에는 뭐가 와요? 천년왕국의 다스리는 능력이 오지? 새와 사람과 동물을 다스린다, 이거지요. 그러고 나서 이제 일곱째 날에 뭐냐? 참 평안이 온다. 참 안식이 온다, 이거예요. 이해됐어요?

이것이 오기 위해서 한번 따라 해봐요. 주여, 아멘, 할렐루야, 감사 감사, 믿습니다, 예수 이름으로. 여섯째 날에 예수 이름의 권세가 나타나는 거예요. 그래야 다스릴 수 있는 거예요. 3대 다스림은 예수 이름을 쓸 줄 아는 거예요. 여러분도 예수 이름을 쓸 줄 알지어다. 참 평안이 오면요 하나님께 영광을 돌린다, 이거예요. 따라서 해요. 하나님께 영광. 이것이 터져 나올지어다. 할렐루야. 믿습니까?

2. 창세기 1장 - 성경의 목차

그러니까 성경 전체가 다 복음인데 창세기 1장은 여러분이 책을 하나 사면 첫 장에 넘기면 목차가 나오지요? 목차? 목차가 왜 나와요? 다음에 뒤에 나오는 내용은 이런 내용이다, 몇 페이지부터 몇 페이지까지는 이것이고, 몇 페이지부터 몇 페이지까지는 이것이다, 이거예요. 아멘이에요? 우리 김학성 교수님이 쓴 헌법, 국민 헌법 이거는 전문가를 위해서 쓴 것이 아니에요. 국민이 망하는 이유 중의 하나가 뭐냐? 자기 나라의 헌법을 모르면 망하는 거예요. 이걸 국민을 깨우치려고 내가 부탁해서 책을 썼어요. 우리 대한민국의 모든 국민은 한 권씩 다 사야 해요. 지금은 내가 바빠서 내가 못 하고 있는데 이거 한 권씩 다 안 산 사람은 내가 머리를 다 잡아 뜯어버려야 해. 인간으로 살 가치가 없는 인간들이에요. 왜 살아? 인간들이 왜 살아? 그래서 안 읽을지라도 사서 집에다가 딱 꽂아놔요. 그러면 여러분 자식들이 궁금해서 읽어봐요. "이거 뭔가? 엄마가 세네. 요즘 와서 무식한 엄마가 말이야. 맨날 교회 가서 '주여' 삼창만 하고 그러는데 국민 헌법이라는 책을 다 사와 가지고 나도 모르는 걸 우리 무식한 우리 엄마가 말이야. 뭐? 헌법을? 이게 뭐, 어떤 개새끼가 썼는지 한번 보자. 어? 김학성이네. 그런데 김학성이 쓴 책을 우리 엄마가 사 왔네. 엄마가 이걸 이해할까?" 읽어봤더니 무식한 권사님도 이해되도록 써놨단 말이야. 원래 능력 있는 사람은요 쉽게 써요. 쉽게 써. 이해되죠? 그러니까 여러분, 잘 들어야 해요. 아멘. 할렐루야! 이제 3월 1일날 천만 명 집회하는데 천지개벽이 이루어져야 해요. 대한민국이 완전히 새 창조가 돼야 한다니까. 아멘. 윤석열이 대통령 된다고 해결이 다 되는 게 아니라니까. 결국은 국민이 변화가 일어나야 해요. 국민이. 국민이 변화 안 일어나는데 대통령이 뭐 아무리 해도 헛방이에요. 헛방이야. 문제는 국민이 변화가 일어나야 해요. 국민 속에 복음이 들어가야 해요. 복음이. 아멘.

그래서 모든 책은요 다 앞에 목차가 있죠? 목차대로 구성이 돼 있죠? 그럼, 성경도 똑같은 거예요. 성경도. 창세기 1장이 첫째 날 일곱째 날 요것이 뭐냐? 전체 성경의 목차예요. 목차. 뒤에 나오는 내용은 다 여기에 관한 것이다, 이거예요. 복음의 7단계를 말하려고 그러는 거예요. 믿습니까?

할렐루야!

그럼, 성경 순서 봐요. 창세기가 바로 첫째 날을 설명하기 위하여 나타난 것이에요. 물론 복음의 일곱 가지도 다 담고 있지만 전체 주제가 그렇다, 이거예요.

그럼 두 번째가 출애굽기죠? 출애굽기가 뭐야? 분리예요. 분리. 애굽으로부터 분리하는 거. 둘째 날을 가르치려고 출애굽기가 나타나는 거예요. 아멘이요?

그다음에 레위기 그다음에 민수기, 신명기 그것이 부활을 가리켜요. 특별히 신명기는 부활, 그리스도의 부활을 가르치기 위해서 나타난 것이에요. 이해가 됐어요.

그리고 여호수아서는요 땅 나누기예요. 땅 나누기. 여호수아서에 들어가서 고을을 나눠 주잖아요? 알아듣는 자는 복이 있도다. 모든 성경이 다 복음으로 짜졌다, 이거예요. 이렇게 알아야 성경에 눈이 열리는 것이에요. 아멘.

뒤에 나오는 모든 것은 출애굽기 레위기 민수기 신명기 여호수아 이것도 이 성경이 왜 나타나는지를 창세기 1장에 대입하지 아니하면 성경 공부요? 동해물과 백두산이 마르고 닳도록 해도 헛방이에요. 목사님도 다 깡통이에요.

하나님은 다른 말 안 하려고 해요. 하나님은 오직 복음만 말하려고 해요. 내 아들 예수가 사람으로 내려갔다. 인간을 어떻게 구원시키는지 그래서 천년왕국까지 어떻게 데려가는지 이것을 말하려고 하시는 분이 하나님이세요. 하나님. 믿습니까?

모든 성경은 다 이렇게 짜졌어요. 다시 말할게, 봐요. 수정 있죠? 수정? 여자들이 좋아하는 수정 있죠? 우리나라도 수정 광산이 있어요. 저 경상도 양산에 가면 일제시대 때부터 수정 광산. 수정 큰 거는 주먹만 해요. 주먹만 해. 주먹만 해도 수정은 육각형으로 딱 돼 있지요. 망치를 가지고 수정을 딱 깨면 전부 다 조각나지요? 조각나도 모양은 바뀌어? 안 바뀌어? 전부 똑같이 생긴 모양으로 쪼개지지요. 성경이 똑같은 거예요. 성경 전체를 다 합해놔도 예수의 복음을 말해요. 권별로 나누어 놓아도 오직 복음을 말하려고 그래요. 요거 일곱 개를 말하려고 그래요. 그리고 장별로 찢어 놓아도 성경은 예수의 복음 일곱 개를 말하려고 그래요. 아멘. 이 설교를 들은 자는 복이 있도다. 할렐루야! 그래야 하나님의 의도와 설계도를 알 수가 있어요. 믿습니까? 이 복음을 붙잡고 인생을 살면 반드시 시온의 대로가 열린다니까요. 아멘.

할렐루야! 아멘. 자, 〈세상 모든 수고 끝나〉예요.

찬송가 223장 <세상 모든 수고 끝나>

1. 세상 모든 수고 끝나 우리 장막 벗고서
모든 근심 걱정 사라진 뒤에
주를 뵙고 성도 함께 면류관을 쓰리라
새 예루살렘에서

(후렴) 성도들이 함께 올 때 기뻐 노래하리라
새 예루살렘 새 예루살렘
호산나를 높이 불러 왕의 왕을 맞으리
새 예루살렘에서

2. 가는 길이 외로워도 주 날 붙드시리니
시험 환난 근심 걱정 없으며
주를 믿고 따라가면 주의 뜻을 알리라
새 예루살렘에서

3. 내가 세상 작별하고 눈물 흔적 거둔 뒤
주의 찬란하신 영광 비칠 때
나를 구속하신 주를 기쁨으로 뵈오리
새 예루살렘에서

4. 아름다운 그곳에서 구속받은 성도와
사랑하는 주를 만나 뵈올 때
주의 영광 노래하며 영원토록 살리라
새 예루살렘에서

3. 새 예루살렘에 눈을 고정하고 살자

아멘. 할렐루야! 예수님은 복음 중에서 이제 다섯째 날까지는 주님이 완성했지요? 다섯째 날이 오순절의 성령을 부어주셔서 사람을 복제하고 확대하는 거예요. 지금 그래서 이 시대를 바로 오순절 시대라 그럽니다. 지금이 오순절 시대예요. 오순절 시대.

그러나 이것이 오래 안 가고 머지않아서 주님이 재림하시면 이 땅이 바로 천년왕국으로 들어간다는 거예요. 솔직히 여러분, 물어봐요. 내 앞이라고 거짓말하지 말고. 앞으로 주님이 재림하여 천년왕국 시대가 올까? 안 올까? 온다고 생각하시면 아멘. 두 손 들고 아멘. 확실해요? 그럼, 천년왕국 시대, 새 예루살렘 그것은 영원한 거예요. 영원. 그것은 영원한 거예요. 이 땅에서 살아봤자 백 년이에요. 백 년. 그럼 우리는 중심을, 어디에 중심을 가지고 살아야 해요? 그래서 천년왕국으로부터 새 예루살렘으로부터 눈이 떨어지는 사람은 바로 신앙이 부패하는 거예요.

여러분들은 교회 나오면 내가 이 세상에 왜 태어났느냐, 내가 지금 어디를 향하여 가고 있느냐 알게 되는 거예요. 우리는 바로 새 예루살렘을 향하여 가고 있는 거예요. 아무리 여러분들이 데모하고 반대하고 시위를 하고 "하나님, 그런 거 오지 마. 오지 마." 해도 하나님은 여러분과 저의 의사와 관계없이 천지창조 전에 하나님이 만들어 놓은 설계도대로 하나님은 그대로 끌고 가요. 아무리 여러분과 제가 뭘 해도 소용없어요. 하나님은 사람 말 안 들어요. 하나님의 계획대로 가고 있는 거예요. 하나님의 계획은 바꿀 수 없어요. 결국은 우리가 하나님께 맞출 수밖에 없는 거예요. 여러분, 이 땅에 영원히 살고 싶어요? 영원히 살고 싶어요? 한 2천 년 살고 싶어요? 그래, 너 혼자 2천 년 살고 와라. 이빨 다 빠져서. 그럼, 하늘나라 가고 싶어요? 그럼, 오늘 저녁에 다 자살해서 죽어. 자살해서 죽어서 갈 거 같으면 백 번 자살하지. 그럴 거 없고.

그러면 총 결론이 뭐냐? 주님이 여러분들을 나를 얼마나 살려줄지 모르지만 우리는 오직 새 예루살렘을 만들기 위하여 여러분과 저는 지금 새 예루살렘 학교에 입학한 거예요. 여러분이 사랑제일교회에 등록해서 여기 온 것은 새 예루살렘을 만드는 학교에 입학한 거예요. 아멘. 믿습니까? 내가 교장 선생이에요. 교장 선생님. 교장 선생님 말 잘 들어요. 아멘. 할렐루야! 그래서 제 말을 잘 들으시면 여러분의 최후 마지막에 승리합니다. 새 예루살렘에 승리하는 자가 승리하는 자예요. 이 땅에서 큰 자 안 돼도 괜찮아요. 믿습니까? 다시 주먹 쥐어요. 주먹 쥐고. 자, 옆에 좌우 사람한테 박치기 한번 해 봐요. 새 예루살렘에서 큰 자가 됩시다. 얼마나 이 땅에서 복음으로 살았느냐에 따라서 새 예루살렘은 그대로 나타난다고요. 새 예루살렘이 다 상급이 같은 게 아니에요. 구원은 같지만, 상급은 다 달라요. 이해됐어요? 새 예루살렘에 가서 날 부러워하지 말고, 여러분들도 괜히 눈을 빼앗기지 마요. 빼앗기지 마. 오직 새 예루살렘에다 눈을 딱 맞춰요. 그날을 바라보며 주와 같이 길을 가는 거, 한 걸음 한 걸음 싸워서 가자! 믿습니까?

그래서 우리는 새 예루살렘을 이 땅에 이루기 위하여 모든 주제를 예수 한국 복음 통일 여기다 맞추는 거예요. 왜 예수 한국 복음 통일에 맞추냐 하면 사람들이 세상 사람들은요 날 보고 애국자라 그래요. 아이고, 그 사람들은 몰라서 그래요. 나는 애국자 아니에요. 나는 복음 때문에 하는 거예요. 복음 때문에. 이번에 3.1절 천만 명 대회도 왜 하느냐. 실제 내 속에 감추어 놓은 것은, 복음 때문에 하는 거예요. 복음 때문에. 복음을 듣게 하려면 불교인도 와야 해, 안 와야 해? 그런데 사람을 여기다 불러 모으는 최고의 주제가 애국이에요. 애국. 애국이라 그러면 세상 사람 다 와요. 그냥 불교인도 오고 천주교인도 오고 다 와요. 왔다가 조나단한테 걸리면요? 다 거꾸러져요. 조나단 목사님 소리 꽥꽥 지르면 다

깨져요. 아멘. 우리가 광화문 운동해서 예수 앞으로 돌아온 사람이 10만 명이 넘는다니까요. 10만 명을 어떻게 전도해요? 애국 운동이라고 하는 것을 매개체로 하니까 복음으로 돌아오잖아요? 돌아오고 나서 그들이 얼마나 감사한지요? 막 감사헌금도 나한테 가져오고 난리 나요. "난 전광훈 목사 애국 운동 하는 거에 반해 가지고 왔는데 알고 보니까, 그 보다가 더 비밀이 있어. 예수가 있어, 예수가." 할렐루야! 복음을 꼭 붙잡으세요.

Ⅵ.
천년왕국은 반드시 온다

마지막으로 확인하고 마칩시다. 다른 거는 다 이해가 되는데 또 예수님이 실제로 그렇게 했으니까. 진짜 예수님이 재림할까요? 진짜 천년왕국이 이루어질까요? 여기에 대해서 사람들이 자꾸 의심하고 흔들리는 이유가 왜 그러냐 하면 하나님이 천지를 창조하고 나서 주님이 재림하여 새 예루살렘이 이루어진 데까지가 이것이 한 사이클(cycle)이에요. 한 사이클. 이것이 하나님의 천지창조부터 주님 재림할 때까지가 이게 한 사이클. 이게요, 이 세상으로 말하면요, 계절과 같은 거예요. 계절. 이 땅에는 계절이 네 번 바뀌잖아요? 따라 해봐요. 봄, 여름, 가을, 겨울. 이렇게 오지요? 오는데 이것은 계속 이 땅에서 되풀이되지요? 그런데 하나님의 계절은 되풀이 안 돼요. 한 번 딱 가는 것이 끝이에요. 그러니까 우리는 지금 이제 겨울이 다 지나가요. 겨울이 다 지나가고 봄이 오려고 그래요. 다음 계절은 여름이 올까요? 봄이 올까요? 왜 알아요? 그걸 왜 알아? 작년에 경험해 봤잖아. 그렇지요? 봄이 지나면 그다음에 뭐가 와요? 여름이 올지 어떻게 알아? 그때 가 봐야 알지? 확실히 여름이 와요? 여름이 오면 또 다음에 뭐가 와요? 그걸 어떻게 알아? 어떻게 알아? 가봐야 알지. 그때 가봐야 알지. 9월에 가봐야 알지. 그러나 가을이 와요, 안 와요? 왜 오느냐? 작년에 경험했기 때문에 알지요.

그러나 하나님의 이 복음의 설계도는 이게 원(one) 사이클이에요. 창조부터 새 예루살렘까지가 되풀이되는 계절이 아니고, 한 번 이루어지고 있는 거예요. 한 번도 되풀이된 적이 없기 때문에 사람들이 의심하는 거예요. 이해가 돼요? 여러분, 돌대가리니까 돌대가리한테 이해되도록 이야기할게. 지난주에 내 친구 장학일 목사님이 여기서 부흥회 했죠? 장학일 목사님 교회에 필리핀 여자 자매님 하나를 선교

사로 데려왔어요. 필리핀 여자예요. 20대 젊은 여자 한 명을 그 교회로 데려왔어요. 데려와서 선교도 가르치고 또 일도 하고 그렇게 하려고 데려왔는데 하루는 첫눈이 왔단 말이에요. 첫눈. 첫눈이 왔는데 새벽부터 일어나서 바깥에 있는 눈을 다 바가지에 퍼서 방에다 다 갖다 놨어요. 목사님이 일어나니까 아침에 "목사님, 죄송해요. 내가요, 바깥에 저 눈이 너무 좋아서 이 방에 다 가져왔는데 목사님, 이거 내가 가져도 돼요?" 물어봤어요. 장학일 목사님도 농담 잘하잖아요? "그거 전부 다 내 것인데 내가 너한테만 특별히 허락해 줄게. 가져라." 그랬어요. 그리고 애들이 좋아서 난리라고. 왜 그런 짓을 하냐? 눈을 처음 경험해 봤거든요. 필리핀은 열대지방이니까 눈을 처음 경험하니까 이것이 신기해서요. 천년왕국이 그렇게 된다고요. 그러니까 이 사이클이 안 바뀌기 때문에요. 천년왕국이 실제 한 번 와봐요. 뒤집어져 버려요. 첫눈이 오는 건 저리 가라예요. 비교할 수도 없어요. 이 세상에 어떤 다른 비유를 갖다 댈 수가 없어요.

무조건 내가 여러분을 명령합니다. 여러분은 복음을 위해서 사십시오. 복음에다 초점 맞춰 사세요. 그러면 천국 가서 나한테 감사하게 생각할 날이 올 것입니다. 절대로 자기를 위해서 살면 안 돼요. 가장 멍청한 사람이 뭐냐? 자기를 위해서 사는 거예요. 복음을 위해서 살면 주님이 여러분을 위해서 살아줘요. 아멘. 여러분, 돈 위해서 살아봤자 돈 얼마 벌었어요? 얼마 벌었냐고요? 나는 돈을 포기하고 복음을 위해서 살았는데요. 하나님이 전 세계 돈을 지금 나한테 다 주고 있잖아요? 여러분이 자기 명예를 위해서 살아봤지만, 명예 어디까지 올라갔어요? 대통령도 못했지? 내가 봐요. 나는 모든 걸 복음을 위해서 사니까 하나님이 나를 영광된 자리에다 딱 올려놓잖아요. 나는 지금 세상 사람한테 인기가 더 좋아요. 더 좋아. 강남에 가봐요. 강남 아줌마들이요 다들 날 보고 미치려고 그래요. 나에게 사진 찍자고 난리예요. 나는 예수를 위해서 살았는데 이런 부수입이 생겼어요. 여러분도 복음을 위해서 살아봐요. 이 땅에 여러분이 추구하는 모든 것은 그냥 되어진다고요. 되어져. 다 되어진다고. 이해됐어요? 확실해요?

두 손 높이 들어요. “주님, 나도 복음을 위해서 살겠습니다. 오직 복음만 쳐다보고 가겠습니다. 절대로 흔들리지 않겠습니다. 좌우로 치우치지 않겠습니다. 시험 들지 않겠습니다. 낙심하지 않겠습니다. 어떤 것이 올지라도 복음을 향하여 가겠습니다.” ‘주여’ 삼창하며 기도하겠습니다. 주여! 주여! 주여!

8

안식하라

일곱째 날, 영원무궁

설교 일시 2022년 3월 6일(주일) 오전 11시

대 상 사랑제일교회 주일 3부 예배

성 경 창세기 1:1-31

1 태초에 하나님이 천지를 창조하시니라

2 땅이 혼돈하고 공허하며 흑암이 깊음 위에 있고 하나님의 신은 수면에 운행하시니라

3 하나님이 가라사대 빛이 있으라 하시매 빛이 있었고

4 그 빛이 하나님의 보시기에 좋았더라 하나님이 빛과 어두움을 나누사

5 빛을 낮이라 칭하시고 어두움을 밤이라 칭하시니라 저녁이 되며 아침이 되니 이는 첫째 날이니라

6 하나님이 가라사대 물 가운데 궁창이 있어 물과 물로 나뉘게 하리라 하시고

7 하나님이 궁창을 만드사 궁창 아래의 물과 궁창 위의 물로 나뉘게 하시매 그대로 되니라

8 하나님이 궁창을 하늘이라 칭하시니라 저녁이 되며 아침이 되니 이는 둘째 날이니라

9 하나님이 가라사대 천하의 물이 한곳으로 모이고 뭍이 드러나라 하시매 그대로 되니라

10 하나님이 뭍을 땅이라 칭하시고 모인 물을 바다라 칭하시니라 하나님의 보시기에 좋았더라

11 하나님이 가라사대 땅은 풀과 씨 맺는 채소와 각기 종류대로 씨 가진 열매 맺는 과목을 내라 하시매 그대로 되어

12 땅이 풀과 각기 종류대로 씨 맺는 채소와 각기 종류대로 씨 가진 열매 맺는 나무를 내니 하나님의 보시기에 좋았더라

13 저녁이 되며 아침이 되니 이는 세째 날이니라

14 하나님이 가라사대 하늘의 궁창에 광명이 있어 주야를 나뉘게 하라 또 그 광명으로 하여 징조와 사시와 일자와 연한이 이루라

15 또 그 광명이 하늘의 궁창에 있어 땅에 비취라 하시고 (그대로 되니라)

16 하나님이 두 큰 광명을 만드사 큰 광명으로 낮을 주관하게 하시고 작은 광명으로 밤을 주관하게 하시며 또 별들을 만드시고

17 하나님이 그것들을 하늘의 궁창에 두어 땅에 비취게 하시며

18 주야를 주관하게 하시며 빛과 어두움을 나뉘게 하시니라 하나님의 보시기에 좋았더라

19 저녁이 되며 아침이 되니 이는 네째 날이니라

20 하나님이 가라사대 물들은 생물로 번성케 하라 땅위 하늘의 궁창에는 새가 날으라 하시고

21 하나님이 큰 물고기와 물에서 번성하여 움직이는 모든 생물을 그 종류대로, 날개 있는 모든 새를 그 종류대로 창조하시니 하나님의 보시기에 좋았더라

22 하나님이 그들에게 복을 주어 가라사대 생육하고 번성하여 여러 바다 물에 충만하라 새들도 땅에 번성하라 하시니라

23 저녁이 되며 아침이 되니 이는 다섯째 날이니라

24 하나님이 가라사대 땅은 생물을 그 종류대로 내되 육축과 기는 것과 땅의 짐승을 종류대로 내라 하시고 (그대로 되니라)

25 하나님이 땅의 짐승을 그 종류대로, 육축을 그 종류대로, 땅에 기는 모든 것을 그 종류대로 만드시니 하나님의 보시기에 좋았더라

26 하나님이 가라사대 우리의 형상을 따라 우리의 모양대로 우리가 사람을 만들고 그로 바다의 고기와 공중의 새와 육축과 온 땅과 땅에 기는 모든 것을 다스리게 하자 하시고

27 하나님이 자기 형상 곧 하나님의 형상대로 사람을 창조하시되

남자와 여자를 창조하시고

28 하나님이 그들에게 복을 주시며 그들에게 이르시되 생육하고 번성하여 땅에 충만하라, 땅을 정복하라, 바다의 고기와 공중의 새와 땅에 움직이는 모든 생물을 다스리라 하시니라

29 하나님이 가라사대 내가 온 지면의 씨 맺는 모든 채소와 씨 가진 열매 맺는 모든 나무를 너희에게 주노니 너희 식물이 되리라

30 또 땅의 모든 짐승과 공중의 모든 새와 생명이 있어 땅에 기는 모든 것에게는 내가 모든 푸른 풀을 식물로 주노라 하시니 그대로 되니라

31 하나님이 그 지으신 모든 것을 보시니 보시기에 심히 좋았더라 저녁이 되며 아침이 되니 이는 여섯째 날이니라

I.
주님이
이 자리에 함께 계십니다

자, 주먹 인사하겠습니다. 우리 옆에 좌우에 다 같이 우리는 이겼습니다. 앞뒤로 다시 한번 하겠습니다. 우리는 이겼습니다. 할렐루야! 전 세계에서 이 예배에 들어오신 모든 성도를 축복합니다. 오늘도 촛대 사이로 다니시는 우리 예수님이 약속 그대로 또 요한에게 보여주신 환상 그대로 '두세 사람이 내 이름으로 모이면 나도 반드시 그 자리에 있으리라.' 육신의 우리 눈에 보여도 주님은 여기 계시고 안 보여도 여기 계시고 주님의 말씀은 우리의 눈과 감각보다 훨씬 더 사실입니다. 아멘. 믿으십니까? 인정하시면 아멘. 이걸 기정사실화하고 오늘도 우리가 예배를 진행하겠습니다. 두 손 높이 드시고, 우리 '주여' 삼창하며 "주님, 촛대 사이로 다니시는 예수님, 우리를 만져주시옵소서. 붙잡아 주시옵소서. 병든 자를 고쳐주세요. 눌린 자를 자유케 하여 주세요. 무거운 짐을 풀어주세요." '주여' 삼창하며 기도하겠습니다.

<두 손 들고 찬양합니다>

두 손 들고 찬양합니다
다시 오실 왕 여호와께
오직 주만이 나를 다스리네
나 주님만을 섬기리 헛된 마음 버리고
성령이여 내 영혼 충만하게 하소서
주님 앞에 내 생명 드리리라

<아버지 사랑합니다>

아버지 사랑합니다 아버지 경배합니다
아버지 채워주소서 당신의 축복으로

예수님 사랑합니다 예수님 경배합니다
예수님 채워주소서 당신의 사랑으로

<성령이여 우리게>

성령이여 우리게 임하여 주옵소서
주님의 큰 능력을 내 심령 속에
주님은 생명수 결코 마르지 않는
나를 다스리시는 나의 구세주
성령이여 우리게 임하여 주옵소서
주님의 큰 능력을 내 심령 속에

〈내가 원하는 한 가지〉

내가 원하는 한 가지 주님의 기쁨이 되는 것
내가 원하는 한 가지 주님의 기쁨이 되는 것

나 주님의 기쁨 되기 원하네 내 마음을 새롭게 하소서
새 부대가 되게 하여 주사 주님의 빛 비추게 하소서
내가 원하는 한 가지 주님의 기쁨이 되는 것
내가 원하는 한 가지 주님의 기쁨이 되는 것

겸손히 내 마음 드립니다 나의 모든 것 받으소서
나의 맘 깨끗게 씻어 주사 주의 길로 행하게 하소서
내가 원하는 한 가지 주님의 기쁨이 되는 것
내가 원하는 한 가지 주님의 기쁨이 되는 것

〈내 마음에 주를 향한〉

내 마음에 주를 향한 사랑이
나의 말엔 주가 주신 진리로
나의 눈에 주의 눈물 채워주소서
내 입술에 찬양의 향기가
두 손에는 주를 닮은 섬김이
나의 삶에 주의 흔적 남게 하소서

하나님의 사랑이 영원히 함께 하리
십자가의 길을 걷는 자에게
순교자의 삶을 사는 이에게
조롱하는 소리와 세상 유혹 속에도
주의 순결한 신부가 되리라
내 생명 주님께 드리리

“주 예수님, 감사합니다. 오늘도 예배의 축복을 주심을 감사합니다. 한 주일 동안 살면서 우리는 이 시간을 기다리며 살았습니다. 오늘도 우리 주님, 예배를 통하여 이루어지는 놀라운 역사가 나타나게 하여 주시고 일대일로 다 체험하게 해주시옵시고 주님이 우리와 함께 계시는 증거가 나타나게 하여 주시옵소서. 한 사람도 그냥 돌려보내지 마시고 고칠 자를 고쳐주시고 만질 자를 만져주시고 문제를 해결하여 주시고 주님, 영광으로 부어주시옵소서. 예수님 이름으로 기도하옵나이다. 아멘.” 주먹 쥐시고 옆에 좌우에 다 같이 주님이 이 자리 함께 계십니다. 앞뒤로 다시요. 이것은 분명한 사실입니다. 〈세상에서 방황할 때〉를 불러보겠습니다. 주님이 이 자리에 함께 계십니다.

<세상에서 방황할 때>

1. 세상에서 방황할 때 나 주님을 몰랐네
내 맘대로 고집하며 온갖 죄를 저질렀네
예수여 이 죄인도 용서받을 수 있나요
벌레만도 못한 내가 용서받을 수 있나요

2. 많은 사람 찾아와서 나의 친구가 되어도
병든 몸과 상한 마음 위로받지 못했다오
예수여 이 죄인을 불쌍히 여겨주소서
의지할 것 없는 이 몸 위로받기 원합니다

3. 이 죄인의 애통함을 예수께서 들으셨네
못 자국 난 사랑의 손 나를 어루만지셨네
내 주여 이 죄인이 다시 눈물 흘립니다
오 내 주여 나 이제는 아무 걱정 없습니다

4. 내 모든 죄 무거운 짐 이젠 모두 다 벗었네
우리 주님 예수께서 나와 함께 계신다오
내 주여 이 죄인이 무한 감사드립니다
나의 몸과 영혼까지 주를 위해 바칩니다

아멘. 예수님 사랑하시면 아멘. 두 손 들고 아멘. 오늘도 지구촌에서 이 예배에 들어온 성도들을 축복합니다. 유럽 남미 아프리카 북미 아시아 북한에 있는 지하교회 모든 성도에게 주님의 손길이 임하기를 바랍니다.

Ⅱ.
성경을 알자

1. 성경을 깊이 아는 사람을 쓰시는 하나님

1) 성경 모르는 사람은 쓰시지 않는다

오늘도 우리는 '성경을 알자' 하는 마지막 시간을 상고하려고 합니다. 하나님은 성경 모르는 사람하고는 상종 안 한다! 여러분, 크게 쓰임 받길 원하십니까? 조건의 1번이 뭐냐. 성경을 알아야 해요. 하나님은 성경 모르는 사람하고는 상대 안 한다니까요. 이건 역사적으로 이미 증명이 됐습니다. 인류 역사 2천 년 동안에 그 분야에서 정점을 찍은 사람들은, 모든 분야입니다. 그 사람들은 특징이 하나 있어요. 성경을 깊이 아는 사람입니다. 믿습니까? 그러므로 여러분과 저도 마찬가지예요. 여러분, 크게 쓰임 받길 원하지요? 40일 금식해도 안 돼요. 그러니까 주님은요 성경 모르는 사람은 사용 안 한다니까요.

2) 성경 모르면 엉뚱한 짓, 헛소리

그리고 이 땅에서 엉뚱한 짓 하는 사람 많아요. 엄청 많습니다. 이 애국 운동하는 사람 중에서도 보면, 자기는 애국 운동이라고 해요. 내가 보면요? 엉뚱한 짓 하고 있어요. 엉뚱한 짓. 또 목회하는 목사님들도 자기는 목회라고 하고 앉았어요. 내가 볼 때는 엉뚱한 짓 하고 있는 거예요. 엉뚱한 짓. 그 엉뚱한 짓 하는 사람들의 완전히 핵심이 뭐냐? 예수님이 이렇게 말했어요. "너는 성경도 하나님의 능력도 알지 못하므로 헛소리한다." 그랬어요. 헛소리하실래요? 헛소리하실래? 예수님이 이렇게 말했어요. 마가복음 12장 24절 읽어봐요. 시작.

(마가복음 12:24)

예수께서 가라사대 너희가 성경도 하나님의 능력도 알지 못하므로 오해함이 아니냐

"거기에 헛소리한다는 말은 없잖아요, 목사님." 그건 내가 지어낸 거예요. 그러니까 이 땅에서 엉뚱한 짓 하고 헛소리하고 하여튼 간에 사고 치는 인간들은 다 뭐냐. 성경을 몰라서 그래요. 그러므로 여러분, 오늘 성경이 뻥 뚫리길 바랍니다.

3) 성경 모르는 목사는 영적인 사기꾼

그럼, 성경을 안 읽어서 모르냐? 아니에요. 더럽게 많이 읽어요. 성경을. 성경 공부를 안 해서 모르느냐? 아이고, 강남

교회 가봐요. 강남 대형 교회. 밥만 먹으면 성경 공부한다고 교회 가요. 가서 자기들끼리 모여서 커피 처먹고 말이야 조잘대면서 말이야. 또 어떤 신학자들을 불러다가. 그거요 강남에 있는 집사님들이요 아이고, 미친년들이에요. 다 미친년들. 개지랄 떨고 앉았어. 그것도 성경 공부하는 장소를요? 일류 호텔을 얻어서요? 거기다가 맛있는 거 막 한 끼에 10만 원 이상 시켜놓고요? 그러고 성경 공부 5분 하고 말이야 떠들고 노는 거는 55분 하고 말이야? 그리고 또 성경 공부 클럽에서 마치면 졸업식 한다고 또 하와이에 졸업여행을 가요. 개 발광 떨고 앉았어요. 개 발광. 목사님들이 성경을 모르면 성도들에게 사기꾼 되는 거예요. 육신의 사기꾼보다 더 나쁜 게 영적 사기꾼이에요. 본인도 몰라요. 자기가 사기꾼인지 모른다고. 쓸데없는 설교 하면 사기꾼이에요.

4) 청교도 말씀을 반복해서 듣자

이만큼 여러분들은 이 '성경을 알자'가 중요하다는 사실을 아시고 그동안 내가 두 달 동안 설교한 것을 한 번 들었다고 또 다 안다고 건방 떨지 말고 또 유튜브에 들어가서 또 보시고. 아멘. 그뿐 아니에요. 내가 주일 날 일주일에 한 번밖에 설교를 못 하는데 내가 50년 설교해 놓은 걸 어떻게 또다시 하냐고? 그래서 평신도 설교학교에다가 거기다가 다 저장해 놨으니까 한 달에 10만 원씩 내시고. 10만 원 내라니까 또 아멘 안 하고 난리야. 다시 한번 해야겠다. 한 달에 10만 원 내고. 아직 마스크가 달싹하지도 않았어. 지금 마스크 끼고 있다고 해서 내가 아멘 안 하는 거 모를지 알아? 다 알아요. 아멘 하면 마스크가 달싹하고 안 하면 안 그런단 말이에요. 10만 원씩 내시고 다 청교도 평신도 설교학교에 등록할지어다. 나를 위해서 하라는 게 아니에요. 하여튼 해 봐요. 그러면 다 서정희 같은 말이 나와요. 뭔 말이요? "나는 32년 사기당했다." 소리가 나와. 그러니까 이 세상에서 주님도 비슷한 말을 했단 말이에요. 주님께 쓸데없는 소리를 물으면 이래요. "성경도 하나님의 능력도 오해하였도다." 성경 몰라서 네가 헛소리한다, 이거예요. 여러분, 나한테 '상담합시다', 뭐 문자 메세지(message) '목사님' 뭐, 이거요? 그때 내 속에서 뭔 소리가 나는 줄 알아요? '아유 내 설교만 들으면 질문이 없는데.'

〈성경을 알자〉 설교만 들으면 질문이 없어요. 질문이. 상담할 거리도 없어요. 주로 나한테 상담하자 그러고 그냥 메세지로 물어보고 하는 사람들은요, 다 내 설교 안 들은 사람이에요. 앞으로 여러분들 나한테 뭘 물어보면 내가 설교로 처방할 거예요. '성경을 알자'를 들으세요. '애굽, 광야, 가나안'을 들으세요. 아멘. 7대 명절을 들으세요. 내가 약사예요, 약사. 이제 약사. 이걸 가지고 처방전을 내려서, 아멘.

여러분도 성경이 뻥 뚫릴지어다. 아멘 할렐루야! 주여 열어주세요. 성경을 활짝 열어주세요. '열려라 에바다' 한 번 불러보고 하자고요.

<어두워진 세상 길을>

1. 어두워진 세상 길을 주님 없이 걸어가다
나의 영혼 어두워졌네
어느 것이 길인지 어느 것이 진리인지
아무것도 알 수 없었네
주님 없이 살아가는 모든 삶 실패와 좌절뿐이네
사랑하는 나의 주님 내 영혼 눈을 뜨게 하소서

(후렴) 열려라 에바다 열려라 눈을 뜨게 하소서
죄악으로 어두워진 나의 영혼을
나의 눈을 뜨게 하소서.

2. 아무것도 알 수 없고 아무것도 볼 수 없고
아무것도 들을 수 없네
세상에서 방황하며 이리저리 헤매일 때
사랑하는 주님 만났네
어두웠던 나의 눈이 열리고 막혔던 귀가 열리네
답답했던 나의 마음 열리고 나의 영혼 살리네

2. 모세가 쓰고 바울이 해석한 성경

1) 모세, 시내산에 올라가서 하늘의 설계도를 보다

아멘 그러면 성경이란 것은 무슨 뜻인가? 성경은 원래 모세가 썼어요. 모세. 모세가 어떻게 성경을 쓸 수 있었을까? 어디에 올라갔다고요? 시내산. 시내산에 올라가서 무엇을 봤어요. 무엇을 봤냐면 하나님의 식양을 봤어요. 식양. 다른 말로 설계도. 설계도. 이걸 보고 내려와서 모세가 두 가지를 했어요. 하나는 모세오경이란 성경을 썼어요. 또 하나는 성막을 지었어요. 성막. 아멘.

그런데 모세가 내려와서 성경을 쓰는데 성막을 짓는데 말을 해도 사람들이 몰라요. 아무리 말해도. "내가 시내산에 올라갔는데 하나님의 설계도를 봤는데 설계도대로 짓자." 하고 아무리 말해도 말이 통해야 말이지. 그래서 브살렐과 오홀리압을 불러서 안수기도했어요. 안수. 안수를 하니까 모세 속에 있는 하나님의 신이 브살렐 속에 들어갔어요. 들어가니까 드디어 공명이 일어나는 거예요. 모세가 한마디 말하면 열 마디 알아들어요. "내가 시내산에 올라갔는데" 그러면 '아, 이렇게 봤을 것이다.' 아멘. 그래서 하나님의 신 성령이 들어가야 하나님의 설계도가 열린단 말이에요. 믿습니까? 지금 제가 설교하는 설교도 똑같아요. 설교를 해도 못 알아듣는 사람이 있어요. 그거는 백 프로 그 속에 성령이 없어서 그래요. 설교는 사람의 힘으로 듣는 게 아니에요. 성령의 힘으로 들어요. 여러분이 늘 성령이 충만할지어다. 내가 여기서 설교할 때 누가 하품만 해도 저는 왜 하품하는지를 벌써 아는 거예요. 벌써. 쫙 끌려 들어와요. 이 속에 쫙 끌려 들어와요. 믿습니까?

2) 바울, 삼층천에 올라가서 모세와 같은 것을 보다

그런데 이제 모세가 성경을 썼는데 이 성경에 기록했는데 이걸 아는 사람이 없어요. 그러다가 이게 신약시대 때 바울에게 왔어요. 바울. 사도바울에 의하여 모세오경이 열린 거예요. 바울 서신 13권, 로마서에서 히브리서까지 보면 그 모든 내용은 모세오경에서 끌고 들어와요. 여인의 후손, 오실 자의 표상, 마지막 아담, 이 모든 것이 다 바울 신학, 바울의 교리 전체가 다 모세오경에서 끌고 들어와요.

그럼, 바울은 어떻게 모든 사람이 몰랐던 성경을 어떻게 아느냐? 셋째 하늘에 올라갔어요. 셋째 하늘. 셋째 하늘에 올라가서 모세가 시내산에서 본 걸 똑같이 봤다고요. 하나님의 설계도를 봤다고요. 그래서 이 바울이 셋째 하늘에 올라가서 "아하, 위대한 모세가 이걸 보고 내려갔구나." 아멘. 할렐루야!

그래서 내려와서 바울 서신 13권을 썼어요. 로마서부터 히브리서까지. 그리고 무형적 교회. 교회. 교회론이에요. 바울의 교회론. 이 바울의 교회를 건축하기 시작했어요. 성막은 물질로 지어졌지만 바울 사도가 만든 이 교회 건축은 이것은 성령의 계시의 정신으로 한 거예요.

3. 천지창조 – 하늘의 설계도의 첫 시공

1) 그리스도 : 모세와 바울이 본 하늘의 설계도

그런데 둘 다 주제가 뭐냐면 그리스도예요. 그리스도. 모세가 본 것도 그리스도예요. 설계도 내용이 그리스도라고요. 바울이 본 것도 그리스도예요. 하나님의 설계도를 분석해 보면 그 모든 총체적인 단어 하나는 그리스도예요. 골로새서 1장 16절, 17절에 보면 하나님이 모든 만물을 그리스도를 위하여. 따라서 합니다. 위하여. 따라서 합니다. 의하여, 것으로. 할렐루야!

하나님이 이 설계도를 그린 것이 이것이 이게 중요한 맥을 하나 잡아야 해요. 하나님이 이 설계도를 만든 것이 창조 전일까? 후일까? 이걸 잘 생각해야 해요. 창조 전이요? 창조 후요? 천지를 다 창조해 놓고, 설계도를 그렸을까? 아니고! 창조 전에 설계도를 먼저 그리고 그 설계도에 따라서 처음

작업한 것이 뭐냐? 천지창조예요. 천지창조. 아멘.

2) 하늘의 설계도에 따른 천지창조

그럼, 창세기 1장에 천지창조가 이제 6일 동안 이루어지고 안식일 하루 쉬었는데, 천지창조의 이 흐름이 이것이 하나님의 설계도에 따라서 천지를 창조하신 거예요.

그러니까 천지창조 얘기를 창세기 1장을 그냥 천지창조 얘기로만 들으면 유치부예요. 유치부. 유치부 애들이 그렇게 말해요. 그러면 어떻게 봐야 하느냐? 하나님은 천지창조를 통하여 그리스도를 선포하려고 그럽니다. 이해되시면 아멘. 하나님은 벌써 창조 때부터 무엇을 하든지 하나님이 그 후에도 요한계시록까지 모든 역사를 운영하면서 모든 것은 그리스도를 위하여. 따라서 합니다. 그리스도를 위하여, 그리스도의 의하여, 그리스도의 것으로. 요것이 바로 하나님의 설계도예요. 여러분들이 인생을 살면서 이 우주의 주인 되시고, 절대자가 되시고, 스스로 계신 그분의 설계도와 의도를 안다는 것은 복 중의 복이에요. 아멘. 믿습니까? 여러분이 교회를 왜 오느냐, 예배 시간에 왜 오느냐, 여러분이 하나님의 이 설계도를 이해하려고요. 창세기부터 요한계시록까지 설교를 듣는 거예요. 창세기 1장부터 요한계시록 끝에까지의 모든 성경 내용은 하나님의 설계도로 짜여 있어요.

이걸 다른 말로 신학적으로 뭐냐? 구속사라 그래요. 구속사.

Ⅲ.
창조로 나타난 그리스도

1. 첫째 날, 빛이 있으라 - 창조주가 사람으로 오신다

그런데 하나님의 설계도가 그리스도인데 이 그리스도가 일곱 개로 나누어져 있어요. 일곱 개로. 그냥 그리스도라고 하는 것만 알아도 대단한데 그리스도는 일곱 개예요. 일곱 개. 첫 번째가 뭐냐 하면 이 세상을 창조하신 그리스도가, 예수님이. 예수님은 이 땅에 오시기 전에는 하나님이라 그래요. 천국에서는 하나님이라 그래요. 사람으로 이 땅에 왔을 때를 예수라 그래요. 예수님의 이름은 땅의 이름이 있고 하늘의 이름이 있어요. 그러니까 이 세상에 오시기 전에는 바로 하나님의 본체예요. 본체. 삼위일체 하나님의 본체라고요. 믿습니까? 그 하나님이 이 세상에 인간의 육체의 옷을 입고 오신 분이 예수예요. 이것이 바로 복음에 첫 단추예요. 첫 단추. 믿습니까? 하나님의 설계도의 제 1번 설계도가 뭐냐? '이 세상을 창조하신 하나님이 사람으로 내려간다.' 이것을 창세기 1장 1절은 뭐냐? '빛이 있으라.' 이게 하나님의 설계도를 해독하는 거예요. 해독하는 것. 아멘. 이해되시면 아멘. 두 손 들고 아멘. 그럼, 하나님의 설계도 제1 단계를 완성했어요. 하나님의 설계도 복음의 첫 단추는 뭐냐? '이 세상을 창조하신 하나님이 사람의 육체의 옷을 입고 이 땅에 내려간다.' 이해됐어요? 받아들여요? 아멘이에요? 그러면 여러분, 일곱 가지 중에 한 개를 점령해야 해요. 그중에서 제일 중요한 것은 첫 번째가 제일 중요해요. 그래서 하나님은요 이 말만 하면 좋아해요. 아멘. 믿습니까? '살아계신 주' 손뼉 준비.

<주 하나님 독생자 예수>

1. 주 하나님 독생자 예수 날 위하여 오시었네
내 모든 죄 다 사하시고
죽음에서 부활하신 나의 구세주

(후렴) 살아계신 주 나의 참된 소망 걱정 근심 전혀 없네
사랑의 주 내 갈 길 인도하니
내 모든 삶의 기쁨 늘 충만하네

2. 주 안에서 거듭난 생명 도우시는 주의 사랑
참 기쁨과 확신 가지고
예수님의 도우심을 믿으며 살리

3. 그 언젠가 주 뵐 때까지 주를 위해 싸우리라
승리의 길 멀고 험해도
주님께서 나의 앞길 지켜주시리

주님이 영광을 받으셨어요. 주님이 아주 오늘 기분이 좋아요. 주님이. 이걸 알아주는 것을 주님이 좋아하시는 거예요. 이 세상을 창조하신 하나님이 사람으로 이 땅에 내려왔다. 믿습니까? 이게 바로 복음의 첫 단추예요. 이것이 창세기 1장에는 빛이 뭐하라? 창세기 1장 첫째 날 나타난 빛은 해와 달과 저 빛이 아니라니까요. 해와 달과 별, 저 빛은요 4일째 나오잖아요. 4일째. 4일째 해와 달과 별을 만들었다고요. 그렇지요? 첫째 날에 '빛이 있으라'는 이건 뭐냐. 요한복음 1장의 빛이에요. '참 빛 곧 세상에 와서 각 사람에게 비치는 빛이 있었나니 그가 세상에 계셨으며 세상은 그로 말미암아 지은 바 되었으되 세상이 그를 알아보지 못했고 눈치채지 못하였으나.' 그러나 영접하는 자 그리스도가 누군지를 아는 사람, 이 세상을 창조하신 하나님이 사람으로 왔다는 것을 아는 사람은 하나님의 자녀가 되는 권세를 줍니다. 아멘. 할렐루야! 이 사람은 바로 구원의 축복이 온다, 이거예요.

도표를 다시 한번 보시면 창세기 1장 도표를 보시면 첫째 날에 빛이 있으라, '하나님이 사람으로 오셨다.' 이것을 사람 속에 여러분이 받아들이면, 아멘, 여러분에게 구원의 역사가 일어나요. 그래서 구원이 이루어졌는지 이것을 알았는지 하나님 계시의 빛이 임했는지를 아는 증거가 입에서 '주여'란 소리가 나와야 해요. 따라서 합니다. 주여. 할렐루야. 요것이 복음의 첫 단추예요. 첫 단추. 믿습니까? 여러분들은 오늘요 나한테 한탕 내야 해요. 신학교 천 개 나와도 몰라요. 여러분들은. 오늘도 오실지 모르는데 내가 저녁 예배 설교 한번 시키려고 하는데 서요한 목사님, 총신대 교수였어요. 일생동안. 이분을 누가 데려온 게 아니에요. 왜 왔느냐? 창세기 1장, 주일 날 우리 설교하는 거 이거 듣다가 충격을 받아서요. 그분도 공부 많이 한 사람이에요. 영국에서 박사학위도 했는데 그분이 찾아왔어요. 왜 왔냐고 하니까 이걸로 박사학위 논문을 쓴다는 거예요. 논문을. 내가 쓰지 말라고 했어요. 바가지를 뒤집어쓰면 생명력이 죽어서요. 창세기 1장 내가 설교하는 이 한 내용은 박사 학위가 스무 개도 더 나온다는 거예요. 이렇게 위대한 거예요. 위대한 거라고. 오늘 이 설교가 다 끝난 뒤에 다 박사학위 수여식을 해줄게요. 다 대가리에 한 개 다 씌워줄게요. 알았지? 바가지들 한 개 씌워줄게요. 이렇게 복음이 위대하단 말이에요. 복음이. 믿습니까?

2. 둘째 날, 나뉘게 하라 – 예수가 십자가에 죽으신다

둘째 날은 뭐야? 물과 물이 나누어지라. 따라서 합니다. 나누어지라. 이건 예수 그리스도가 십자가에 죽을 때 성막 휘장이 찢어졌어요? 안 찢어졌어요? 이것이 거기에다가 딱 붙고 있는 거예요. 다른 말로 뭐냐? 예수가 이 땅에 사람으로 왔으면 여러분과 나를 위해서 십자가에 죽는다는 거예요. 믿습니까? 분리예요. 분리. 그래서 여러분 속에 주님의 둘째 날이 임할지어다.

둘째 날이 임하면 분리돼요. 분리. 첫째 날은 새 생명이 내게 오는 것이고, 둘째 날은 분리야, 분리. 찢어진단 말이에요. 세상과 내가 나눠진다는 거예요. 하나님의 뜻과 내 뜻이 나눠진다는 거예요. 하나님의 것과 내 것이 나눠지는 거예요. 둘째 날만 딱 돼도 벌써 십일조가 보여요. 십일조는 내 것이 아니란 것이 눈에 보여야 해요. 주님의 것이라고 벌써 딱 보여야 하는 거예요. 둘째 날이 돼야 모든 것이 성화 돼요. 성화. 주님과 세상이 나누어진단 말이에요. 자아가 나눠진단 말이에요.

그 사람은요, 입에서 '아멘'이 터져 나오는 거예요. 자아가 안 죽는 사람들은 절대 '아멘' 안 해요. 지금도 여기서 '아멘'

안 하는 사람 몇 사람 있거든요. 왜 아멘 안 하냐? '나는 당신 설교에 동의할 수 없어. 당신 설교도 어느 정도는 맞지만, 그러나 내 생각도 일리가 있는 거야. 나중에 한번 둘이 재봐야 해.' 이런 사람들은 입을 안 열어요. 그러나 자아가 깨지고 자기 자신을 부인하고 하나님 앞에 이게 분리가 되는 사람은 깨닫고 안 깨닫고 없어요. 말씀이 딱 떨어지면 무조건 '아멘'이 터져 나오는 거예요. 아멘. '아멘'이 풍년 들지어다. 그래야 복음이 여러분 속으로 딱 여기서 장착이 되는 거예요. 믿습니까? 십자가가 여러분 속에 임해야 해요. 자아가 파쇄되어야 해요. 믿습니까? 그래서 여러분이 '아멘'을 해야 자아가 자꾸 깨지고 여러분 속에 성화가 일어나요. 두 손 들고 아멘. '십자가에 달려서.' 자, '십자가에 달려서' 불러봐요.

찬송가 343장 <울어도 못하네>

1. 울어도 못하네 눈물 많이 흘려도 겁을 없게 못하고
죄를 씻지 못하니 울어도 못하네

(후렴) 십자가에 달려서 예수 고난 보셨네
나를 구원하실 이 예수밖에 없네

2. 힘써도 못하네 말과 뜻과 행실이 깨끗하고 착해도
다시 나게 못하니 힘써도 못하네

3. 참아도 못하네 할 수 없는 죄인이 흉한 죄에 빠져서
어찌 아니 죽을까 참아도 못하네

4. 믿으면 하겠네 주 예수만 믿어서 그 은혜를 힘입고
오직 주께 나가면 영원 삶을 얻네

아멘. 둘째 날이 임할지어다. 하나님의 역사가 일어나요. 그래야 사람이 거룩해져요. 자꾸 세상의 것을 쳐 내는 거예요. 둘째 날이 와야 "이것도 나가라. 이것도 나가라." 취미도 바뀌고, 말도 바뀌고, 다 바뀌어요. 다 바뀌어요. 아멘.

3. 셋째 날, 드러나라 – 예수가 부활하신다

자, 그러면 이제 세 번째 설계도가 이렇게 돼 있어요. 하나님의 설계도가 이렇게 돼 있단 말이에요. 셋째 날 "뭍이 땅이 드러나라." 원래 땅덩어리가 물에 가라앉아 있었는데 이것이 드러나는 거예요. 이것은 예수님이 세례요한에게 세례받으실 때 물속에 있다가 세례를 받고 물 위로 올라올 때 하늘 문이 열리며 성령이 비둘기같이 임했어요. 아멘. 그래서 거기를 지향하고 있는 거예요. 다시 말해서 그리스도의 부활을 말하는 거예요. 아멘. 믿습니까?

여러분에게도 부활의 능력이 임해야지요? 이게 복음의 세 번째 단계에요. 할렐루야! 여러분 속에 예수가 탄생 되고 그리스도와 함께 십자가에 죽고 우리 속에 부활의 역사가 일어나야지요? 아멘. 부활이 일어나길 원해요? 부활이 일어나길 원하는 사람은 입에서는 할렐루야가 터진다! 할렐루야! 다시요. 할렐루야! 아멘. 이것도 내가 성경적으로 다 입증할 수 있어요. '누구든지 주의 이름을 부르는 자는 구원을 얻으리라' 성경에 다 있단 말이에요. '아멘' 하여 하나님께 영광을 돌리라'.

4. 넷째 날, 주관하라 – 예수가 승천하여 보좌에 앉으신다

그다음에 네 번째 날이에요. 네 번째 날은 해와 달과 별을 만든 거예요. 그러면 해는 무엇이냐? 요셉의 꿈에 의하면 아버지를 말하는 거예요. 달은 뭐야? 엄마를 말하지. 그다음에 별은 뭘 말해? 형제들을 말하지. 이게 뭐냐면 직분이에요. 직분. 그리스도가 승천하여 하나님 보좌에 앉아요. 넷째 날은 그리스도가 하나님 보좌에 앉으심을 말하는 거예요.

이와 같이 여러분과 나에게도 넷째 날이 임하면 드디어 하늘로부터! 하나님이 여러분을 이 땅에 사람으로 보낼 때 우연히 보낸 사람은 한 명도 없어요. 한 명도 없어요. 우연은 있다, 없다? 없어요. 주님이 여러분을 이 땅에 사람으로 보낼 때 엄마 뱃속에서 태어나게 할 때 내가 얘를 어떻게 쓸 것을 하나님이 정해놨다니까요. 하나님의 설계도 안에는 예수 그리스도만 설계된 게 아니라 모든 피조물, 모든 역사, 인간들, 전체가 설계돼 있어요. 예수님이 말했죠. '하나님 보좌에서 허락하지 아니하면 참새 한 마리도 안 떨어진다.' 전체가 다 하나님의 통제 시스템(system) 안에 들어가 있어요. 모든 것이요. 믿습니까? 여러분들이 교회 오는 것도 주님의 통제하에 들어가 있는 거예요. 사람은 자기 힘으로는 절대 교회 못 나와요. 여기서 여러분 중에서 자기 생일을 자기가 엄마 뱃속에서 결정해 놓고 나온 사람 손 들어 봐. 손 들면 내가 바로 정신병원에 입원을 시키려고 그러지. 그런 사람은 내가 이재명처럼 바로 정신병원에다 입원시켜 버려. 내 생일을 내가 선택하지 못했다는 것은 뭐냐? 나에 대한 소유권의 주권은 하나님께 있다는 거예요. 하나님이 주장한다는 거예요. 내가 죽을 날 아는 사람 손 들어봐요. "난 죽은 날을 정해 놓아서, 그날 꼭 죽을 거야." 손 들어봐. 왜 몰라? 자기 생명이 자기 거라며. 자기 건데 왜 자기 마음대로 못 하는 거야? 이게 뭐냐 하면 여러분들은 여러분의 것이 아니에요. 주권자의 것이에요. 주권자. 하나님이 사람이 이 땅에 태어날 때 우연은 하나도 없고 "너는 땅에 사람으로 내려가서 무엇을 하다가." 아멘. "예수를 믿고, 구원받아서 천국에 와라."

이것이 하나님의 계획 안에 다 들어가 있다고요. 이 계획을 벗어날 사람은 한 명도 없어요. 오늘 여러분들 교회 오셨지요? 예배드리고 있지요? 아멘하고 있지요? 이게 여러분의 힘이 아니에요. 하나님이 성령으로 강권적으로 끌어다가 지금 오늘도 여기다 앉혀놨다고요. 이 사실을 아는 자는 복이 있도다.

그래서 넷째 날이 되면 여러분에게 천직이 내려와요. 천직. 사람은 누구든지 천직이 있어요. 그런데 내가 전국에 부흥회 다녀보면요. 이 넷째 날까지 간 사람들이 많지 않아요. 주님이 만들어 놓은 자리가 있다니까요? 그 자리를 못 찾아 들어가요. 왜? 첫째 날, 둘째 날, 셋째 날까지 문제가 있는 거예요. 첫째 둘째 셋째가 잘 이루어지면 하나님이 여러분을 딱 박아 넣어버려요. 전광훈 목사는 자기 자리를 찾은 것 같아? 못 찾은 거 같아? 확실히 그렇게 보여요? 사모님은 자기 자리를 찾은 거 같아? 못 찾은 거 같아? 이 지구상에요. 키보드 치는 사람이 한두 사람이냐고요. 저 사람은요, 저거 완전히 천상에서 타고났다니까요. 진짜 제자리를 찾은 사람은 나 같은 고백을 할 줄 알아야 해요. 뭐냐? 너 다시 엄마 뱃속에서 다시 태어나서 인간으로 다시 태어나도? “나는 내가 살았던 삶을 그대로 살아요.” 이 사람은요, 하늘의 직책을 찾은 거예요. 여러분들은 다시 태어나면 내가 살았던 삶을 그대로 산다? 아니면 아직도 여러분들은 자기 자리 못 찾아 들어간 거예요. 아멘. 그러므로 빨리빨리 그리스도가 임하여 첫째 날이 임하고 둘째 날 자아를 쳐내고 셋째 날 부활하여 빨리 여러분의 자리에 찾아 들어가야 해요.

예수님은 지금 하나님 보좌에서 자기 자리를 찾았어요. 찾아서 대제사장의 직분을 감당하고 계셔요. 지금도 하나님 보좌 우편에서 주님이 우리를 위하여 기도해 주기 때문에 그 힘 때문에 우리가 예수를 믿어요. 예수 믿은 것이 취소가 안 되고 주님 나라 갈 때까지 내 생명이 지켜져요. 이걸 성도의 견인이라 그래요. 견인. 하나님은 사람을 구원만 시키는 게 아니에요. 구원시켜 놓은 생명을 계속 데리고 가요. 마귀가 틈 못 타도록 하늘나라 도착할 때까지 계속 이끌어 주신다, 이거예요. 아멘 할렐루야!

꼭 여러분에게 하늘로부터 천직이 내려올지어다. 손원배 목사님이 내가 보면 다시 태어나도 이렇게 살라 그러면 산다 그럴 거 같아요. 손원배 목사님은 넷째 날이 왔어요. 왜? 그리고 손원배 목사님이 근래 와서 나한테 이런 말을 전화로 이렇게 했어요. "내가 세상에 태어나서 미국 가서 유명한 대학을 졸업하고, 30년 동안 미국의 3대 교회." 손원배 목사님 교회 대단해요. 여러분, 손원배 알기를 우습게 알면 쥐어

박아 버려. 이것들이 말이야. 손원배가 여기 앉아 있을 사람이 아니에요. 그렇게도 모르냐? 이 병신들아. 아이고 참, 나 까무라같이 생겨서. 아이, 나 참, 정말로. 손원배가 어떻게 할 일이 없어서 지금 내 옆에 와 있는 줄 알아요? 아니라니까. 그런데 손원배 목사님 뭐라 그러냐면 이래요. "내가 태어나서 지금 인생 산 과정은 전광훈 너 옆에 붙어서 마지막 일, 이 일을 하려고 하나님이 나를 사람으로 보냈다." 그래요. 와! 여러분도 다 손원배 목사처럼 고백 좀 해봐요. 여러분이 왜 태어났어? 왜 태어났냐고? 주님을 위해서 태어난 건 당연하고. 그렇게 눈치가 없어요? 손원배처럼 말하라니까 그래. 여러분, 왜 태어났어요? "전광훈 목사님 옆에 붙어서 예수 한국 복음 통일하려고 그것 때문에 태어났다." 그래야지. 그래서 여러분의 인생 전체가 하나님의 설계도하고 사이클이 맞아야 하는 거예요. 믿습니까?

그래서 하나님이 천지를 창조하시고 섭리하시고 통치하시고 운행의 원리를 하나님은 일곱 개의 복음의 사이클에 딱 박아놨어요. 그래서 이 세상의 흐름의 박자가 일곱 개로 나눠져 있다는 거예요. 그런데 이것이, 히브리의 이 사상이, 하나님의 복음의 사상이 바벨로니아에 들어가서요? 바벨로니아는 점성학이에요. 점성학. 별을 보고 점치는 거. 그런데 이 히브리 사상이 그리로 들어가서 이놈들이 비틀어서 이 세상의 사이클을 월화수목금토일 이렇게 박아 놓은 거예요. 이게 바벨로니아 신화에 들어가서 이게 합성이 돼서 그런 거예요. 원래는 월화수목이 아니에요. 이거는 성경적인 것이 아니에요. 월화수목이 아니에요. 우리는 뭐냐? 첫째 날, 둘째 날, 셋째 날, 넷째 날 이렇게 되게 돼 있단 말이에요. 믿습니까? 그래서 이 지구촌이 바벨로니아의 신화에 들어가서 바벨론에는 이 점을, 달을 보고 점치는 것을 바벨론의 우주공학이라 그래요. 우주공학이 바벨론에서 출발한 거예요. 이해됐어요? 이 바벨론이 옛날에, 구약 시대 2천 년 전인데, 그때 바벨로니아가 가지고 있는 이 우주가 이렇게 돼 있다, 무슨 별, 무슨 별 돼 있다? 이것이 내가 휴스턴에 가보니까 우주센터에 갔더니 어떤 박사님이 나한테 그랬어요. "목사님 참, 옛날 사람들은요 수학도 모르는데 어떻게 했는지." 바벨론 사람들이 우주를 만들어 놓은, 설계해 놓은 것이 지금 첨단으로 허블(Hubble) 망원경으로 보면 그대로래요. 그대로. 이야! 대단하지요?

그러니까 하나님이 전 우주 전 세상 역사 통치 전체를 하나님이 다 복음으로 설계해 놨기 때문에 여러분은 복음 안에서 살라는 거예요. 아멘. 이 일곱 가지를 붙잡고 일주일을 살라는 거예요. 예수가 사람으로 오셨다. 날 위해서 십자가에 죽었다. 날 위하여 부활하였다. 지금도 보좌 우편에 앉아 날 위해서 기도한다. 이걸 잡고 한 주일을 살라는 거예요. 믿습니까? 여러분의 삶이 복음의 삶과 맞추기만 하면요, 평탄하게 돼 있어요. 위대한 역사가 일어나게 돼 있어요. 할렐루야!

5. 다섯째 날, 번성하라 – 예수가 성령을 부어 주신다

그다음에 이제, 그다음에 다섯째 날은 '생육하고 번성하라.' 번성하라고 했죠? 이게 뭐냐면 오순절이에요. 오순절. 확대. 확대. 그래서 주님이 하나님 보좌에 앉아서 성령의 오순절을 보내주셔서 실제로 교회가 확대되는 것은 오순절을 통하여 확대가 되는 거예요. 여러분의 인생도 마찬가지예요. 여러분이 확대되길 원해요? 가정도 사업도 자녀도 여러분이 하는 모든 일도 펑펑 터지길 원해요? 성령 받아야 하는 거예요. 성령 받아야 하는 거예요. 성령 받을래요? 손뼉 준비. 〈성령 받으라〉 주여!

〈성령 받으라〉

1. 성령 받으라 성령 받으라 예수 내게 말씀하셔서
성령 받으라 성령 받으라 예수 내게 말씀하셔서
할렐루야 성령 받았네 나는 성령 받았네
할렐루야 성령 받았네 나는 성령 받았네

2. 은사 받으라 은사 받으라 예수 내게 말씀하셔서
은사 받으라 은사 받으라 예수 내게 말씀하셔서
할렐루야 은사 받았네 나는 은사 받았네
할렐루야 은사 받았네 나는 은사 받았네

3. 능력 받으라 능력 받으라 예수 내게 말씀하셔서
능력 받으라 능력 받으라 예수 내게 말씀하셔서
할렐루야 능력 받았네 나는 능력 받았네
할렐루야 능력 받았네 나는 능력 받았네

아멘 할렐루야! '그리스도를 위하여, 그리스도의 의하여, 그리스도의 것으로' 여기 사이클에다 딱 맞추라고요. 그러면 대박 나게 돼 있었어요. 대박 나게. 누구든지 자기가 자기를 위해서 살면 사단의 밥이 돼 버려요. 누구든지 이 복음의 일곱 가지를 붙잡고 살면 그리스도를 위하여 살면 주님이 여러분을 위하여 살아 주는 거예요.

6. 여섯째 날, 다스리라 – 예수가 재림하여 천년왕국을 이루신다

그다음에 마지막 여섯째 날은 이게 이제 천년왕국이란 말이에요. "생육하라. 번성하라. 땅에 충만하라. 땅을 다스리라." 아멘. 이것은 이것을 해석하는 성경은요? 베드로가 욥바에 있는 피장 시몬의 집에 있을 때 환상을 봤어요. 환상. 보자기가 내려오더니 보자기 안에 막 짐승들이 오글오글하고 있어요. 기어가는 짐승, 날아다니는 짐승, 속된 짐승이라 그랬어요. 그걸 보면 구약 성경에 먹지 말라는 짐승들이란 말이에요. 그런데 음성이 들리기를 "잡아먹으라!" 따라서 해봐요. 잡아먹으라. 베드로가 말했어요. "주님, 내 식성도 모르십니까? 아니 구약 성경에 보면 잡아먹지 말라는 건데 잡아먹으라고 해요?" "하나님이 거룩하게 한 것을 네가 속되다고 하지 말라. 잔소리하지 말아. 잡아먹으라면 잡아먹어." 도저히 베드로가 이해가 안 되는 거예요. 그때 바깥에서 누가 대문을 두들겼어요. "베드로 사도님 계십니까?" 보니까 고넬료 집에서 사람이 데리러 왔어요. 그래서 왜 왔냐니까 "고넬료 백부장이 기도하다가 천사를 만났는데 베드로 사도님을 모시고 부흥회 하라고 해서 왔습니다. 부흥회." 그래서 베드로가 알게 된 거예요. '아하!' 잡아먹으란 말은 무슨 말이냐 하면 그게 고넬료 집에 있는 사람들을 복음으로 점령하라는 거예요. 믿습니까? 아멘. 거기에 이제 환상, 그 보자기 속에 있는 제일 큰 짐승은 고넬료고 두 번째 짐승은 고넬료 마누라고 성경에 그 말은 없어요. 내가 지어낸 거예요. 아멘. 앞으로 여러분들도 점령할지어다.

그런데 여기 세 가지를 말이야 하늘 공중의 새와 그다음에 땅의 짐승과 물고기와 이것을 네가 잡아먹으라는 거예요. 여러분 손에 하나님께서 맡겨 주셔야 해요. 아멘. 이런 역사가 이게 예수 그리스도는 창세기 1장은 예수 그리스도가 이 땅에 사람으로 오셔서 우리의 구원을 위하여 주님이 하실 사건이고 그다음에 이것은 신약 시대에 와서는 주님이 복음을 통하여 이루어 놓은 것을 여러분과 제게 주님이 부어주시는 거예요. 지금 우리들도 주님을 따라가면 천년왕국이 오기 전에 이 땅에서 천년왕국을 먼저 누린다는 거예요. 누구처럼요? 요셉처럼. 누구처럼? 다니엘처럼. 또 누구처럼? 다윗처럼. 그러니까 성경에 보면 천년왕국까지 이 땅에서 체험하고 하늘나라 간 사람들이 있고 이거 첫째 날 둘째 날 중간에 하다가 하늘나라 간 사람이 있고. 여러분은 천년왕국까지 체험하고 다윗같이 예루살렘의 왕까지 한번 가보고. 요셉처럼 버금 수레를 타보고. 아멘. 그러니까 예수를 빡세게 믿어야 해요. 계속 말이야 첫째 날 하나만 가지고 50년 걸리면 되겠어요? 세상 다 가지. 둘째 날 말이야 자아의 파쇄하는 거 가지고 25년 걸려서 말이야 그럼, 언제 좋은 세상이 오냐? 언제 좋은 세상? 전광훈 목사처럼 다 천년왕국에 들어가야지. 나는 누가 봐도, 누가 나를 봐도요. 전광훈 목사는 저거는 예루살렘 왕으로 갔다 그래요. 누가 봐도 그래요. 누가 봐도. 여러분도 그렇게 될지어다.

3대 다스림. 3대 다스림. 자, "물고기를 다스리라." 그러는데 물고기가 뭐예요? 예수님 부활한 후에 갈릴리 바다에 가서 베드로한테 "물고기를 잡으라." 그러니까 한 마리도 못 잡다가 153마리 잡았지요? 이게 뭐냐? 물질을 다스린다는 거예요. 경제권을 다스린다는 거예요. 여러분도 물질을 다스리는 권세가 임한다는 거예요. 아멘. 두 손 들고 아멘. 그 다음에 두 번째로 땅의 짐승을 다스리는 것은 뭐냐. 성경에 보면 하나님이 없는 인간을 짐승이라 그래요. 앞으로 기독교인들은 짐승 같은 인간들을 여러분이 다스려야 되는 거예요. 인간을 다 틀어쥐어야 해요. 인간을, 사람을 다스리는 권세를 말하는 거예요. 받을지어다. 할렐루야! 공중의 새를 다스리라는 것은 뭐냐. 주님이 은유적으로 말했어요. 공중에 나는 새도 집이 있고 여우도 굴이 있지만 인자는 머리 둘 곳이 없다. 이게 뭐냐? 인간들의 마음속에 예수는 안 받아들이고 공중 권세 잡은 마귀는 받아들인다는 거예요. 영. 영. 사단은 왜 너희들 속에 영접하냐, 이거예요. 나는 머리 둘 곳이 없는데 왜 사단에게 너희 마음을 안방으로 내주냐, 이거예요. 이제 우리는 영을 다스리는 권세를 받아서. 따라서 해봐요. 예수 이름으로 명하노니 사단아, 물러가라. 이렇게 하여 여섯째 날까지 여러분이 가야 된다, 이거예요. 믿습니까? 예수 이름의 권세가 임할지어다. 예수 이름으로 명령하면 이 세상이 다 굴복해요. 환경도 굴복하고, 물질도 굴복하고, 사람도 굴복하고 천하에 너를 당할 자가 없으리라!

Ⅳ.
일곱째 날, 안식하라
: 영원무궁

1. 복음 열차 타고 무궁 세계까지 가자

그러면 이제 마지막 날이 안식일이에요. 안식일. 이거는 이제 영원무궁 세계에 가는 거예요. 영원무궁 세계에요. 그러니까 이렇게 하나님이 구원의 사이클을 짜놓았어요. 이렇게 하여 주님이 진행을 해왔고 지금 세상적 역사적 사건으로는 지금 오순절까지 완성이 됐어요. 앞으로 이제 우리 앞에 나타날 것은요, 주님이 재림하여 천년왕국에 들어가는 거예요. 천년왕국 끝난 뒤에는 영원히 무궁 세계에 들어가는 거예요. 아멘. 이것이 우리 앞에 기다리고 있다, 이거예요. 절대로 여러분은 복음의 열차에서 내리면 안 돼요. 아멘. 이 땅에 인간으로 태어나서 최고의 축복이 예수를 안 거예요. 예수를 안 거. 아멘. 원 없이, 한없이 주님께 쓰임 받고 그리스도와 내가 일치된 삶을 살고 아침에는 예수로 눈을 뜨게 하시고 예수와 완전히 연합하여 여러분의 삶 자체가 작은 예수가 되어서! 아멘. 두 손 들고 아멘. 할렐루야!

2. 안식일의 세 가지 구조

그리고 일곱째 날 이 바로 안식일이 내 속에 이루어지면요? 히브리 4장 1절, 2절을 보면 안식일에 대해서 나와 있어요. '안식일이 너희에게 지나간 것이 아니라 앞으로 이 안식일이 우리 앞에 나타난다는 것이.' 아멘. '모세가 만들어 놓은 이 안식일이 너희 앞에 지나간 것이 아니다.' 이게 뭐예요? 미래에 다시 이루어진다는 것은 뭐냐? 영원무궁 세계가 하나님 복음의 마지막 종착점이라는 거예요. 믿습니까? 여기 성경 찾아놨어요. 히브리서 읽어보시면. '제칠일에 대하여는' 4장 1절부터 읽어봐요. 시작.

(히브리서 4:1-3가)

1. 그러므로 우리는 두려워할지니 그의 안식에 들어갈 약속이 남아 있을지라도 너희 중에 혹 미치지 못할 자가 있을까 함이라
2. 저희와 같이 우리도 복음 전함을 받은 자이나 그러나 그 들은 바 말씀이 저희에게 유익되지 못한 것은 듣는

자가 믿음을 화합지 아니함이라

3. 이미 믿는 우리들은 저 안식에 들어가는도다

또 제 칠일 안식일에 대해서는, 그 뒤에 봐요. 그러니까 영원무궁 세계의 안식을 우리가 이 세상에 사람으로 살면서도 우리는 주의 평안 속에 들어갈 수 있어요. 4절 말씀. 4절 시작.

(히브리서 4:4-6)

4. 제 칠일에 관하여는 어디 이렇게 일렀으되 하나님은 제 칠일에 그의 모든 일을 쉬셨다 하였으며
5. 또 다시 거기 저희가 내 안식에 들어오지 못하리라 하였으니
6. 그러면 거기 들어갈 자들이 남아 있거니와 복음 전함을 먼저 받은 자들은 순종치 아니함을 인하여 들어가지 못하였으므로

그러니까 이것도 다 세 가지예요. 이 세상의 날짜 안에서의 안식일. 따라서 해요. 안식일. 이건 요즘 주일 날로 바뀌었잖아요. 안식일이란 말이에요. 그다음에는 이게 뭐냐? 내 속에 안식의 평안이 온다는 거예요. 평안이. '주의 평안함 주의 평안함.' 아멘. 평안이 임할지어다. 그리고 이것도 다가 아니라 우리는 죽어서 완성되면 영원한 안식에 간다!

모든 창세기에 복음이 세 가지로 돼 있는 거예요. 따라서 해봐요. 그리스도. 따라서. 심령. 따라서. 영원 세계. 이렇게 연결돼 있다, 이거예요. 이해됐어요? 절대 복음을 놓지 마시고 계속 복음을 잡고 집요하게 가다 보면 누구에게든지 이 역사는 일어나게 돼 있어요. 할렐루야! 두 손 들고 아멘. 믿습니까? '주의 평안함' 한 번 불러 봐요.

〈이 세상에 풍파 쉬지 않고〉

1. 이 세상에 풍파 쉬지 않고 불어
항상 와서 나를 흔들지라도
나의 주님 예수 그 평안으로써
나에게 주시니 겁낼 것 없네

(후렴) 주의 평안함 주의 평안함
나의 마음속에 지금 가졌네
주의 평안함 주의 평안함
나의 마음속에 지금 가졌네

2. 모든 악한 죄와 여러 가지 구습
확실한 회개로 던져 버리고
세상 것을 모두 주께 바침으로
지금 나의 마음 평안뿐일세

3. 간교한 마귀가 우는 사자같이
나의 곁에 와서 두렵게 하여
혹시 영광 있는 천사 모양으로
유혹할지라도 동치 않겠네

4. 이 세상의 영화 부귀와 지혜와
여러 가지 명예 죽는 것까지
주가 내게 주신 나의 참 평안은
나의 마음에서 못 빼앗으리

5. 할렐루야 주가 세상과 마귀를
일찍 힘써 싸워 이기셨으니
우리들도 또한 주 예수와 함께
날마다 이겨서 남음 있도다

V.
예수를 위하여, 예수에 의하여, 예수의 것으로 살자

1. 예수 한국 복음 통일을 위해 살자

아멘 할렐루야! 이렇게 하여 '성경을 알자'고 하는 대단원의 막이 끝났어요. 이제 꼭 붙잡고 할렐루야! 이제 우리가 남은 생애에 육신적으로 해야 할 일은 따라서 합니다. 예수 한국, 복음 통일. 이것을 우리가 해내야 해요. 해내기 위하여 이번 주 토요일 날 광화문 집회를. 왜 얼굴이 또 새카맣고 난리야. 또? "참 나. 목사님 때문에 계속 가주니까 목사님은 우리를 이용해서 말이야. 목사님 혼자 유명한 사람 되려고 말이야. 어제도 갔다가 추워서 뒤질 뻔했는데 말이야. 또 이번 토요일 날 또 하라고?" 그렇게 말하는 인간들은요 내일 다 죽어요. 죽어. 죽어. 너는 사명이 끝난 인간이야. 하나님이 여러분과 나를 이 땅에 왜 살려주겠어? 처음에는 복음 때문에 그래요. 복음 때문에. 여러분 혼자 구원받았으면 됐지. 그럼, 다음 날 죽이면 되지. 구원받았으면 죽으면 될 거 아니에요? 그런데 왜 살려 줬느냐? 예수 한국, 복음 통일하라고요. 그러면 이번 주 토요일 날도 와야 해, 안 와야 해? 오는 놈은 하나님이 복을 주셔요. 창세기 1장 말씀 상고한 것을 열어주시고 그대로 쏟아부어 주셔요. 돈도 주시고, 사람을 다스리는 권세도 주시고, 영도 다스리는 권세를 주시고요. 그런데 복음의 삶과 이 사이클을 안 맞추면요. 자기 혼자 자기 이기주의를 위해서 사는 사람은요, 자기 꾀에 빠져요. 자기 꾀에. 여기 지금 여기에 우리 교회도 왔다가 광화문에서 풀썩하고 은혜받고 왔다가 한 놈 한 놈 빠져간 놈 많아요. 왜? 중심이 자기중심인 거예요. 그 사람들은 반드시 도태되게 되어 있어요. 여러분과 나는 '나'는 없어요. 예수만 있어요. 예수.

<이제 내가 살아도>

1\. 이제 내가 살아도 주 위해 살고
이제 내가 죽어도 주 위해 죽네
하늘 영광 보여주며 날 오라 하네
할렐루야 찬송하며 주께 갑니다

(후렴) 그러므로 나는 사나 죽으나 주님의 것이요
사나 죽으나 사나 죽으나
날 위해 피 흘리신 내 주님의 것이요

2. 이제 내가 떠나도 저 천국 가고
이제 내가 있어도 주 위해 있네
우리 예수 찬송하며 나는 가겠네
천군 천사 나팔 불며 마중 나오네

3. 성령 충만 능력 충만 주의 일하고
사랑으로 이웃에게 복음 전하네
주가 주신 면류관 받아 쓰고서
할렐루야 영원토록 왕 노릇하네

2. 성경 전체가 복음으로 되어 있다

아멘 할렐루야! 그래서 이제 창세기 1장이 이게, 이게 성경 다예요. 다. 요한계시록까지요. 신구약 성경 전체가 뭘 말하려고 그러느냐? 창세기 1장을 말하려고 그러는 거예요. 이게 창세기 1장 첫째 날, 둘째 날, 셋째 날 이것이 일반 책으로 말하면 목차예요. 목차. 일반 책이라고 하면 목차가 있어? 없어? 목차 보면 '몇 페이지부터 몇 페이지까지는 이거야.' 목차가 있는 것처럼 성경도 그렇게 돼 있어요.

창세기 1장은 뭐냐? 앞으로 뒤에 나와 있는 모든 말은 요한계시록까지 이거 일곱 개를 말하려고 한다. 복음의 일곱 개. 이해됐어요? 성경은요 초과학적이에요. 초과학적. 얼마나 짜임새가 정확한지 몰라요. 빈틈이 없어요. 빈틈이 없어. 아멘. 그래서 창세기 2장부터 계시록까지 계속 그렇고. 그다음 뒤에 나오는 권도 마찬가지예요. 창세기 다음에 출애굽기 나오지요? 출애굽기가 바로 창세기 1장에서 둘째 날 분리 있지요? 분리? 이걸 설명하려고 출애굽기가 나타난 거예요. 출애굽기는 애굽으로부터 사람을 분리해 내지요? 그러니까 둘째 날은 뭐냐. 우리를 분리시키려고 하는 거지. 출애굽기는 분리의 책인 거예요. 분리의 책. 믿습니까? 모든 성경을 신구약 66권 모든 성경을 권별로 딱 빼서 창세기 1장에 일곱째 날까지 여기다 갖다 딱 박아 넣지 못하는 사람은 성경 모르는 거예요. 뒤에 나오는 권수를 '아, 이거는 창세기 몇 번째 날에 해당이 돼. 몇 번째 날에 해당이 돼.' 물론 다시 말씀드리면 수정을. 수정, 주먹만 한 수정 있지요? 수정 보면 다 육각형으로 되어 있지요? 망치로 딱 깨도 그대로 모양이 쪼개지는 것처럼 성경 전체를 다 봐도 그리스도예요. 요걸 권별로 뜯어놔도 그리스도야. 장별로 뜯어놔도 그리스도야. 사건 별로 나눠 놔도 이 그리스도 일곱 개를 말하려고 그래요. 감 잡았지요? 그래서 성경이 훤히 열리는 거지.

다음 주부터 내가 창세기 2장을 시작하려 그러는데 창세기 2장도 누구를 위하여? 그리스도를 위하여. 그리스도를 위하는 것이 곧 나를 위하는 것이에요. 내가 다음 주부터 설교할 테니까 눈을 반짝반짝 기다리시고. 아멘.

3. 대한민국의 설계도는 복음으로 되어 있다

그래서 이제 코로나도 해제가 됐고 그래서 이제 우리가 달려갈 길은 어떻게 하냐면 이제 문재인 저 새끼도 끝났고 그래서 이제 수요일 되면 정권이 바뀌니까 이제 매주마다 이미 예약했어요. 다음 주는 선거니까 이제 할 일이 많아요. 할 일이 많은데, 윤석열이 대통령이 만약에 된다면 수요일 날 당선 되면 목요일과 금요일 안에서 지금 내가 잠실 체육관을 예약하라 그랬어요. 목회자 3만 명이 한자리에 모여서 당선자를 모시고 예배하려고 해요. 예배하면서 윤석열 당선자에게 아예 맹세를 받아내려고 해요. 아멘. 그래서 아니, 대통령을 가르쳐야 해요. 교회가 뭔지 모른다니까요. 자기가 왜 대통령이 되었는지를 모른다니까요. 이걸 교회가 가르쳐야 한다고요. 아멘. 당신이 왜 대통령이 되었냐? 예수 한국 복음 통일하라고 만든 거예요. 이걸 나 혼자 말해서는 안 들으니까 전국의 목사님들이 다 모여야 해요. 그래야 청와대에서 안 쫓겨나. 그래야 감방 안 간다고.

그러니까 이승만 대통령이 그려놓은 설계도가 이게 복음

으로 그려놨기 때문에 자유민주주의 자유시장경제 한미동맹 기독교 입국론으로 끝났기 때문에 이걸 모르고 청와대에 들어가면 무면허예요. 무면허. 면허증이 없는 사람이 운전하면 어떻게 돼? 어? 그러니까 모든 대통령이 청와대만 들어갔다 나오면 비참해지는 거야. 왜? 이승만의 설계도를 모르기 때문에. 이승만의 설계도가 이게 복음으로 만들어졌어요. 복음. 복음으로 만들어진 거라고요. 아멘. 자유민주주의 이게 복음으로 만들어진 거예요. 자유시장경제도 복음으로 만들어진 거예요. 한미동맹도 복음으로 만들어진 거예요. 기독교 입국론도 복음으로 만들어진 거예요. 면허증도 없는 사람들이 청와대 들어가서 말이야 운전석에 딱 앉아서. 미친 자에게는 운전대를 맡길 수 있어, 없어? 미친 사람이 문재인만 미친 게 아니고 건국 설계도를 모르는 사람들은 다 미친놈들이야. 그래서 청와대 들어가기 전에 한국교회가 가르쳐야 해서 전국 목사님들 다 모여서 장충체육관을 빌리든지 해서 이렇게 해야 나라가 살아요.

그리고 한국교회하고 같이 가도록 뭐냐? 통일, 복음 통일. 그래서 이번 주 토요일 날은 주제가 뭐냐. 이제 우리의 싸움은 문재인이 아니고 이번 주 토요일 광화문 집회 싸움은 뭐냐? 김정은이에요. 김정은. "김정은 너, 나가. 이 자식아. 너, 나가. 빨리 소련으로 도망가. 이 자식아. 왜 북한의 2,500만의 영혼을 말이야 네가 틀어지고 말이야. 이 지구상에 최고의 독재자가 돼 가지고 말이야. 그렇게 인간을 괴롭히고 말이야. 그럼 돼? 안 돼?" 우리의 싸움은 혈과 육이 아니라 우리의 싸움은 김정은과의 싸움을 토요일부터 시작할 거다, 이거예요.

4. 김정은 문제를 해결해야 남한의 모든 문제가 해결된다

이것도 1단계는 영적 싸움에서 이겨야 해요. 김정은을 붙잡고 있는 사단을 쳐내야 하는 거예요. 사단을 쳐내야 김정은도 본정신이 돌아와요. 조나단 목사님, 사회하실 때 이번에 토요일 하실 때 이렇게 하세요. "김정은 너, 회개하든지 자살해 죽든지 둘 중 하나를 하라고!" 이렇게 계속 사회를 보라고요. 회개하든지 자살해 죽든지 둘 중 하나 선택하라고. 그래도 또 자살해 죽는 거보다 회개하는 게 더 낫지. 이래서 이제 우리는 한반도 전체, 왜냐하면 이 우리나라에 있는 정치 경제 사회 군사 외교 모든 것이요 김정은 하나 때문에, 김정은 한 놈한테 붙잡혀서요. 안 그러면 우리나라는요 세계 G2 두 번째 나라 벌써 갔어요. 벌써 갔어. 김정은 저 한 놈 때문에 이렇게 걸려있는 것이에요. 이해가 돼요? 본질 문제를 정확히 봐야지. 본질 문제를. 그래서 내가 선지자인 거예요. 선지자. 이제 당분간 급한 문제는 꺼놨으니까. 문재인 저 새끼는 쫓아냈으니까. 이제는 근본 뿌리를 우리가 해결해서 김정은 문제를 해결해야 해요. 회개하라. 따라서 해요. 회개하라. 회개 안 하면 자살해 죽든지 이 자식아. 왜 네가 한반도를 붙잡고 왜 괴롭혀? 이 자식아, 너. 왜 괴롭혀? 나가, 이 자식아. 너 빨리 나가. 문재인도 나한테 지는 거 봤지? 이 자식아. 문재인도 졌는데 너도 져. 이걸 위하여 토요일 날 광화문으로 모여야 해? 안 모여야 해? “그럼, 목사님, 내 일은 언제 해요?” 이거 하면 주님이 선물로 다 줘요. 선물로. 우리나라요 경제성장률 7 프로 만들어 준다니까요. 주님이 기뻐하는 일만 해보라고요. 아멘.

그러면요? 뭐 코로나 때문에 말이야 한 집에 100만 원씩 준다? 이거는 사료예요. 사료. 이거는 사료라고. 사료. 조지 오웰(G. Orwell)의 동물농장이에요. 공산주의자들은 인간을 국민을 동물로 만들어서 이 동물들에게 사료만 주는 거예요. 사료. 코로나 때문에 돈 타는 게 이게 사료라니까요. 사료. 그게 아니라 경제성장률이 7 프로 돼버리면 국가로부터 내가 사료를 받아먹을 것이 아니라 하나님이 나한테 주신단 말이에요. 아멘. 노동의 기쁨을 통하여 직업의 기쁨을 통하여 주님이 선물로 주신단 말이에요.

아, 내가 이거 또 한마디 또 해야겠다. 안 되겠다. 출애굽기 때 하는 건데 출애굽기 설교하려면 아직도 멀었으니까. 예수님 재림할 때까지 못 할지 모르니까. 이스라엘 백성들이 말이야 광야 길을 40년 갔지요? 다 지나서 요단강을 건너서 정탐꾼들을 보냈더니 하나님이 젖과 꿀이 흐르는 땅이라고 속여 먹어서 갔더니 세상에! 가나안 7족, 가나안 족속, 헷 족속, 브리스 족속, 여부스 족속, 기르가스 족속, 아모리 족속, 히위 족속, 이 7족이 마치 거대한 장군이 되어서 그 땅을 먼저 틀어쥐고 있는 거예요. 그러니 이스라엘 백성들이 얼마나 낙심했겠어요? 40년 하나님한테 속아서 말이야 광야에서 뺑뺑이 돌다가 말이야 왔더니 세상에! 가나안 땅을 벌써 이방인들이 먼저 다 다스리고 있어요. 그들과 비교해 보니까 자기들이 메뚜기처럼 보였어요. 메뚜기처럼. 통곡하고 울었어요. 통곡하고 울었어. "나쁜 놈. 하나님. 사기꾼이야. 차라리 애굽의 바로 밑에 살게 놔두지 말이야. 왜 우리를 꼬셔서 말이야." 그때 우리 하나님이 하신 말씀 좀 들어봐요. 눈물 나는 거예요. "얘들아. 이 병신 나까무라 쪼다들아. 내가 왜 가나안 땅을 가나안 7족에게 이렇게 먼저 준지 아냐? 너희들이 광야 생활을 하느라고 40년 동안 고생을 했기 때문에, 너희들이 들어와서 언제 너희들이 집을 지으며 언제 우물을 파며 언제 포도원을 만들겠느냐. 너희들이 왔을 때 선물로 주려고 내가 이방인을 통하여 미리 예비했다. 예비." 눈물이 나네요. 내 나이가 어때서. 이게 바로 하나님이에요. 이게 하나님이에요. 믿습니까? 참, 섭리가 대단하단 말이에요.

그리고 보세요. 이게 만나가요? 만나가? 40년 광야 생활할 때는 이스라엘 백성이 노동해요? 안 해요? 만나가 그냥 내렸어요. 메추라기가 그냥 떨어졌어요. 이 만나가 언제 끝났는지 알아요? 언제 끝나? 가나안 땅에 들어가니까 끝났다고요? 아니에요. 가나안 땅에 들어갔는데도 만나가 계속 왔어요. 오다가 첫 농사를 지어서, 첫 농사를 지어서 첫 열매가 맺어지니까 그때 만나가 끝난 거예요. 이거는 하나님이 무슨 교훈이냐? 이런 교훈이라고요. 보라고요. 하나님이 사람에게 주는 것은 다 은혜예요. 내가 노동을 통해서 얻는 것이 아니라 그냥 만나를 갖다 퍼부어 주는 것도 주님의 선물이에요. 그와 같이. 따라서 합니다. 그와 같이. 가나안 땅에 들어가서 내가 일을 하고 노동해서 생겼던 그 열매도 내가 만든 게 아니라 주님이 주시는 거예요. 주님이 주시는 방법만 달라요. 만나가 떨어지게 해서 주는 거와 자연법칙을 이용해서 그냥 가나안 땅에 들어가서는 만나처럼 맨날 그렇게 안 주시고 노동을 통하여 주시는 것은 뭐냐? 노동의 기쁨이 크다는 거예요. 노동을 시키면 당뇨병 안 걸리잖아요? 노동이 저주가 아니고 하나님은 주는 방법으로서 우리에게 노동의 선물을 주시는 거예요. 민노총 저 개새끼들 다 쫓아내 버려야 해요. 노동은 하나님이 주시는 축복이란 말이에요. 믿습니까? 그래서 주님의 섭리를 보면요, 눈물밖에 없어요.

이것이 드디어 한반도에 이루어지려고 그래요. 기상천외한 세상을 한번 살아보고 백 투 예루살렘까지 한번 가보고! 나는 우리 민족의 미래를 내가 세브란스에서 내가 죽었다 살 때 하늘나라에서 다 봤단 말이에요. 믿습니까? 그러니까 무조건 내가 가자는 대로 따라오라니까요. 광화문 집회 올래? 안 올래? 이 방송을 보는 모든 분은 이번에는 진짜 천만 명 모여요. 천만 명. 싹 다 모여야 해요. 다 모여야 해. 다 모여야 해. 할렐루야! 문재인을 이겼다고 끝난 게 아니야. 마지막으로 저 사단 마귀 김정은을 부숴버려야 되는 거예요. 그래야 우리 남한의 모든 문제도 해결 돼버려요. 동의하시면 아멘. 이거는요 윤석열 대통령도 못해요. 이거는 결국 영적 싸움이기 때문에 전광훈 선지자가 해야 하는 거예요. 아멘. 할렐루야! 내가 뭐 문재인 같은 저런 놈하고 내가 싸울 존재인지 알아요? 문재인 걔는요 젖비린내 나서요. 나랑 싸울 대상도 안 돼요. 나는 적어도 저기 김정은 새끼하고 싸우려고 그래요. 지금 내가 지어낸 게 아니야. 옛날부터 내가 그랬어요. 이은재 목사님이 책도 하나 썼어요. 이은재 목사님은 3년 전에 내가 광화문에서 청와대에서 비닐 텐트 치고 싸울 때 이은재가 책을 썼다니까. 한반도는 전광훈과 김정은과의 대결이다. 책이 있다니까요. 책이 있어. 이은재가 쓴 책이 있다니까요. 이은재 목사 그것도 어떨 때 보면 멍청하지만, 가끔 똑똑할 때가 있어요. 이미 3년 전에 이은재가 책을 썼다니까. 한반도 문제는 전광훈과 김정은의 대결이다. 시시하게 문재인 대결이 아니라고요. 아멘.

5. 성령 운동으로 승부를 보자

그리고 이제 이번 주에는 선거고 다음 주 선거 끝나고 그다음 주는 그다음 주는 이제 드디어 복음을 위해서 대구 광진교회 이미 예약했어요. 월화수목까지는 강렬하게 성령 운동을 해요. 옛날부터 내가 그걸 하고 싶어서 말이야. 하고 금요일 날은 우리가 그 지방 도시의 애국대회를 하고 그다음 몽땅 데리고 토요일 날 또 이리로 올라오고. 요렇게 사이클로 1년을 살아야 해요. 1년. 알았지요? 아이고! 지금 김학성 교수님이 머리를 팍 숙이면서 그래요. '2주 따라다닐 때도 죽을 뻔했는데 목사님이 또 일을 저지르면.' 그런데 나하고 따라다니는 게 재밌어요. 박 권사님, 나하고 항상 따라다녀요. 알았지? 그렇지, 그렇지. 재미있어. 그러다 보면 중간에 또 내 성지순례도 한번 갔다 오고 해서. 자, 이제 시온의 대로가 열렸어요. 1,200만 성도들에게 다 방언 받게 해야 해요. 성령 폭탄 터트려야 해요. 그래서 내가 장경동 목사님하고 장학일 목사님하고 30년 전에 내가 형제 만들어놨는데 이미 다 합의했어요. 장학일 목사님은 이번에 설교 이미 나오기 시작했고 이번 주 토요일 날은 장경동이 설교하러 광화문에 나온다 그랬어요. 우리 형제들이 총 투입 돼서 대한민국을 성령의 불바다로 만들어요. 아멘. 두 손 들고 아멘. 할렐루야! 놀라운 역사가 일어나요. 놀라운 역사가. 믿습니까?

자, 두 손 높이 드시고 '주여' 삼창하고 "주님, 복음으로, 복음으로, 복음으로. 복음이 나를 삼켜 주시옵소서. 일곱 가지의 복음이 우리 가정을 다스려 주시고 대한민국도 다스려 주옵소서." '주여' 삼창하며 기도하겠습니다. 주여! 주여! 주여!

창조로 나타난 그리스도

- 성경을 알자 -

초판 인쇄 2026년 1월 21일
초판 발행 2026년 1월 28일

설교 전광훈
구성·편집 류금주
펴낸곳 주식회사 뉴퓨리턴

주소 서울특별시 성북구 장위로 40다길 19, 1층 106호(장위동)
대표전화 070-7432-6248
팩스 02-6280-6314
출판등록 제25100-2023-043호
이메일 info@newpuritan.kr

ISBN 979-11-24200-02-5 (03230)